Wie Liebe gelingen kann

WIE LIEBE GELINGEN KANN

Verstrickungen erkennen und eigene Schranken überwinden

Dr. Howard M. Halpern

iskopress

ISBN 978-3-89403-432-0
(Früher unter dem Titel: Anatomie der Liebe)

Umschlag: Mathias Hütter, Schwäbisch Gmünd
Druck und Bindung: Aalexx Buchproduktion, Großburgwedel
Titel der amerikanischen Originalausgabe:
Finally Getting it Right
From Addictive Love to the Real Thing

Aus dem Amerikanischen übersetzt von Maria Kilp

Bibliografische Information der Deutschen Bibliothek
Die Deutsche Bibliothek verzeichnet diese
Publikation in der Deutschen Nationalbibliografie;
detaillierte bibliografische Daten sind im Internet über
http://dnb.ddb.de abrufbar.

Inhalt

Einleitung

Dieses Buch ist aus meiner psychotherapeutischen Arbeit mit Menschen entstanden, die dazu neigten, in unbefriedigende Gefühlsbeziehungen zu geraten. Oft hielten diese Männer und Frauen hartnäckig an Partnerinnen oder Partnern fest, die liebesunfähig, unerreichbar, beziehungsscheu, unreif, emotional geschädigt oder schlicht bösartig waren und von denen sie missbraucht wurden.

Durch die Lektüre eines meiner früheren Bücher mit dem Titel «Liebe und Abhängigkeit» hatten diese Menschen bestimmte Einsichten gewonnen. So suchten sie bei mir Rat. In der Therapie rangen sie nun darum, ihre zerstörerischen Muster zu durchschauen und sie aufzugeben. Nach einer Weile wurde ihnen klar, dass das Beenden einer Abhängigkeit nicht selten relativ einfach ist im Vergleich mit dem Prozess, eine gesunde, befriedigende Liebesbeziehung aufzubauen. Allzu oft entdeckten sie nämlich, dass hohe psychologische Schranken ihnen dieses Ziel versperrten. Gemeinsam lernten wir dann in der Therapie manches über die inneren Veränderungen, zu denen es kommen muss, wenn man das Ziel einer befriedigenden Liebesbeziehung erreichen will.

Doch nicht alle Ratsuchenden waren in einer abhängigen Beziehung gefangen. Zu meinem Erstaunen berichteten mir einige, dass sie mein Buch gelesen hätten, um herauszufinden, wie man zu einer abhängigen Beziehung kommen könne. Ihr Problem war, dass sie sich nicht verlieben konnten, und wenn es geschah, dann war die Beziehung nur kurz, und sie verloren schnell das Interesse daran. Sie beneideten die im Buch beschriebenen liebessüchtigen Menschen um ihre Fähigkeit zu dauerhaften Gefühlen und um die Fähigkeit, sich auf einen anderen Menschen einzulassen, wozu sie sich nicht in der Lage fühlten.

Auch von diesen Patienten habe ich viel gelernt. So richtet sich das vorliegende Buch nicht nur an Menschen, die in schädlicher Abhängigkeit leben, sondern auch an jene, die sich unfähig fühlen, eine dauerhafte emotionale Beziehung aufzubauen. Es soll Menschen in beiden Situationen helfen zu verstehen, weshalb sie sich eine erfüllende Liebesbeziehung versagen, und sie dabei unterstützen, sich so zu verändern, dass ihnen eine solche möglich wird. Denn das ist es, was wir im Tiefsten ersehnen.

1
Der Weg

Um eine gute Liebesbeziehung aufzubauen genügt es nicht, eine schlechte hinter sich zu lassen, auch wenn das ein wichtiger Schritt ist. Kim war im Begriff, das zu lernen, und sie fühlte sich entmutigt und demoralisiert. «Ich habe doch schon einen so langen Weg hinter mir – woher kommt es, dass ich das Gefühl habe, noch immer nicht angekommen zu sein?»

Ich hatte diese Frage so oft von meinen Patienten gehört, wenn sie an einem bestimmten Punkt in ihrem Leben schon beachtliche Fortschritte gemacht hatten, dass sie mich nicht überraschte. Ich hörte Kim weiter zu: «Ich habe doch eine Menge geleistet, habe diese unglückliche Beziehung mit Kevin beendet, worüber ich froh bin.

Ich vermisse ihn nicht mehr so oft, sehne mich kaum noch nach ihm, das ist doch sicherlich ein Schritt vorwärts. Ich bin sogar so weit, dass ich nicht mehr an dem Kevin-Typ von Mann hänge, nach dem ich mich früher verzehrte, und der mir nicht gut tat. Ich habe eine klare Vorstellung davon, wie der Mann sein müsste, der gut für mich wäre – und habe das Gefühl, ich verdiene eigentlich so jemanden.»

«Und wo ist dann das Problem?» «Der Haken ist, dass ich mich zu dieser Art Mann nicht hingezogen fühle. Die Chemie stimmt nicht. Es prickelt nicht. Ich finde diesen Typ langweilig! War ich nicht doch besser dran mit den Männern, die mich unglücklich machten – wenigstens fühlte ich mich bei ihnen lebendig. Trotz all dem Quälenden in den Beziehungen zu Kevin und den anderen brachten sie mir mehr Leben als die Öde, in der ich jetzt lebe. Vielleicht werde ich nie mehr so intensiv fühlen können. Ich spüre Panik bei dem Gedanken, ich könnte mich nie mehr verlieben. Und was soll ich dann tun? Mich auf jemanden einlassen, für den ich nichts empfinde, nur um nicht allein zu sein?»

Ich fühlte mit Kim, aber ich machte mir keine Sorgen um sie. Ich wusste, dass diese scheinbar unlebendige Phase, in der sie sich befand, eine bekannte, fast vorhersagbare Etappe war auf dem Weg von unglücklicher Abhängigkeit zu einer befriedigenden *und* aufregenden Liebesbeziehung. Ich konnte zwar nicht garantieren, dass Kim eine solche Beziehung gelingen würde, doch ich hatte schon viele andere Menschen auf dem Weg begleitet, den sie ging. So weit, wie sie bereits gekommen war, war es recht wahrscheinlich, dass sie dort landen würde, wo sie hin wollte. Wenn es dir wie Kim geht, so wirst du wahrscheinlich drei spezifische, deutlich erkennbare Phasen durchmachen:

Phase eins: Beendigung der aktuellen, unguten Beziehung, falls du noch in ihr lebst. – Frage dich vorher, ob eine echte Chance besteht, sie noch in eine befriedigende Beziehung zu verwandeln. Wenn dem nicht so ist, du jedoch trotzdem gefangen bist und dich außerstande fühlst, die Sache zu beenden, musst du dir zunächst eingestehen, dass du von diesem Menschen abhängig bist bzw. dass du nichts anderes kennst, als in einer unglücklichen Beziehung zu leben. Dann ist es Zeit für dich, dieses Muster zu durchbrechen. Hier beginnt deine Reise. Du wirst dir viele Fragen stellen müssen: Was bringt mir diese leidvolle Abhängigkeit? Warum bin ich ausgerechnet an diesem Menschen hängen geblieben? Wie kann ich meine Denk- und Gefühlsmuster so verändern, dass es mir gelingt, mich aus dieser unglücklichen Verstrickung zu lösen? Diese Phase kann sehr peinvoll sein und verlangt oft viel Mut. (In Kapitel 4 finden Sie mehr über die Überwindung solcher Abhängigkeit.)

Phase zwei: Aufgabe deiner Neigung, dich auf Menschen einzulassen, die schädlich für dich sind. – Du kannst so viel durch die Beendigung deiner abhängigen Beziehung lernen – aus dem Schmerz, der damit verbunden ist; aus der Einsicht, worum es darin ging; aus der Erleichterung, dass das Elend aufhört und aus dem Zuwachs an Selbstvertrauen, das du gewinnst, weil du die Sache hinter dich gebracht hast – dass du gestärkt daraus hervorgehst und vielleicht für immer immun dagegen bist, je wieder in eine solche Geschichte hineinzugeraten. Als Kim die schmerzvollen Entzugserscheinungen endlich überwunden hatte, die ihrem Bruch mit Kevin folgten, sagte sie einmal: «Ich habe kapiert. Von nun an werde ich nur noch Beziehungen eingehen, die mir gut tun.» Wenn du ähnliche Erfahrungen machst – großartig! Aber leider läuft es nicht immer so. Ich habe viele Leute eine schlechte Beziehung erfolgreich beenden sehen, nur um danach wiederum eine unglückliche und ihrem Ich abträgliche Verbindung einzugehen. Nichts hatte sich geändert als der Name desjenigen, der das Elend verursachte – die Abhängigkeit war so unwiderstehlich wie eh und je. Um dieses Muster zu durchbrechen, musst du wissen, wie es funktioniert, wo es herkommt und wie du es in Zukunft vermeiden kannst.

Phase drei: Sich anziehen lassen und eine Beziehung aufnehmen zu jemandem, der dir gut tut. – Deine leidvollen Anstrengungen zur Lösung einer schlechten Beziehung reichen möglicherweise nicht aus, um dich zu einer glücklicheren zu befähigen. Daniel, ein neunundzwanzigjähriger Naturwissenschaftler, sagte von sich: «Ich bin jetzt allergisch gegen die Art Frau, die mich früher anzog und mein Leben zur Hölle machte. Aber nun fühle ich mich zu gar niemandem mehr hingezogen. Ich lebe in einer Art Vakuum.» Laura, eine vierunddreißigjährige Rechtsanwältin, meinte:

«Der Typ egozentrischer Charmeur, der mich früher anzog, widert mich jetzt an, und dafür bin ich dankbar: zu viele Tränen und Jahre habe ich hier verschwendet. Dennoch finde ich Männer, die mir eine solide, gute Beziehung bieten könnten, immer noch so aufregend wie salzlose vegetarische Kost...»

Erregung und Leidenschaft sind wichtige Bestandteile einer erfüllenden Beziehung. Eine Beziehung, die auf Freundschaft, Verbundenheit und liebevollem Interesse füreinander basiert, kann wärmend und konstruktiv sein. Ohne Leidenschaft fehlt ihr jedoch die Intensität, wodurch die Liebe so besonders und mächtig ist. Da ist oft ein Gefühl von Leblosigkeit und Mangel, das stärker ist als die Flauten, die in jeder leidenschaftlichen Beziehung auftreten, wenn sie Routine wird. Wenn eine Frau sagt: «Er ist nett, aber ich bin nicht in ihn verliebt», so verstehen wir, dass sie dieses Gefühl der Verliebtheit nicht erzwingen kann; dass sie ohne es die Beziehung jedoch für unbefriedigend hält. Aber so ist das im Leben: Kein Mensch verliebt sich in eine Person, nur weil diese gut für ihn, erreichbar und rücksichtsvoll ist, noch, weil sie ihn liebt.

Wenn ich in der Therapie mit Menschen arbeite, die dieses Problem zu haben scheinen, leugnen sie oft, dass dem so ist. Sie sagen mir, dass alle diejenigen, die nett zu ihnen sind und eine verbindliche Beziehung mit ihnen eingehen wollen, eben einfach langweilig und unattraktiv seien und sie nicht anzögen – eine Bemerkung, der jede Statistik und der gesunde Menschenverstand widersprechen. Häufig entdecken sie erst, wenn diese Person das Interesse an ihnen verliert oder sich plötzlich abweisend verhält, wie sehr sie ihr Unrecht getan haben. Plötzlich erscheint dieser Mensch aufregend und begehrenswert!

Wenn es dir ähnlich geht, so solltest du herausfinden, worin die Blockade besteht, und welche Schritte du unternehmen kannst, damit du in deiner nächsten Beziehung sowohl Liebe als auch Zufriedenheit finden kannst.

Schritte auf dem Weg zum Ziel

In den drei oben beschriebenen Phasen können zehn Schritte deutlich unterschieden werden, die du gehen wirst. Von deren Existenz zu wissen, wird dir helfen, dich auf sie einzustellen; es wird dich befähigen, deine eigenen Fortschritte zu ermessen. Kannst du an der folgenden Liste erkennen, wo du schon erfolgreich warst bzw. welchen Schritt du zu tun im Begriff bist?

1. Du beendest – vielleicht unter großen Schwierigkeiten – eine Beziehung, von der du abhängig warst.

2. Du reagierst mit Schmerz, Trauer und der Sehnsucht nach Wiederaufnahme der alten Beziehung. Doch diese Gefühle werden mit der Zeit schwächer.

3. Mit Kummer stellst du fest, dass du dich nach wie vor von Menschen angezogen fühlst, die dir eine ähnlich unbefriedigende, zerstörerische Verbindung bieten würden.

4. Allmählich lernst du verstehen, wie deine Geschichte und deine Bedürfnisse dich darauf programmiert haben, solche negativen Beziehungen einzugehen.

5. Bewusst wirst du beschließen, dich in Zukunft von solchen Personen fernzuhalten, auch wenn du noch von ihnen angezogen wirst.

6. Du wirst allmählich eine innere Wandlung erfahren: Wovon du dich früher verzweifelt angezogen fühltest, das wird dich jetzt eher abstoßen.

7. Du wirst bewusste Anstrengungen unternehmen, um Menschen kennen zu lernen, die für eine gute Beziehung geeigneter scheinen.

8. Diese Menschen werden dir nicht den Kopf verdrehen, dich erregen und tief verstricken.

9. Du wirst endlich aus deiner eigenen Geschichte heraus verstehen, weshalb du dich nicht von Menschen angezogen fühlst, die sich für eine gute Beziehung mit dir eignen.

10. Weitere Veränderungen werden dich eine neue Basis finden lassen, von der aus du bereit und willens sein wirst, dich von einer erfüllenden Verbindung anziehen zu lassen und sie zu leben.

Als Kim klagte, sie habe sich lebendiger gefühlt, als sie litt, war sie auf Stufe 8, frustriert und entmutigt. Wir werden Kim auf ihrem Weg bis dahin folgen. Dann werden wir Kim und andere beobachten, wie sie die oft schwierigen, weiteren Schritte bewältigen, um schließlich aus der Frustration zur Liebe zu finden. Sie, lieber Leser, liebe Leserin, werden dabei herausfinden, wie diese Beispiele Ihnen helfen können. – Aber zuerst wollen wir uns den Fragen zuwenden: Was macht die «gute Liebesbeziehung» aus, die Sie suchen? Wie unterscheidet sie sich vom Bisherigen? Ist der beschriebene Leidensweg unvermeidbar?
Wir wollen jetzt einen Sprung nach vorn machen und Kim während einer Therapiesitzung beobachten, als sie schon die ersehnte letzte Stufe erreicht hatte.

2
Die Liebe – eine Himmelsmacht

Kim saß mir im Sessel gegenüber, wie so oft in den fast drei Jahren ihrer Therapie. Sie strahlte Zufriedenheit aus, ganz anders als die verzweifelte Zweiunddreißigjährige, die mir seinerzeit mit erstickter Stimme von ihrer schmerzlichen Beziehung zu Kevin erzählt hatte. Jetzt waren ihre Stimme und Haltung kraftvoll, als sie verkündete: «Ich bin so verliebt in David, und...» – fast ungläubig fuhr sie fort: «er ist verliebt in mich».

Kim strahlte einen Moment schweigend. «Es ist nicht wie sonst», sagte sie. «Ich weiß», antwortete ich. Kim darauf: «Endlich habe ich es einmal geschafft – ich habe eine echte Liebesbeziehung, und das ist wunderbar.»

Wir schwiegen nun beide und genossen ihren Erfolg. Nach zwei schrecklich chaotischen Affären (die eine mit Kevin, und davor eine, die mehrere Jahre gedauert hatte); nach unzähligen enttäuschenden kurzen Begegnungen; nach langen Phasen der Dürre, in denen sie gemeint hatte, sich nie mehr verlieben zu können; nach intensiver Psychotherapie, die oft hart und frustrierend war, hatte Kim nun einen der unvergleichlichen Schätze im menschlichen Leben gefunden: eine wirklich gute Liebesbeziehung.

Nicht alle Menschen mögen hierin einen so hohen Wert sehen, ich denke aber, dass viele dies tun. Und viele suchen danach. Die es finden, wie Kim und David, sind einfach glücklich. Die, die so etwas einmal kennen gelernt und wieder verloren haben, trauern darum. Die in einer dauerhaften, guten Beziehung leben, schätzen sich glücklich und nehmen es nicht einfach für gegeben hin, ganz gleich, ob sie es dem Glück zuschreiben, ihrem Geschick bei der Partnerwahl, ihrem Talent im Umgang mit dem anderen oder der Toleranz ihres Partners. Wenn sie verbitterte Paare sehen oder Menschen, die allein sind und auf der Suche nach der Liebe, spüren sie den Wert ihres Glücks und sind dankbar.

Jüngste gesellschaftliche Entwicklungen scheinen bisweilen den Wert von Liebesbeziehungen in Frage zu stellen. Ein feministischer Spruch lautet: «Eine Frau braucht einen Mann, wie ein Fisch ein Fahrrad.» Das sollte der Tendenz allzu vieler Frauen entgegenwirken, sich ökonomisch und emotional so abhängig von einem Mann zu machen, dass sie ihre Autonomie und Selbstachtung aufgeben, gelegentlich sogar Missbrauch und Ausbeutung hinnehmen. Die Frauenbewegung hat einen starken, positiven Einfluss ausgeübt; sie hat – hoffentlich für immer – die Art und Weise verändert, wie Männer und Frauen sich selbst und den anderen sehen. Doch die besten Ideen, wie die beste Technologie, können falsch angewandt werden. Manchen Frauen dient dieses Plädoyer für Unabhängigkeit als Vorwand, Beziehungsprobleme und die Risiken von Zurückweisung oder von Fehlern bei der Partnerwahl zu vermeiden, indem sie intimen Beziehungen aus dem Wege gehen. Für manche, die in früheren Beziehungen enttäuscht wurden, ist das Thema so etwas wie «saure Trauben»: Sie behaupten, darauf verzichten zu können, und meiden das gefährliche Terrain, um sich dadurch Ärger und Kummer zu ersparen.

Der Beginn des feministischen Aufbruchs ging mit der sexuellen Revolution einher und einem freizügigen Junggesellenleben, wie es z. B. in dem amerikanischen Magazin «Playboy» propagiert wurde. Männern war es nun möglich, ihre sexuellen Bedürfnisse von begehrenswerten und interessanten Frauen erfüllt zu bekommen, ohne sich zu binden oder irgendwelche Verpflichtungen einzugehen. Es schien keinen Grund mehr dafür zu geben, sich dauerhaft in die Verantwortung nehmen zu lassen. Vielen Männer diente dies als Ausrede, sich nicht mit ihren Beziehungsschwierigkeiten auseinanderzusetzen; mit ihrer Angst, von einer Frau vereinnahmt, versklavt oder auch zurückgewiesen zu werden. Sie nahmen es als Freibrief, um nicht erwachsen werden und über ihr enges Eigeninteresse hinauswachsen zu müssen.

Eine andere Entwicklung brachte für manche Beziehungen damals erhebliche Erschütterungen: das durch Bücher und therapeutische Ratgeber gewachsene Bewusstsein von den Gefahren, die mit wechselseitiger Abhängigkeit verbunden sind. Dass wir von anderen Menschen abhängig werden können und dass dies die Form einer Sucht annehmen kann, war eine wichtige, sogar umwälzende Entdeckung. Doch da gab es Missdeutungen: Man sah nun den Wunsch nach einer befriedigenden Beziehung als ein Zeichen von krankhafter Schwäche an. Es gab Menschen, die sich nicht mehr auf eine enge, dauerhafte Beziehung einlassen wollten.

Allen Warnungen zum Trotz ist eine dauerhafte Liebesbeziehung für viele Menschen jedoch ein hoch geschätztes Ziel, das sie unablässig verfolgen. Weshalb? Was gibt uns eine solche Beziehung? Und was ist der Unterschied zwischen Verliebtheit und Liebe?

Vom Zauber der Verliebtheit

Mit David hatte Kim ihre erste gute Liebesbeziehung. Sie war jedoch nicht zum ersten Mal verliebt. Als sie die Therapie begann, wusste sie, dass sie um ihrer selbst willen die Beziehung zu ihrem Freund Kevin beenden musste, war aber nicht imstande dazu. Sie lieferte unzählige Beweise dafür, wie lieblos und unzuverlässig Kevin war. Seine Zuwendungen waren sporadisch und oberflächlich. Oft war er emotional oder ganz real nicht zu erreichen; wenn sie mehr Zeit mit ihm gemeinsam verbringen, ihm näher sein wollte, verschloss er sich umso mehr und wurde manchmal sogar aggressiv. Die Zeit vor ihrer Begegnung mit Kevin war durch ihre vielfältigen Interessen und durch die tiefe Befriedigung, die sie aus ihrer Arbeit als Herausgeberin einer Zeitschrift zog, geprägt gewesen. All das war verschwunden. Es gab nur noch Kevin für sie. Bis dahin war sie offen gewesen für ihre Außenwelt, hatte regen Anteil an ihr genommen. Nun reduzierte sich alles auf die eine Frage: Wie konnte sie Kevin dazu bringen, sie zu lieben und ihre Nähe zu suchen? Warum sie bei ihm bleibe, wenn er sie unglücklich mache? Ihre Antwort kam prompt: «Weil ich ihn liebe.»

Diese Antwort habe ich schon von unzähligen Männern und Frauen gehört. Sie leben in Beziehungen, die ihnen Frustration, Entbehrung,

Zorn und Kummer bringen. Dieselbe Bemerkung habe ich jedoch auch von Menschen gehört, die in ihren Beziehungen glücklich sind. Wenn ich Kim jetzt fragen würde, weshalb sie mit David zusammen ist, würde sie ebenso antworten, dass sie ihn liebe. Doch welcher Unterschied in ihrem Ton, im Ausdruck ihrer Augen, sogar in der Bedeutung der Worte.

Verliebt zu sein, ist eine der stärksten Erfahrungen, die Menschen machen können. Die meisten von uns machen sie dann und wann, und für alle ist sie etwas Besonderes, mit nichts anderem vergleichbar. Die Psychologin Dorothy Tennov prägte den Begriff «Limerenz», der für den «seligen» Zustand steht, bei dem man «auf Wolken» geht. Man ist besessen von dem Gedanken an das Zusammensein mit dem geliebten Menschen und der Sehnsucht nach ihm. Solange diese Verzauberung oder «Limerenz» sehr stark ist, fällt es schwer, an irgendetwas anderes zu denken, oder den anderen anders als uneingeschränkt wunderbar zu sehen. Man sehnt sich nach der Liebe des anderen. Sogar wenn man sich dieser Liebe sehr sicher ist, kann es die Angst geben, die Liebe des anderen könnte sich verändern; Unsicherheit kann zu emotionalen Qualen führen.

Diese Verzauberung, das Gefühl romantischer Liebe, wird in Gedichten und Liedern aller Zeiten in allen Ländern der Welt besungen. Einige sind der Auffassung, dass dieser Zustand durch Unreife, Unangepasstheit und sogar durch eine neurotische Störung erzeugt wird und zu unvermeidbaren Problemen führt. Diese Ansicht wird in dem amerikanischen Film «Mondsüchtig» zum Ausdruck gebracht: Die Protagonistin Cher erzählt ihrer Mutter von ihrer Absicht zu heiraten, und diese fragt sie: «Liebst du ihn?» Cher verneint. «Das ist gut», meint die Mutter, «wenn du einen Mann nämlich liebst, treibt er dich in den Wahnsinn.»

Mein Standpunkt unterscheidet sich von diesem eher zynischen. Ich stimme der Psychiaterin Ethel Person zu. Sie schreibt:

Die Liebe bleibt eine der wertvollsten menschlichen Erfahrungen, die dem Ich ein Transzendieren seiner eigenen Grenzen erlaubt, gleichzeitig jedoch psychopathologische Entwicklungen magnetisch anzieht. Ungeachtet der verbreiteten Warnungen durch die traditionelle Weisheit und die psychoanalytische Theorie bin ich sicher, dass Liebe die Menschen im Allgemeinen eher bereichert, als dass sie sie arm macht. Sie gibt unserem Menschenleben einen erhabenen Glanz.

Jeder, der einmal verliebt war, weiß, welch großartiges Gefühl das ist, welch hohes positives Potenzial darin steckt. Es kann unser Selbstwertgefühl steigern, das Beste aus uns herausholen, das Leben wundervoll erscheinen lassen. Manchmal aber verstrickt es uns auch in Beziehungen, die uns klein machen und das Schlechte in uns zu Tage fördern. Was für eine teuflische Chemie ist das, die dabei unser Leben manchmal in eine Hölle verwandelt?

Wir können dieser Frage nachgehen, indem wir eine deutliche Unterscheidung treffen zwischen zwei Zuständen: dem der Verliebtheit und dem einer Liebesbeziehung. Verliebtheit ist oft ein wesentlicher Teil der Liebesbeziehung, aber sie macht diese nicht aus und garantiert auch nicht, dass eine solche Beziehung entsteht. Verliebtheit allein ist nicht genug.

Wenn Menschen wie Kim zu mir kamen und klagten, sie litten in einer Liebesbeziehung, wollte ich wissen, wieso sie eine Beziehung, die so wenig Nähe bot, die so zerstörerisch war und ihrem Selbstgefühl schadete, Liebe nennen konnten. «Liebe sollte einen Menschen nicht chronisch unglücklich machen.» Wenn ich diesen Leuten aber zuhörte, merkte ich, dass sie wirklich Liebe empfanden. Ich konnte ein Gefühl nicht in Frage stellen oder verwerfen, das sie so intensiv erlebten. So versuchte ich, mich dem Problem von einer anderen Seite zu nähern. Wenn ich heute jemanden höre, der mir berichtet, er sei verliebt, aber die Beziehung sei unglücklich, antworte ich:

«Verliebtheit ist ein starkes und wunderbares Gefühl, garantiert aber noch keine wirkliche Liebesbeziehung.» Ich mache die Person dann darauf aufmerksam, dass es sich um zwei verschiedene Zustände handelt, die sich manchmal, aber nicht immer, überschneiden, weil eine Liebesbeziehung durch vieles bestimmt ist, was nicht immer auf Verliebtheit zutrifft. Wie lassen sich diese beiden menschlichen Erfahrungen unterscheiden?

Der Unterschied zwischen Liebe und Verliebtheit

Es gibt sechs Punkte, in denen die Unterschiede klar zu erkennen und fast messbar sind:

1. Für eine Liebesbeziehung braucht es zwei Menschen. Verliebtheit betrifft oft nur eine Person. – Deutlich wird das, wenn sich jemand in einen Film- oder Rockstar verliebt, dem er/sie nie begegnet ist. Dieses Phänomen betrifft meist Heranwachsende. Allerdings erinnere ich mich an den Fall von Steven, einem Rechtsanwalt, der nicht loskam von seiner Verliebtheit zu Jenny, einer Rechtsanwältin in seiner Firma. Jenny war glücklich verheiratet und ahnte nichts von Stevens Gefühlen, noch weniger teilte sie sie. Für Steven war seine Fixierung so schmerzhaft, dass er schließlich die Firma verließ. Oder Mia, die heimlich ihren Chef so verehrte, dass sie zu keiner anderen Beziehung fähig war. Noch trauriger ist es jedoch um die Menschen bestellt, die in dauerhaften Beziehungen, manchmal sogar in einer Ehe, oft ganz allein sind.

Carla und Jack waren seit vier Jahren verheiratet, als Carla von Einsamkeitsgefühlen heimgesucht wurde. «Mit allem, was ich tue, versuche ich Jack zu zeigen, wer ich bin. Ich habe keine Ahnung, ob er mich liebt.» Jack meinte mir gegenüber: «Ich muss Carla wohl lieben, sonst wäre ich nicht bei ihr.» Weitere Gespräche jedoch zeigten, dass er keine Antenne hatte für Carlas grundlegende Bedürfnisse, Ängste, Pläne und Sehnsüchte. Er spürte auch seine eigenen Wünsche in Bezug auf Carla und seine Gefühle ihr gegenüber nicht.

2. Eine Liebesbeziehung verlangt Gegenseitigkeit in der Zuwendung und die Bemühung beider um Zufriedenheit und Erfüllung. Verliebtheit dagegen kann Menschen zusammenhalten, die sich möglicherweise zu nichts verpflichten wollen. – Kim hielt verbissen an ihrer Verliebtheit in Kevin fest, obwohl deutlich war, dass er sich nicht viel aus ihr machte und dass er unfähig war, sich ihr für mehr als ein paar Stunden zu verpflichten. Ich erinnere mich auch an Warren, einen Modefotografen, der in das Model Diane verliebt war. Sie hatten drei Jahre lang eine enge Beziehung, und dennoch reagierte sie mit Zorn, Erstickungsangst und Rückzug, wenn er Wünsche nach mehr Nähe und Zärtlichkeit äußerte oder gar Pläne für sie als Paar zu machen versuchte. Bei solchen Gelegenheiten reizte und verärgerte sie ihn, indem sie erzählte, sie sei mit ihrem vorigen Freund aus gewesen, «nur um zu reden». Zwischen Kim und Kevin und zwischen Diane und Warren waren intensive und leidenschaftliche Gefühle möglich; der Mangel an gegenseitiger Zuwendung und Verantwortung füreinander ließ die Beglückung einer Liebesbeziehung jedoch nicht aufkommen. Tatsache ist, dass Kim, Warren und viele andere das teuflische Problem haben, dass sie sich ausschließlich in Menschen verlieben, die sich ihnen gegenüber nicht besonders liebevoll verhalten oder sich in keiner Weise an sie binden wollen. Dieses Grundmuster musste Kim verändern, bevor sie die Beziehung eingehen konnte, die sie nun mit David hatte.

3. Eine Liebesbeziehung erfordert, dass beide füreinander erreichbar sind. Verliebtheit jedoch wächst oft gerade mit der Unerreichbarkeit. – So sollte z. B. keiner der beiden verheiratet – wie Stevens Jenny – oder sonstwie an einen Partner gebunden sein. Er sollte auch nicht so intensiv mit sich selbst beschäftigt sein wie Kevin, der durch seine Arbeit und andere Dinge so in Anspruch genommen war, dass für die Entwicklung der Partnerschaft kein Raum blieb. Keiner von beiden sollte von Drogen (Alkohol oder anderen Narkotika) abhängig sein, weil sie den Geist trüben und uns unfähig machen, uns mit echten und unverfälschten Gefühlen, klarem Kopf und verantwortlichem Handeln in eine Beziehung einzubringen. Bei Drogenabhängigkeit ist der Zugang zu unserem wahren Selbst gestört, wirkliche Nähe ist dadurch fast unmöglich. Auch wenn ein Partner ein zwanghafter Spieler ist oder dazu neigt, sinnlos Geld auszugeben, wird er oder sie kaum in der Lage sein, eine Beziehung aufzubauen.

Es ist sehr unterschiedlich, wie viel an Zeit, Nähe und Gemeinsamkeit Menschen brauchen, um sich miteinander wohlzufühlen. Manche brauchen sehr viel Nähe, manche viel weniger. Damit die Beziehung jedoch wachsen kann, braucht es ein gewisses Maß an diesen Dingen, das für beide Partner gleichermaßen stimmt.

Im Gegensatz dazu können Menschen sich in eine Person verlieben, die anderweitig gebunden oder aus anderem Grund emotional nicht erreichbar ist. Ja, die Tatsache der Unerreichbarkeit, die Ausweichmanöver und die Unbeständigkeit des/der Betreffenden können u. U. das Gefühl der Verliebtheit noch verstärken.

4. Wer in einer guten Beziehung lebt, genießt das Glück, jemanden zu haben, der für ihn da ist, auf den er sich verlassen kann. – Er kann sich der Unterstützung des anderen in den Ärgernissen des Alltags und bei Problemen am Arbeitsplatz sicher sein. Er weiß, dass er Beifall oder ein Lächeln ernten wird für kleine Siege und große Triumphe. Wer jedoch eine Liebe in sich spürt, die nicht geteilt wird, der muss die Stärkung und Sicherheit durch einen präsenten Partner entbehren.

Eine von Kims Mitarbeiterinnen wurde krank und konnte ihren Artikel nicht rechtzeitig fertigschreiben. Kim sprach mit David darüber in einem der abendlichen Gespräche, die sie regelmäßig führten. Das half ihr, mit dieser Sorge zurechtzukommen. Als sie zur Herausgeberin befördert wurde, schenkte David ihr Blumen und lud sie zum Essen ein. Im Gegensatz dazu war Kevin ihr immer sehr desinteressiert erschienen, wenn sie von ihrer Arbeit sprach; als ihr Vater starb, was für Kim ein furchtbarer Einschnitt war, kam Kevin zwar zum Trauergottesdienst, blieb aber nicht zum Begräbnis, sondern reiste in den Skiurlaub ab.

Unglücklicherweise gibt es viele Menschen, deren Liebe wächst und stärker wird, *weil* sie sich nicht auf den Geliebten/die Geliebte verlassen können. Wenn sie gute Gründe haben, dem anderen zu misstrauen, eifersüchtig zu sein, an seiner Liebe zu zweifeln, dann versuchen sie umso verzweifelter, diesen in einen verlässlichen Partner zu verwandeln. Sie sind an den anderen Menschen durch das Band der Unsicherheit gebunden. Diese Anziehungskraft halten sie für Leidenschaft.

5. Menschen in einer Liebesbeziehung haben oft viele gemeinsame Ziele, Standpunkte und Interessen, die ihre Verbindung und ihre Freude an der Zweisamkeit verstärken. Verliebtheit dagegen kann sich auf jemanden richten, dessen Persönlichkeit, Bedürfnisse, Ausrichtung und Ziele so verschieden von den eigenen sind, dass eine Liebesbeziehung unmöglich ist. – Starke Anziehungskraft kann Menschen blind machen für die Tatsache, dass sie nichts gemeinsam haben. Man sagt «Gegensätze ziehen sich an», wenn z. B. eine stark emotionale, impulsive, sprunghafte Persönlichkeit auf der Suche nach Grenzen und mehr Stabilität sich zu jemandem hingezogen fühlt, der eher zwanghaft und starr, jedoch zuverlässig ist. Dieser wiederum, bezaubert von der Spontaneität des anderen, hofft vielleicht, durch ihn oder sie das Fliegen zu lernen. Wenn die Unterschiede nicht allzu groß sind, können sie ein schönes Element in die Beziehung einbringen und beide Partner um die besonderen Qualitäten des anderen bereichern. Dies trifft besonders dann zu, wenn genügend Zuneigung besteht, um auch die weniger angenehmen Aspekte des anderen tolerieren zu können. Sind die Unterschiede jedoch zu groß, wird das auf Dauer das Gefühl der Verliebtheit aushöhlen, ganz gleich, wie romantisch die Beziehung ursprünglich war. Wenn die Partner dagegen im anderen Eigenschaften entdecken, die sie an sich selber sehr mögen, führt das zu einem Gefühl von vertrauter Verbundenheit.

6. Eine Liebesbeziehung kann den Menschen helfen, zu sich selbst, zum anderen und zum Leben im Allgemeinen eine positive Einstellung zu entwickeln. – Sie kann tatkräftiger und optimistischer machen und das körperliche Wohlbefinden steigern. Auch Verliebtheit kann anfangs Glücksgefühle erzeugen, wenn es jedoch zu keiner Liebesbeziehung kommt, werden sich die Betroffenen früher oder später nicht mehr wohlfühlen, ihre Einstellung zum anderen und dem Leben gegenüber wird sich negativ färben. Sie werden sich ausgelaugt, pessimistisch, sorgenvoll, deprimiert und demoralisiert fühlen. Sie können sogar körperliche Beschwerden und Krankheiten entwickeln.

Als Kim mich wegen ihrer Beziehung zu Kevin in Panik aufsuchte, war ihr Essverhalten außer Kontrolle geraten. Wann immer Kevin sich zurückzog und manchmal für eine Weile ganz verschwand, aß sie ihren

Kühlschrank leer. Dann bekam sie Angst, Kevin könne sie nun wegen ihrer Gewichtszunahme endgültig ablehnen, also hungerte sie und nahm Abführmittel. Ein Herzflattern stellte sich ein, das vom Arzt als Rhythmusstörung diagnostiziert wurde. Auch ihre Arbeit litt: Obwohl ihr Arbeitsplatz nie in Gefahr war, verlor sie ihre Kreativität, und was sie zustande brachte, hatte wenig Schwung. Als Kim die Beziehung beendet hatte und durch eine schmerzliche Zeit der Depression und Einsamkeit gegangen war, begann der Horizont ihrer Welt sich wieder zu erweitern, und ihre Freude an der Arbeit kehrte zurück. Als sie die ihr so wohltuende Beziehung mit David einging, wurde sie noch schöpferischer und origineller in ihrer Arbeit. Ihr Gewicht stabilisierte sich wieder, und das Herzflattern verschwand so gut wie ganz.

Die Zufriedenheit, die Kim bei David fand, macht deutlich, dass eine gute Liebesbeziehung uns inneren Frieden schenken und uns das Gefühl vermitteln kann, im Einklang mit uns und der Welt zu sein. Diese Empfindungen sind wahrscheinlich am stärksten, wenn wir selbst einen langen Weg zurückgelegt haben, um sie zu erreichen; eine gute Beziehung hilft jedoch zweifellos, diese Gefühle weiterzuentwickeln.

Ich liebe dich, und du liebst mich

Eine gute Beziehung kann viele Bedürfnisse, Sehnsüchte und Wünsche erfüllen. Diese stammen aus unterschiedlichen Schichten unserer Entwicklung und leben in uns weiter, ganz gleich, wie alt wir sind. Der Säugling in uns will sich sicher und geborgen fühlen, gestreichelt und genährt werden. Das Kind in uns will spielen, bewundert und vergöttert werden für alles, was es tut und ist. Der heranwachsende Jugendliche in uns möchte, dass man ihm sagt und zeigt, dass er attraktiv, stark, begehrenswert und überhaupt wundervoll ist. Als Erwachsene wünschen wir uns dies alles und dazu einen Partner, der uns in Liebe und Ergebenheit auf unserem Lebensweg begleitet. Die sinnlichen und sexuellen Bedürfnisse aller unserer Lebensphasen wollen in einem liebevollen und sicheren Umfeld befriedigt werden. Doch eines wollen wir am meisten: dass es jemanden auf der Welt geben möge, für den wir an erster Stelle stehen.

Abgesehen von den kurzen Augenblicken, wo wir als Säugling und Kleinkind einen ersten Platz einnahmen, geschieht das später kaum noch. Nur in der Liebe wird dieser Zustand wiederhergestellt.

Im Herzen und im Leben eines anderen Menschen den ersten Platz einzunehmen, macht einen wichtigen Teil der Liebeserfahrung aus. Eine Liebesbeziehung ist gekennzeichnet durch die Gegenseitigkeit der Erfahrung, dass jeder der beiden Partner den ersten Platz im Leben des anderen einnimmt. Dies ist für viele das Höchste, was auf der zwischenmenschlichen Ebene möglich ist.

Teste deine Beziehung

Vielleicht ist dir nicht klar, ob zwischen dir und deinem Partner genügend Gemeinsamkeit besteht, um als Grundlage für eine Liebesbeziehung zu dienen. Vielleicht kann dir der folgende Fragebogen hierüber mehr Klarheit schaffen. Er besteht aus den fünfunddreißig Punkten, die deine Gefühle zu der Person betreffen, mit der du immer wieder (oder in letzter Zeit, oder typischerweise) unglücklich verbunden bist.

Der Fragebogen besteht aus zwei Teilen. Fülle darin zunächst nur die Rubrik «Trifft auf mich zu» aus, und zwar mit den Buchstaben: R (richtig), MR (meist richtig), F (falsch) oder MF (meist falsch).

	Trifft auf mich zu.	Trifft auf ihn/sie zu.	Ich wünsche mir.
1. Es macht mich glücklich, ihn/sie glücklich zu sehen.	_______	_______	_______
2. Ich fühle mich stark zu ihm/ihr hingezogen.	_______	_______	_______
3. Ich möchte den Rest meines Lebens mit ihm/ihr verbringen.	_______	_______	_______
4. Wenn wir länger getrennt sind, vermisse ich ihn/sie sehr.	_______	_______	_______
5. Ich bin sicher, dass ich in ihn/sie verliebt bin.	_______	_______	_______

	Trifft auf mich zu.	Trifft auf ihn/ sie zu.	Ich wünsche mir.
6. Sein/ihr Wohlergehen ist mir so wichtig wie mein eigenes.	_______	_______	_______
7. Mein Leben wäre öd und leer, wenn die Beziehung zu Ende gehen sollte.	_______	_______	_______
8. Nie bin ich glücklicher als in seiner /ihrer Gegenwart, wenn alles gut läuft.	_______	_______	_______
9. Niemanden auf der Welt könnte ich mehr lieben.	_______	_______	_______
10. Wir scheinen füreinander bestimmt zu sein.	_______	_______	_______
11. Kein anderer könnte mich lieben.	_______	_______	_______
12. Mit niemandem wäre Sex so gut.	_______	_______	_______
13. Ich denke die ganze Zeit an ihn/sie.	_______	_______	_______
14. Ich versuche, ihm/ihr zu gefallen.	_______	_______	_______
15. In guten und in schlechten Zeiten möchte ich für ihn/sie da sein.	_______	_______	_______
16. Ich akzeptiere ihn/sie so, wie er/sie ist.	_______	_______	_______
17. Ich sehne mich immer nach ihm/ihr.	_______	_______	_______
18. Ich glaube ihn/sie gut zu kennen.	_______	_______	_______
19. Ich denke, er/sie kennt mich wirklich gut.	_______	_______	_______
20. Ich kann mit ihm/ihr über fast alles reden.	_______	_______	_______

	Trifft auf mich zu.	Trifft auf ihn/ sie zu.	Ich wünsche mir.
21. Ich fühle mich sicher mit ihm/ihr.	_______	_______	_______
22. Ich freue mich darauf, mit ihm/ihr zu schlafen.	_______	_______	_______
23. Ich bin schrecklich in ihn/sie verliebt.	_______	_______	_______
24. Er/sie ist so vertrauenswürdig und zuverlässig.	_______	_______	_______
25. Ich bin bereit, mindestens so viel zu geben, wie ich bekomme.	_______	_______	_______
26. Ich kann ihm/ihr gegenüber ganz offen sein.	_______	_______	_______
27. In seiner/ihrer Nähe fühle ich mich mit mir selber wohl.	_______	_______	_______
28. Er/sie nimmt mich so, wie ich bin.	_______	_______	_______
29. Ich vertraue ihm/ihr vollkommen.	_______	_______	_______
30. Mit ihm/ihr könnte ich monogam leben.	_______	_______	_______
31. Ich nehme gelegentliche schlechte Behandlung hin, solange er/sie mich liebt.	_______	_______	_______
32. Ich denke, ich liebe ihn/sie mehr als er/sie mich.	_______	_______	_______
33. Ich denke, er/sie liebt mich mehr als ich ihn/sie.	_______	_______	_______
34. Manchmal habe ich das Gefühl, in dieser Beziehung zu ersticken.	_______	_______	_______
35. Ich möchte nicht ohne ihn/sie leben.	_______	_______	_______

Wie steht es um deine Beziehung?

Wenn wir nun deine Antworten auf diesem Fragebogen anschauen, so erhältst du ein Bild der grundlegenden Gefühle, Hoffnungen und Wünsche in deiner unglücklichen Beziehung. Wie wirkt dieses Bild auf dich? Magst du dich so, wie du dich in dieser Beziehung darstellst? Hättest du deine Antworten lieber anders?

Dieses Bild kann nützlich sein; es spiegelt jedoch lediglich deine Gefühle und nicht die ganze Beziehung wider. Dafür brauchst du die andere Hälfte. Deshalb fülle nun die Spalte «Trifft auf ihn/sie zu» so aus, als antwortetest du für die Person, um die es geht. Antworte so, als seist du diese Person.

Vergleiche danach die beiden Rubriken. Wenn du ehrlich geantwortet hast, erhältst du ein genaues Porträt der Beziehung, das du nun eingehend studieren kannst. Frage dich dabei, ob es genügend verbindende Gefühle der Liebe und Fürsorge und genügend gemeinsame Ziele gibt, die die Beziehung unterstützen können? Wenn zu viel Ungleichgewicht herrscht, ist die emotionale Basis der Beziehung beeinträchtigt; sie ist unsicher und gefährdet.

Für Kim war das Resultat erschütternd, wenn auch in gewisser Weise nicht unerwartet. Viele Punkte zeigten die Differenzen zwischen ihr und Kevin auf. Später, als Kim mit David zusammen war, wiederholte sie den Test, bezogen auf ihn. Für sich antwortete sie genauso wie damals, aber Davids Antworten fielen wesentlich positiver aus. Es gab also eine deutliche Gemeinsamkeit zwischen ihr und David, die zwischen ihr und Kevin gefehlt hatte. Kim sah ein, dass es in ihren und Kevins Wünschen und Erwartungen so wenig Gemeinsames gegeben hatte, dass eine befriedigende Beziehung niemals möglich gewesen wäre. Mit David dagegen waren die Übereinstimmung bezüglich ihrer Gefühle füreinander und der Vorstellungen über ihre Verbindung eine fruchtbare Voraussetzung für das Wachsen von Intimität, Verbundenheit und Glück.

Als Kim David den Fragebogen ausfüllen ließ, waren seine Antworten fast identisch mit denen, die sie für ihn eingesetzt hatte.

(Übrigens waren einige Antworten, die Kim in Bezug auf ihre Beziehung zu Kevin gegeben hatte, verblüffend. So hatte sie behauptet, sich mit Kevin sicher zu fühlen. Danach gefragt, sagte sie: «Die üble, gleichgültige Art, mit der er mich behandelte, war mir aus meiner Kindheit bekannt. Die Vertrautheit mit diesem Muster muss dem kleinen Mädchen in mir wohl ein Gefühl von Sicherheit gegeben haben.»)

Diesen Fragebogen kannst du auf verschiedene Weise nutzen. Wenn es in deinem Leben einen Partner gibt, so könnt ihr die Fragen parallel beantworten und eure Antworten vergleichen. Wenn ihr mögt, könnt ihr die Ergebnisse anschließend besprechen. So erfahrt ihr mehr über die Befindlichkeit des anderen, könnt sehen, wie das Fundament dieser Beziehung aussieht und wo vielleicht gemeinsame Arbeit an ihr sinnvoll wäre.

Wenn du glaubst, du seist zu befangen, um für deinen Partner zu antworten, bitte jemanden, der euch beide kennt und eure Beziehung beurteilen kann, für deinen Partner zu antworten. So bekommst du die Außenperspektive. Warren z. B. hatte den Fragebogen für Diane so ausgefüllt, dass sie als liebevolle und zugewandte Person erschien. Ein Freund, der sie beide zusammen erlebt hatte, fand, Warren liege mit seinen Antworten völlig falsch und gab ganz andere Einschätzungen ab. Diane wirkte darin wesentlich weniger liebevoll, viel egozentrischer. Dieser Unterschied zwang Warren dazu, sich mit Seiten von Diane auseinanderzusetzen, die er bisher nicht hatte zur Kenntnis nehmen wollen, weil sie nicht in sein Wunschbild passten.

Der Fragebogen kann auf noch andere Weise nützlich sein. Stell dir vor, du seist die Person, der du noch nicht begegnet bist, mit der du dir aber wünschst, irgendwann eine glückliche Beziehung zu haben. Antworte für dich in Bezug auf diesen noch unbekannten, doch ersehnten Partner. So erhältst du ein gutes Bild davon, was du dir wirklich an Gefühlen für diesen Menschen wünschst. Danach antworte für diesen Partner und stelle seine Gefühle für dich dar. So erkennst du, wie du geliebt und gesehen werden möchtest. Beide Antwortreihen zusammengenommen ergeben ein Bild dessen, was du suchst.

Verzicht muss nicht die Lösung sein

Liebe und Verliebtheit können so verschieden sein wie ein Schluck Wasser und ein Mund voll Sand für einen Durstigen. Wenn du dich für den Sand entscheidest, musst du dich fragen, weshalb du das tust und warum du nicht das Wasser vorziehst.

Manchen erscheint ihr Leben nicht blühend vor Liebe, sondern trocken wie die Wüste. Viele Menschen haben weder eine liebende Beziehung noch sind sie verliebt. Manche hatten Affären, die so enttäuschend oder verletzend waren, dass sie keine Lust haben, es ein weiteres Mal zu probieren. Als ob sie an einem posttraumatischen Stress-Syndrom litten. Aber es gibt auch Menschen, die ohne Liebe leben, obwohl sie noch keine allzu großen Wunden davongetragen haben. Manche hatten nie eine Liebesbeziehung und fragen sich, weshalb nicht. Sie wissen nicht, ob mit ihnen und ihrer Liebesfähigkeit etwas nicht stimmt oder ob sie einfach Pech hatten.

Ob du nun ohne Liebe lebst oder unglücklich verliebt bist – in jedem Falle befindest du dich auf ziemlich dürrem Gelände. Glücklicherweise gibt es Wegweiser und Anhaltspunkte, wie du selbst den Weg zu einem glücklicheren, einladenderen Ort finden kannst. Werfen wir zuerst einen Blick auf die Fallstricke und Hindernisse, die dir dabei im Wege sein könnten.

3

Abhängigkeit als Hindernis für eine Liebesbeziehung

Als Kim zu ihrer ersten Therapiesitzung zu mir kam, fragte ich sie, wie sie Kevin kennengelernt hatte. Sie war in ihrem Fitness-Club gewesen, um etwas für ihre Figur zu tun, als eine schlanke Gestalt vorbeikam und ohne zu lächeln und ohne stehen zu bleiben zu ihr sagte: «Es nützt eh nichts.» Kim fühlte sich sofort zu dem Mann hingezogen. Sie ging ihm nach, stellte sich ihm vor und fand so heraus, dass er Kevin hieß. Die Beziehung entwickelte sich von ungeplanten Treffen im Club zu geplanten Verabredungen. Dabei blieb das anfängliche Muster bestehen: Kevin machte sie schlecht, und sie fuhr fort, ihn zu verfolgen.

Ich frage die Menschen, die wegen einer Beziehung bei mir Rat suchen, immer, wie sie ihren Partner kennengelernt haben. Oft sagt die Art und Weise, wie eine Beziehung beginnt auch, wie sie laufen wird. Milan Kundera sagt in «Das Buch vom Lachen und Vergessen»:

Jede Liebesbeziehung basiert auf ungeschriebenen Vereinbarungen, die die Liebenden in den ersten Wochen miteinander treffen. Ohne es zu wissen, befolgen sie die Buchstaben ihrer Verträge als wären sie hartgesottene Rechtsanwälte. Oh Ihr Liebenden, seid wachsam während dieser wenigen, gefährlichen Tage. Wenn Ihr damit beginnt, dem anderen das Frühstück ans Bett zu bringen, werdet Ihr immer damit fortfahren müssen, wenn Ihr nicht heftige Anklagen wegen Feindseligkeit und Verrats auf euch ziehen wollt.

Kims permanente Anstrengungen, Kevin zu verfolgen, waren nicht alle vergebens. Es gelang ihr, Augenblicke von großer Nähe, Offenheit und Leidenschaft zu erreichen. Dann zog er sich aber jedes Mal überraschend zurück und begann sie zu attackieren und zu kritisieren. Einmal, als er eine gemeinsame Wochenendreise absagte, die sie geplant hatten, und sie herausfand, dass er statt dessen mit einer anderen Frau wegfuhr, hatten sie einen gigantischen Krach. Sie sagte ihm, diesmal sei endgültig Schluss, und er erklärte ihr, das sei für ihn in Ordnung, denn sie bedeute ihm nichts mehr.

Kim war am Boden zerstört und litt an Entzugserscheinungen, die sich in Weinkrämpfen, Schlaflosigkeit und Übelkeit äußerten. Sie meldete sich für mehrere Tage krank. Einige Wochen später, als es ihr schon etwas besser ging, war sie wieder einmal im Fitness-Studio. Da tauchte Kevin plötzlich auf. Sie war überwältigt von dem Zufall und davon, wie romantisch es war, ihn noch ein zweites Mal auf diese Weise zu treffen. Und sie war sich sicher, er fühle ebenso. Er aber ging lediglich an ihr vorbei und sprach den gleichen Satz, den er damals zu ihr gesagt hatte: «Es nützt eh nichts.» Kim verließ fluchtartig das Studio, in Tränen aufgelöst. Alle ihre Wunden waren neu aufgebrochen. Zu diesem Zeitpunkt und auf das Drängen einer Freundin hin holte sich Kim den ersten Beratungstermin bei mir.

Ich fragte mich, was es in Kims Geschichte geben möge, das sie dazu brachte, nicht nur Kevins Zurückweisungen und Kränkungen zu ertragen, sondern immer wieder danach zu verlangen. Und obgleich mein erstes Interesse Kim galt, konnte ich nicht umhin, mich zu fragen, was es wohl in Kevins Geschichte gab, das ihn diese gutmütige und tüchtige Frau so verächtlich behandeln ließ. Meine Spekulationen über Kevin verliefen merkwürdig. Vor dreißig Jahren hatte ich als Student an der Universität einen siebenjährigen Jungen namens Kevin getestet, der äußerst aggressiv war und eine raue Schale hatte. Er war ein drahtiger, kleiner Kerl, ruppig, mit Ecken und Kanten. Ich erinnere mich noch genau an seine Antwort auf eine der Testfragen: «Welches Tier würdest du gern sein?» Er antwortete prompt: «Ein kleiner Hund – weil die niedlich sind, und jeder würde mich halten und verwöhnen wollen.» Ich ließ ihn den Hund zeichnen. Er zeichnete ein vierbeiniges Tier, von der Seite gesehen und setzte dann am Hals an und zeichnete auf die Wirbelsäule ganz viele kleine Spitzen. Das seien seine Haare, sagte er. Die Spitzen wurden immer länger, am Schwanzende waren sie ziemlich lang. Kevin schaute sich das Tier an und sagte: «Das ist gar kein Hund, das ist ein Stachelschwein. Es hat diese langen Nadeln, damit die Menschen es nicht verletzen können.»

Das alles war in diesem kleinen Jungen: sein Bedürfnis nach Wärme und Zärtlichkeit und die Angst, er könne verletzt werden, wenn er jemanden an sich heranließe. So entwickelte er seine Macken, um andere fern zu halten. Es wurde auch deutlich, dass er in seinem jungen Leben Erfahrungen mit Nähe gemacht hatte, die ihm so viel Schmerz bereitet hatten, dass er nun seine Widerspenstigkeit als Schutz einsetzte.

Ob dies wohl derselbe Kevin gewesen war? Das Alter stimmte, und er verhielt sich Kim gegenüber wie ein aggressives Stachelschwein. Kim konnte von Augenblicken berichten, in denen seine verletzliche, bedürftige Seite flüchtig aufgetaucht war. Einmal verblüffte sie mich mit der Bemerkung: «Manchmal ist er wie ein kleiner Hund.» Ich fand nie heraus, ob es derselbe Kevin war, den ich als Siebenjährigen kennengelernt hatte. Aber mir wurde in Ansätzen klar, warum Kim in ihren verzweifelten Anstrengungen, seine Liebe zu gewinnen, sich so viel Schlimmes von ihm gefallen ließ.

Wir untersuchten gemeinsam die Faktoren in ihrer Vergangenheit, die sie für Kevin verwundbar machten. «Gab es eine Zeit in Ihrer Kindheit, lange bevor Sie sich für Männer zu interessieren begannen, wo Sie sich sehr anstrengen mussten, damit jemand auf Ihre Bedürfnisse nach Zuwendung und Liebe einging?» Kim fand, dass das auf beide Eltern zutraf. Sie beschrieb ihre Mutter als eine untersetzte, schwerfällige Frau, die kalt und hart zu ihr war. «Als Kind dachte ich, alle Mütter wären so. Dann lernte ich die Mütter meiner Freundinnen kennen und sah, dass sie ganz anders waren. Da fragte ich mich, ob meine Mutter sich so verhielt, weil mit mir etwas nicht stimmte. Und ich versuchte herauszufinden, was es war.»

Kims Vater war groß, athletisch gebaut und launisch. Wenn er gut drauf war, konnte er Sonnenschein ins Haus bringen. Sie erinnerte sich, wie er sie als kleines Kind in die Luft geworfen hatte. Als Kim zehn oder elf war, nahm er sie mit auf seine Fahrten zu Kunden, um Gesellschaft zu haben. Das mochte sie gern. Unterwegs hatte er mit ihr gesprochen, und er hatte sie stolz seinen Kunden vorgestellt. Leider waren diese glücklichen Momente selten gewesen verglichen mit den Zeiten, wo er kritisch und voller Missbilligung war. Manchmal machte er sich über ihr Aussehen lustig. Oft zog er sich in schmollendes Schweigen zurück. Kim fürchtete diese dunklen Phasen so, dass sie alles tat, um ihnen zuvorzukommen, indem sie versuchte, ihm zu gefallen, ihn zu unterhalten, ihm zu helfen, wo sie konnte. Manchmal funktionierte das, und sie fühlte sich geliebt. Manchmal übertrieb sie es und verdarb dadurch alles. Sie erinnerte sich an einen Vorfall, als sie ihm bei seiner Arbeit helfen wollte, indem sie Rundbriefe an seine Kunden verschickte. Kim war so darauf aus, die Anerkennung des Vaters zu gewinnen, dass sie mehr Briefe schickte, als er gesagt hatte. Dazu benutzte sie, ohne es zu wissen, eine Liste von säumigen Zahlern, und ihr Vater war wütend auf sie. Er nannte sie dumm und inkompetent. Das schmerzte immer noch.

Kim sah den Zusammenhang zwischen ihrer emotionalen Hörigkeit und der Sehnsucht ihrer Kindheit nach der Liebe und Anerkennung der Eltern immer klarer. «So habe ich mich immer verhalten», sagte sie. «Sogar mein erster Freund in der Schulzeit behandelte mich wie Dreck; auf Partys, zu denen wir zusammen gekommen waren, ließ er mich wegen meiner besten Freundin stehen. Ich war am Boden zerstört und ließ mich danach sexuell viel weiter mit ihm ein, als ich das in diesem Alter hätte tun sollen, nur um ihm zu gefallen.» Kim fing an zu verstehen, dass Kevins magische Anziehungskraft wenig mit ihm selbst zu tun hatte. «Es hat wohl mehr mit dem kleinen Mädchen in mir zu tun, das vergeblich versucht, einem Stein Liebe zu entlocken. Diese tiefe Sehnsucht habe ich mein Leben lang gehabt. Und sie heftete sich immer wieder an andere Menschen.»

Emotionale Abhängigkeit

Die Ähnlichkeit zwischen Menschen wie Kim, die sich immer wieder in unglückliche Beziehungen verstricken, und Menschen, die nicht aufhören können zu rauchen, zu trinken oder Drogen zu nehmen, ist so groß, dass dieses Sichklammern an unergiebige, zerstörerische Beziehungen als Sucht verstanden werden muss. Inzwischen hat sich dieser Sprachgebrauch durchgesetzt und gelegentlich ruft der Begriff schon Überdrussreaktionen hervor. Aber manche Menschen kann die Einsicht, dass sie emotional süchtig sind, noch heute wie ein Blitz treffen, der die Art, wie sie sich selbst und ihre Beziehungen sehen, plötzlich in einem neuen Licht erscheinen lässt. Doch auch wer mit der Problematik längst vertraut ist, kann seine Sicht erweitern, weil sich der Erkenntnisstand auf diesem Gebiet ständig weiterentwickelt. Ich selbst habe lange Jahre mit solchen Süchtigen gearbeitet und treffe doch immer wieder auf neuartige Fälle. Wenn du dich vor solchen tödlichen Verstrickungen bewahren willst, kannst du nicht genug über diese Sucht erfahren. Wissen ist Macht, vor allem, wenn wir es benutzen, um uns selbst zu verstehen. Indem wir lernen, abhängige Beziehungen in Zukunft zu vermeiden, lernen wir auch, wie wir eine nicht abhängige Beziehung erreichen können.

Die Sprache der Sucht

Es gibt erstaunliche Parallelen in der Art, wie die Abhängigkeit von einer Droge und die von einem Menschen beschrieben wird. Wenn man aufmerksam zuhört, wie die Betroffenen – vielleicht sogar du selbst – über ihre emotionale Abhängigkeit sprechen, so erkennt man deutlich die Sprache der Sucht. Schau dir die folgenden Aussagen genau an. Könnten sie nicht, mit leichten Änderungen, auch von einem Drogensüchtigen oder Alkoholiker stammen?

- Jedes Mal, wenn ich damit aufhören will, gerate ich in Panik.
- Das Leben ohne sie ist freudlos und ohne Spannung.
- Etwas in mir kann ihn nicht aufgeben.
- Ich versuchte sie zwei Wochen lang nicht anzurufen, doch dann überkam es mich – es war, als ob ich einen «Schuss» brauchte.
- Ich sagte mir, was kann es schon ausmachen, wenn ich ihn nur ein Mal wiedersehe – doch dann ging meine Besessenheit von Neuem los.
- Ich weiß, dass sie Gift für mich ist, aber ich fühle mich magnetisch zu ihr hingezogen und verliere dann jede Kontrolle über mich.
- Ich könnte andere haben, aber etwas an ihr macht mich an wie sonst keine.
- Ich kann nicht ohne ihn leben.

Wie aber kann jemand süchtig sein nach etwas, was keine chemische Substanz ist? Untersuchungen und Beobachtungen von Drogenabhängigen legen die Vermutung nahe, dass ein wesentliches Element oft nicht in der Droge enthalten ist, sondern im Süchtigen selbst. Wie heißt dieses Element im Fall der emotionalen Abhängigkeit? Vielleicht geben die Erklärungen von Menschen, die an Beziehungen festhalten, die offensichtlich schlecht für sie sind, hierüber Auskunft:

- Sie füllt eine schreckliche Leere in mir.
- Nur wenn ich mit ihm zusammen bin, fühle ich mich richtig lebendig.
- Ohne sie fühle ich mich unvollständig. Durch sie fühle ich mich ganz.
- Wenn sie mich auch zugrunde richtet – wenn ich daran denke, dass ich sie nie mehr sehen sollte, wäre mein Leben nichts mehr wert.

- Ohne ihn fühle ich mich ängstlich und unsicher. Er mag mich noch so unglücklich machen – wenn er mich in seinen Armen hält, fühle ich mich sicher.
- Die meiste Zeit, in der ich mit ihm zusammen bin, fühle ich mich deprimiert und elend. Aber wenn wir zusammenliegen und unsere Haut sich berührt, ist das elektrisierend, etwas ganz Besonderes. Chemie ✓
- Wenn ich irgendwann Schluss mache, werde ich danach wohl ewig weinen müssen. ✓
- Ich bin so gewöhnt an seine Anwesenheit, seine Gewohnheiten und an alles, was wir miteinander tun, dass ich ohne ihn verloren wäre.

Diese Aussagen zeigen, dass das süchtige Element etwas tief Eingewurzeltes, Primitives ist, etwas, das seinen Ursprung sehr früh im Leben jedes Menschen hat. Ich nenne dieses Element Bindungshunger. Wir teilen alle eine universale, menschliche Erfahrung: Jeder von uns hat – als Säugling und Kleinkind – eine Periode völliger Abhängigkeit von einem anderen Wesen durchlebt. Wir mussten notwendigerweise einem Menschen – gewöhnlich war es die Mutter – fest verbunden sein, um zu überleben und uns sicher, wertvoll, vollständig und glücklich zu fühlen. Unsere Abhängigkeit von diesem anderen Wesen war damals eine totale.

Unser ganzes Leben hindurch behalten wir Reste dieses alten Bedürfnisses nach einer Grundbindung. Es ist zu tief in uns verwurzelt, als dass es je ganz aus unserem Bestand an Bedürfnissen und Sehnsüchten ausgelöscht werden könnte. Wir stillen unsere Bindungswünsche gewöhnlich, indem wir eine Liebesbeziehung eingehen. Nichts ist falsch oder pathologisch an diesem menschlichen Streben. Und wenn die Beziehung von Liebe bestimmt ist, wenn sie stimmig ist und auf Gegenseitigkeit beruht, können viele unserer unerfüllten kindlichen Bedürfnisse sich getrost zeigen. Wenn sie nicht überwältigend und nicht unersättlich sind, werden sie wahrscheinlich eine befriedigende und heilsame Erwiderung erfahren. Wenn ein Paar sich gegenseitig seine tiefsten Bindungssehnsüchte offenlegen kann, so gewinnt die Beziehung dadurch an Besonderheit und Tiefe und stärkt das Gefühl der Zusammengehörigkeit.

Doch manche Menschen hatten, wie Kim, in ihrer frühen Kindheit unter so großen Defiziten zu leiden, dass ihre Bindungssehnsüchte ihre Gedanken und Gefühle dominieren. Ganz normale allgemein menschliche Wünsche werden zu bohrender, gieriger Sucht. Wenn dies geschieht, entsteht der schon erwähnte Bindungshunger. Dieser kann uns dazu treiben, Menschen zu verfolgen und mit ihnen verstrickt zu bleiben, die unsere Bindungswünsche in keiner Weise erfüllen können. Die Entbehrungen und die Unsicherheit im Zusammenhang mit einer so unglücklichen Partnerwahl verstärken noch unseren Bindungshunger. Wenn dieser so mächtig wird, dass er uns blind macht für das, was uns nottut, dann leiden wir unter Liebessucht. Ganz gleich, ob wir fünfundzwanzig, fünfunddreißig oder fünfundsechzig sind, wenn uns der Bindungshunger überkommt, befinden wir uns im Stadium des Kleinkindes oder Säuglings. Wir glauben dann, unser Glück und unser Selbstwert hingen von dieser einen Person ab. Wir haben dann die Kontrolle über diesen Aspekt unseres Lebens verloren.

Die Symptome der Sucht

Wie kannst du feststellen, ob du von jemandem abhängig bist? Es gibt mehrere diagnostische Anzeichen:

1. Obwohl dein eigenes objektives Urteil und vielleicht das anderer dir sagen, dass diese Beziehung schlecht für dich ist und du realistischerweise keine Besserung erwarten kannst, unternimmst du keine wirksamen Schritte, um sie zu beenden.

2. Du führst Gründe für dein Festhalten an dieser Person an, die keiner Prüfung standhalten können und die nicht stark genug sind, um die negativen Aspekte aufzuwiegen.

3. Du hast Gefühle von Leere, Wertlosigkeit, Einsamkeit und Unsicherheit, die du nur heilen zu können glaubst, wenn du der betreffenden Person verbunden bleibst.

4. Du spürst Kummer, wenn du daran denkst, die Beziehung zu beenden und ohne ihn oder sie zu leben. Der Kummer wird zur Panik, wenn du dich anschickst, Schluss zu machen. Eine Frau beschrieb das so: «Jedes Mal, wenn ich drauf und dran bin, ihn anzurufen, um ihm zu sagen, dass Schluss ist, bekomme ich so furchtbare Angstattacken, dass ich kaum noch atmen kann. Ein Leben ohne ihn ist eine schreckliche Vorstellung.»

5. Wenn du Schritte unternimmst, um die Beziehung zu beenden, hast du Entzugserscheinungen, die sich in starker Nervosität, in Weinkrämp-

fen, Schlaflosigkeit oder dem Bedürfnis, nur noch zu schlafen, äußern können. Vielleicht magst du keine Nahrung mehr zu dir nehmen, oder du isst unaufhörlich, oder du entwickelst psychosomatische Symptome wie ein Stechen in der Brust, Magen- und Darmstörungen oder Gefühle von Depression und großem Kummer.

√ 6. Nachdem du die Beziehung beendet hast, drängt es dich, wieder anzuknüpfen. Ein Mann erzählte: «Meine Finger wählten ganz ohne mein Zutun ständig ihre Telefonnummer.» Eine Frau berichtete, sie fühle einen Zwang, durch die Straßen zu laufen, wo sie dem Mann begegnen könnte, mit dem sie gerade Schluss gemacht hatte.

Eine unlösbare Aufgabe

Das Streben, eine Entbehrung aus unserer Kindheit zu heilen, ist oft die Grundlage von Liebessucht. Wie Kim suchen viele Männer und Frauen die Liebe, die sie als Kinder nicht bekommen konnten, indem sie sie immer wieder Menschen abringen wollen, die dafür nicht geeignet sind. So etwa Harry, ein zweiundsechzigjähriger, erfolgreicher Geschäftsmann. Er war fünfzehn Jahre lang mit einer Frau verheiratet, deren Kälte und Reaktionsarmut ihn dazu getrieben hatte, sie drei Jahre lang unermüdlich zu verfolgen, bevor sie widerstrebend seiner Werbung nachgab und ihn heiratete. Die Heirat und die Geburt ihrer Kinder brachten ihm kein Mehr an Wärme und Zuneigung von seiner Frau. Nach zehn Jahren eines Lebens «auf dem Gletscher», wie er das nannte, ließ er sich in eine Reihe von Affären ein, die intensiv, aber kurz und emotional bedeutungslos waren. Die Ehe endete mit einer Scheidung, und in den folgenden nahezu zwei Jahrzehnten gab es mehr Frauen in seinem Leben, als er erinnern konnte. Er hatte den Gedanken aufgegeben, je wieder eine dauerhafte und befriedigende Beziehung zu haben. Doch dann traf er Ruth auf einer Party und war hingerissen von ihrer Attraktivität und ihrer kühlen Selbstsicherheit. «Sie kommen mir stolz vor», sagte er zu ihr, «und das mag ich.» (Harry ist nicht der Einzige, der sich selbst betrügt, indem er «stolz» nennt, was er besser als «eiskalt» oder «arrogant» bezeichnen würde; das könnte ihn vor lauernden Gefahren besser warnen.) Er war sich bewusst, dass sie nicht sehr entgegenkommend war, aber sie gab ihm ihre Telefonnummer, als er darum bat, und sie begannen, sich zu treffen.

Bei ihrem ersten Rendezvous sagte Ruth ihm, sie habe die Männer abgeschrieben und wolle sich nie wieder mit einem einlassen. Er antwortete ihr, dass es ihm mit Frauen bis jetzt genauso gegangen sei. Er machte ihr weiterhin den Hof, brachte Blumen mit und machte ihr kleine Geschenke, die sie mit einem höflichen, aber distanzierten Dankeschön entgegennahm. Als ihre Treffen häufiger wurden, ertappte er sich dabei, wie er sich regelmäßig zu Äußerungen hinreißen ließ, wie: «Ich wette, ich werde es schaffen… Sie lächeln zu machen, zum Lachen zu bringen, glücklich zu machen, Spaß am Sex zu haben, mir zu vertrauen oder mich zu heiraten.» Doch trotz aller Anstrengungen erreichte er nur wenig. Kaum dass sie einmal lächelte. Er sagte: «Ich kann mich auf den Kopf stellen – je mehr ich ihr zu gefallen suche, je mehr ich für sie tue, desto verächtlicher behandelt sie mich. Ich sehe das, und doch kann ich nicht damit aufhören. Jedes ihrer Worte enthält eine Kritik oder eine Forderung. Ich glaube, das Einzige, was mich retten kann, ist, die Beziehung abzubrechen, oder wenigstens zu wissen, dass ich das tun könnte, aber genau dazu bin ich nicht fähig, und das weiß sie.»

Der Vorfall, der Harry zu mir in die Beratung brachte, ereignete sich in der heißesten Nacht des Jahres. Sie wollte ihm nicht gestatten, ihr klimatisiertes Schlafzimmer mit ihr zu teilen, weil seine Gegenwart sie angeblich störte. Statt dessen ließ sie ihn in einer Koje in einem fensterlosen Vorratsraum übernachten. Harry sagte mir, er wisse, dass etwas völlig verkehrt mit ihm sein müsse, wenn er sich solche Behandlung gefallen ließ.

Was konnte diesen intelligenten, gut aussehenden, zweiundsechzigjährigen Mann, der ein lukratives Geschäft aufgebaut hatte, weil er entscheidungsfreudig und aggressiv sein konnte, dazu bringen, gegenüber Ruths abfälligem und kränkendem Verhalten so hilflos zu sein? Ich fragte ihn, ob er als Kind ähnlich behandelt worden wäre. Seine Antwort kam prompt: «Meine Mutter war wie sie. Nicht, als ich noch ganz klein war. Ich erinnere mich, dass ich auf ihrem Schoß saß, sie mir vorlas und mit mir spielte. Als ich dann fünf oder sechs war, verließ mein Vater sie wegen einer anderen Frau. Das veränderte sie. Sie ging nun arbeiten, und wenn sie heimkam, schrie sie mich an und gab mir die Schuld für alles.

Sie sagte sogar, dass der Vater meinetwegen weggegangen wäre, denn er habe keine Kinder gewollt. Sie war fast ständig depressiv und zornig. Ich versuchte so sehr, ein liebes Kind zu sein, ihr zu gefallen und sie zum Lächeln zu bringen, aber sie schrie mich nur an und nannte mich einen frechen Kerl.»

Die Verbindung zwischen Ruth und Harrys Mutter war klar. Sein Bindungshunger, der aus der frühen Entbehrung stammte, verlangte nicht etwa einfach danach, von einer liebenden Frau emotionale Nahrung und Zärtlichkeit zu empfangen. Statt dessen suchte er sich Partnerinnen aus, wie seine Frau und Ruth, die die Rolle seiner sich verweigernden Mutter spielten, damit er dann versuchen konnte, so gut zu sein, dass diese Ersatzmütter zu lächeln begännen und ihn lieben würden. Diese Sehnsucht wurde dadurch verstärkt, dass er in seinen frühesten Jahren seine Mutter als gute und liebende Spielgefährtin erlebt hatte; nun versuchte er verzweifelt, diese gute Mutter wieder zu finden. Harry erinnerte sich gut an den Zorn und die Verbitterung seiner Mutter, aber er wusste, dass sich irgendwo in ihr die lächelnde Mutter verbarg, die er erlebt hatte. Alles hing davon ab, ob es ihm gelang, sie zurückzurufen. Und das versuchte er immer noch.

Männer und Frauen aller Altersgruppen

Harrys Geschichte illustriert nicht nur die Rolle des Bindungshungers in Liebesbeziehungen, sondern auch, dass Männer wie Frauen davon betroffen sind. Tatsächlich war mehr als die Hälfte der Personen, die nach der Lektüre meines Buches «Liebe und Abhängigkeit» zu mir zur Beratung kamen, Männer. Und ich kann mir vorstellen, weshalb das so ist. Exzessiver Bindungshunger entsteht fast immer aus einem Mangel an elterlicher Zuwendung in den frühesten Jahren. Da meist die Mutter die erste Bezugsperson für ein Kleinkind ist, kann es besonders schädlich sein, wenn sie in ihrer Fähigkeit, liebevoll, mitfühlend und aufmerksam zu sein, stark eingeschränkt ist. Sowohl Männer als auch Frauen, die mit extremem Bindungshunger aufwuchsen, suchen sich Partner, die ihre verweigernde Mutter darstellen. Diese Tendenz kann jedoch bei Männern noch dadurch verstärkt sein, dass sie gewöhnlich Beziehungen mit Frauen eingehen, d. h. mit Personen desselben Geschlechts wie ihre Mutter. Harry z. B. suchte sich unbewusst, doch mit traumwandlerischer Sicherheit immer wieder solche abweisenden Frauen aus.

Viele Leute überrascht die Tatsache, dass so viele Männer mich mit dem Problem der Liebesabhängigkeit aufsuchen. Es gibt möglicherweise mehrere Gründe für ihre Verwunderung. Männer sind oft in besserer wirtschaftlicher Lage als Frauen, und die Statistiken zeigen, dass mit zunehmendem Alter mehr Frauen als Männer ohne Partner leben. Da die Männer auf diese Weise größere Wahlmöglichkeiten haben, schließt man leicht, dass Männer keinen Grund haben sollten, sich von einer Frau abhängig zu machen. Diese Auffassung übersieht die magnetische Macht des Bindungshungers, der einen Menschen an eine bestimmte Person fesseln kann, auch wenn andere zur Verfügung stehen.

Da vielfach angenommen wird, dass nur Frauen das Problem der Liebessucht kennen, Männer jedoch nicht, gibt es unzählige Artikel über Probleme von Frauen mit schwierigen Männern, aber nur wenig Literatur über den umgekehrten Fall. Dadurch verstärkt sich noch einmal der Eindruck, dass Abhängigkeit in der Liebe ausschließlich ein Frauenthema wäre.

Vielleicht ist der Hauptgrund, weshalb man annimmt, Männer litten nicht unter dieser Sucht, der, dass sie ihre Situation so gut verbergen. Es widerspricht dem Macho-Image, von einer Frau abhängig zu sein, die ihn schlecht behandelt. Während Frauen, die übel behandelt werden, ihr Elend oft mit Freundinnen besprechen, tun Männer das selten. Dort, wo Männer sich gewöhnlich treffen, sprechen sie nicht darüber, dass die Freundin oder die Frau sie wie den letzten Dreck behandelt und dass sie nichts dagegen tun können, weil sie sich verzweifelt abhängig von ihr fühlen. (Harrys bester Freund z. B. war der Meinung, Harry und Ruth kämen bestens miteinander aus.) Männer behalten diese Dinge meist für sich, bis sie so davon überwältigt werden, dass sie einen Therapeuten aufsuchen. Und wenn Leute mich zum ersten Mal aufsuchen, habe ich folgenden Unterschied festgestellt: Frauen haben weniger Scheu, dass ihr Problem von der Außenwelt wahrgenommen wird; Männer sind da viel vorsichtiger.

Harrys Geschichte zeigt auch, dass das Problem nicht auf junge Leute beschränkt ist. Ich habe viele Männer und Frauen in den Sechzigern und Siebzigern beraten, die in unglückliche und zerstörerische Beziehungen verstrickt waren. Die folgende Anekdote kann dies vielleicht illustrieren:

Eine Achtundsiebzigjährige macht in einem Seniorenwohnheim die Bekanntschaft eines älteren Herren, der gerade dort eingezogen ist.

«Sie sehen blass aus», meint sie, «waren Sie krank?»

«Nein», antwortet er, «ich komme gerade aus dem Gefängnis.»

Darauf sie: «Wollen Sie mir sagen, weshalb?»

«Ich habe meine Frau umgebracht.»

Da leuchten ihre Augen: «Ah, Sie sind Junggeselle!»

Eines ist klar: Die Neigung vieler Menschen, sich, getrieben von Verzweiflung oder Sucht, in Beziehungen mit Personen zu verstricken, die sie eher unglücklich machen, als zu ihrem Glück beizutragen, ist weder an Geschlecht noch Alter gebunden. Es ist ein weit verbreitetes menschliches Problem, und wenn du es kennst, dann weißt du, wie frustrierend und zerstörerisch es ist.

Aber wenn du dich nicht eines Besseren besinnst und entsprechend handelst, kannst du noch Jahre später in der gleichen misslichen Lage sein. Oder für alle Zeiten…

Der Weg nach vorn

Es kann Angst machen, den leidvollen, aber vertrauten Weg einer abhängigen Beziehung zu verlassen. Auch wenn du es qualvoll findest, verliebt zu sein, ohne dass deine Liebe erwidert wird – dieses Leiden ist dir vertraut. Es kann schwer sein, es aufzugeben um der entspannten und erfüllenden Wärme einer Beziehung willen. Dies zu tun heißt, eine Reise ins Unbekannte zu wagen, und selbst wenn du weißt, dass alles, was du zu verlieren hast, dein altes Leiden ist, so kann der alte, schlechte Zustand noch seine Anziehungskraft auf dich ausüben, da du ihn so gut kennst. Versuchst du jedoch, das Objekt deiner Liebesgefühle zu wechseln, kann dies schwierig und zeitraubend sein, noch dazu ohne Garantie für den

Ausgang. Was ich dir jedoch versichern kann, ist, dass du Chancen hast, eine befriedigende Beziehung zu finden, wenn du deine Verstrickung in die alten, selbstzerstörerischen Verbindungen aufgibst, an denen du so lange hingst, und wenn du statt dessen anfängst, dich auf etwas ungeheuer viel Besseres hin zu bewegen. Und das kannst du schaffen.

4

Der Liebessucht ein Ende setzen

Bald nachdem Kim mich wegen ihrer quälenden Beziehung zu Kevin zum ersten Mal aufgesucht hatte, fragte ich sie, ob sie bereit sei, ein kleines Experiment zu wagen. «Versuchen Sie eine lebende Skulptur von Ihrer Beziehung zu Kevin zu stellen. Benutzen Sie mich dabei als die Figur von Kevin. Und Sie stellen sich selbst dar.»

«Soll das ein Witz sein?», meinte Kim.

«Das kann schon sein, aber Sie können etwas daraus lernen.»

Nachdem sie eine Weile nachgedacht hatte, bat Kim mich aufzustehen und platzierte mich als Kevin dann mit dem Rücken zu sich, ganz von ihr weggewandt. Sie wies mich an, eine Hand in die Tasche zu stecken, die andere locker hinter mir hängen zu lassen. Sie sagte: «Geben Sie Ihrem Gesicht den Ausdruck, als könnten Sie es nicht erwarten, hier rauszukommen.» Dann kniete Kim hinter mir nieder und nahm meine freie Hand in ihre beiden Hände, auf ihrem Gesicht ein verzweifeltes Lächeln.

Wir hielten diese Position eine Zeit lang, während Kim über mehrere Fragen nachdenken sollte: «Wie fühlen Sie sich in dieser Position?» «Waren Sie schon einmal in einer anderen Liebesbeziehung in dieser Position?» «Waren Sie als Kind einmal in dieser Position, und wenn ja, wer war die andere Person?»

Nach einer Weile bat ich sie, über folgende weitere Frage nachzudenken: «Wie würde es sich für Sie anfühlen, in einem Jahr oder vielleicht in fünf Jahren noch in dieser Position zu sein?» Wir verharrten reglos und schweigend in derselben Stellung. Nach vier oder fünf Minuten sagte Kim: «Meine Knie tun mir weh. Das ist unbequem.» «Für mich nicht – ich könnte den ganzen Tag so stehen bleiben», entgegnete ich. Kim musste lachen. Wir setzten uns und besprachen, was wir erlebt hatten. Als ich Kim fragte, wie sie sich gefühlt hatte, sagte sie: «Es war nicht nur der Schmerz in meinen Knien und der Krampf in den Waden. Ich fühlte mich sterbenselend, meine Beziehung zu Kevin so zu erleben, und die Art, wie ich mich selbst erniedrige. Ich wünschte, ich könnte aufstehen und ihm einen Tritt geben, damit er aus meinem Leben und aus meinem Kopf verschwände.»

Reicht es, nein zu sagen?

Kim erlebte bei dem Versuch, in der Skulptur ihre Position zu halten, dass das Leben in einer schlechten Beziehung eine schrecklich unbequeme Situation sein kann, in der wir unwiederbringliche Tage unseres Lebens vergeuden. Und je länger du darin verharrst, desto qualvoller kann es sein. Dennoch beschließt du vielleicht, in deiner verkrampften Haltung zu verweilen, selbst wenn die Beziehung dein Glück, deine Selbstachtung, dein ganzes Befinden und möglicherweise sogar dein Immunsystem zerstört.

Ein erster Rat wird hier sicher heißen: «Sag in Zukunft einfach nein.» Dagegen ist nichts einzuwenden. Du wirst nein sagen müssen zu zerstörerischen Liebesbeziehungen, wenn du ein zufriedeneres Leben führen willst. Schließlich, ganz gleich ob du es mit Kokain oder einem Cocktail, Haschisch oder einem Menschen zu tun hast – wenn du deine Abhängigkeit beenden willst, musst du deine Vernunft und Willenskraft in den Dienst deines Selbsterhaltungstriebes stellen und einfach nein sagen. Aber da gibt es ein Problem: Nein sagen lässt sich leichter empfehlen als es zu tun. Wenn du dich in den Klauen einer Sucht befindest, ist der Drang, dir einen Schuss zu setzen größer als dein Selbsterhaltungstrieb. Weil dein Bindungshunger stärker ist als deine Willenskraft und dein Urteilsvermögen.

Diese beiden Kräfte tragen einen Kampf in dir aus; um deine Situation zu verändern, musst du dir dies so bewusst machen wie möglich. Bis jetzt hatte dein Bindungshunger die Oberhand. Das wird so lange so bleiben, bis du einen Weg findest, um seine Macht zu reduzieren und die Kraft deines Urteilsvermögens zu stärken. Wenn dir das gelingt, wird sich die Balance langsam verändern, und die Kräfte der Selbstzerstörung und der Selbsterhaltung werden sich allmählich einander angleichen. An diesem Punkt kann nun deine Willenskraft die Führung übernehmen. «Einfach nein sagen» ist dann nicht länger eine leere Phrase, sondern wird zur konkreten Möglichkeit.

Wenn sich die Macht deines Bindungshungers verringert, wirst du das bedürftige Kind in dir erkennen und akzeptieren, du wirst verstehen, was dieses Kind will und was es fürchtet, und lernst, mit ihm in einer mitfühlenden und unterstützenden Weise umzugehen. Du lernst auch, diesem Kind Geborgenheit zu geben, sodass es sich geschützt und sicher fühlt und der Vernunft zugänglich wird.

In dem Maße, wie du dein Urteilsvermögen stärkst, wirst du erkennen, welchen Schaden dein Bindungshunger bisher in dir angerichtet hat, du wirst die geheimen Gründe verstehen, die dich eine zerstörerische Beziehung haben eingehen lassen, und du wirst allmählich fähig werden, die Illusionen aufzugeben, die es dir bisher möglich machten, in der schädlichen Beziehung zu bleiben. (Eine wesentliche Illusion ist, dass es sich um die wahre Liebe handeln müsse, weil du sie so intensiv erlebst. Diese Intensität deutet jedoch unter Umständen nur darauf hin, dass es sich um wahre Abhängigkeit handelt.) Du wirst auch fähig werden, eine Zukunft ohne die betreffende Person ins Auge zu fassen, ohne die Panik vor Verlassenwerden und ewiger Einsamkeit, die ein Kind fühlt. Während sich deine Urteilskraft stärkt, erweiterst du deine Perspektive, sodass du einsehen kannst, dass dein Leben wesentlich mehr ist als nur diese eine Beziehung. Und du entdeckst Möglichkeiten, wie du dein natürliches Streben nach Gesundheit, Selbstverwirklichung und echter Liebe beleben und ihm eine Richtung geben kannst.

Techniken zur Überwindung der Abhängigkeit

Wenn du einmal eingesehen hast, dass es notwendig ist, dem vernünftigen und liebenden Erwachsenen in dir die Sorge für dein Leben zu übertragen, ist es wichtig, jegliche Methode oder Technik, jede Philosophie und jeden Trick zu nutzen, den du, ich oder sonst jemand erfinden mag, um die Tyrannei deines Bindungshungers zu reduzieren und dein reifes Urteilsvermögen zu stärken.

Entscheidungshilfen

Viele Menschen, die mich wegen einer unglücklichen Beziehung aufsuchen, wissen nicht, wie sie sich dazu durchringen können, Schluss zu machen. Andere glauben, sie hätten es schon geschafft, aber wenn ich genau hinhöre, merke ich, dass dem nicht so ist. Viele sagen z. B.: «Vielleicht bin ich einfach nur zu empfindlich, wenn er mich ignoriert.» Oder: «Ich weiß, das habe ich schon vor sechs Monaten gesagt, aber wenn es im nächsten halben Jahr nicht besser wird, dann mache ich wirklich Schluss.» Oder: «Wenn sie nur ihr Trinken einschränkt, dann ist alles okay.» Oder aber: «Wenn ich nur noch eine Weile ausharre, verlässt er vielleicht seine Frau.» Wie kannst du herausfinden, ob du deine Beziehung beenden oder fortsetzen willst?

Du kannst z. B. eine «Kosten-Nutzen-Rechnung» aufmachen, wie ich es nenne. Auf der einen Seite notierst du alles, womit die Beziehung zu deinem Wohlergehen, deiner Sicherheit, deinem Glück und deiner Selbstachtung beiträgt. Auf der anderen Seite hältst du alle negativen Aspekte fest. Sei schonungslos ehrlich bei der Auswertung dieses Testblattes. Wenn das Ergebnis eindeutig negativ ist, frag dich, ob du echte Anstrengungen unternommen hast, um die Beziehung zu verändern; ob dies zu irgendwelchen merklichen Verbesserungen geführt hat; ob du annehmen kannst, dass die Beziehung sich in absehbarer Zeit zum Guten wandeln wird; und frag dich, falls alles beim Alten bleibt, ob du das willst.

Durch eine solche nüchterne Kosten-Nutzen-Analyse möchte ich deine Objektivität gegen die Tendenz deines Bindungshungers unterstützen, die Dinge zu verzerren. Du musst dich allerdings davor hüten, dich bei der Auswertung von den Ängsten, Sehnsüchten und Wünschen deines inneren Kindes beeinflussen zu lassen.

Eine andere nützliche, ja unverzichtbare Methode ist das Führen eines Beziehungstagebuchs. Dort notierst du die alltäglichen Vorfälle, Ereignisse, Gespräche, und vor allem deine Gefühle dabei. Als Kim zu einer Entscheidung kommen sollte, was ihre Beziehung zu Kevin betraf, bat ich sie, solch ein Tagebuch zu führen. Und obwohl es da wundervolle Momente gab, einige erregende und zärtliche sexuelle Begegnungen und Augenblicke von gegenseitiger Offenheit und Intimität, so sprach die überwiegende Zahl der Eintragungen von Vorfällen, wo Kevin sie verächtlich und herabsetzend behandelt hatte. Die Gefühle, die sie am häufigsten notiert hatte, waren Enttäuschung, Verletztheit, Depression und Zorn über seine Art, sie zu behandeln. Kims Tagebuch bekräftigte das Ergebnis der Kosten-Nutzen-Rechnung, die sie aufgestellt hatte und welche klar nachwies, dass die guten Gefühle und Erfahrungen nicht die Beeinträchtigung ihrer inneren Verfassung und ihres Wohlbefindens aufwogen.

Der Fragebogen zum Zustand einer Liebesbeziehung aus Kapitel eins kann ebenfalls bei der Entscheidung helfen, ob eine Beziehung beendet werden sollte. Wenn deine Gefühle gegenüber dieser Person und deine Ziele für die Zukunft der Beziehung sich wesentlich von deiner Einschätzung der Gefühle und Ziele des anderen unterscheiden, dann hast du guten Grund, die Beziehung zu beenden, wenn es keinen realistischen Grund zu der Annahme gibt, dass sich größere Gemeinsamkeit entwickeln wird.

Um zu einer Schicht in uns vorzustoßen, die tiefer liegt, als Worte reichen können, kann es hilfreich sein, eine Skulptur zu dieser Beziehung zu gestalten, wie ich Kim es hatte versuchen lassen. Vielleicht übernimmt jemand, mit dem du befreundet bist, die Rolle der Person, der deine Liebessucht gilt. Dabei solltest du darauf achten, dass du der Bildhauer der Skulptur bist, der andere ist der Ton, den du formen sollst.

Zunächst musst du eine Vorstellung entwickeln, wie die Skulptur aussehen muss, damit sie darstellt, was die Beziehung für dich ist. Als Nächstes stellst du die andere Person auf und sagst ihr, welchen Gesichtsausdruck sie annehmen soll. Dann stellst du dich selbst dazu und nimmst den Gesichtsausdruck an, der zeigt, wie du dich in der Beziehung fühlst. Beide Personen sollten mindestens einige Minuten schweigend in der von dir bestimmten Haltung verharren. Dabei solltest du dir folgende Fragen stellen:

- Wie fühle ich mich in dieser Stellung – körperlich und seelisch?
- Habe ich mich in einer anderen Beziehung – oder in mehreren – schon einmal in ähnlicher Stellung befunden?
- War ich als Kind irgendwann in dieser Stellung? Wenn ja, im Verhältnis zu wem?
- Welchen Titel könnte ich der Skulptur geben?
- Wie würde ich mich fühlen, wenn ich mich in einem Jahr noch in dieser Stellung befände? In fünf Jahren?
- Gesetzt den Fall, alles bleibt so, will ich das, oder will ich, dass es aufhört?

Als Kim diese Übung machte, begriff sie nicht nur, dass ihre Beziehungen zu Kevin und zu einem früheren Freund unangenehm und herabwürdigend waren, sondern dass diese Stellung ihr von Kindheit an vertraut war. «Ich glaube, ich lag irgendwie immer auf den Knien und flehte um die Aufmerksamkeit meines Vaters. Eigentlich traf das sogar auf beide Eltern zu – mein Vater entfernte sich ständig von mir, und ich versuchte verzweifelt, ihn zum Bleiben zu bewegen, und meine Mutter hat mir immer irgendwie den Rücken zugekehrt und nie wissen wollen, wer ich bin.»

Die Skulptur löste in Kim Vergleiche aus zwischen ihren frühkindlichen Erfahrungen und ihrer Beziehung zu Kevin. Sie dachte an den Tag zurück, an dem sie ihm zum ersten Mal begegnet war; damals war sie an einem Sportgerät damit beschäftigt gewesen, ihre Figur zu verbessern, und er hatte ein «Es nützt eh nichts» fallen lassen. Genau das hatte ihr Interesse für ihn geweckt. Dann erinnerte sie sich an das Kindheitserlebnis, als ihr Vater wütend auf sie gewesen war, weil sie den falsche Kunden Briefe geschickt hatte. «Ich wollte doch nur helfen», hatte sie geschluchzt. Seine Antwort war: «Du bist zu nichts nütze.» Kim konnte nun spüren, dass Kevins Worte ihre verzweifelte Sehnsucht nach ihrem Vater hatten wieder aufleben lassen, dessen Anerkennung und Liebe sie gewinnen wollte. Und dies hatte dazu geführt, dass sie wie unter Zwang hinter Kevin hergelaufen war. Als sich die Teile dieses Puzzles so zusammenfügten, fragte sie: «Werde ich dieses Drama nun mein Leben lang immer neu aufführen müssen?»

Ich antwortete ihr, das sei ihr überlassen. Ihre Befürchtungen könnten sich durchaus bewahrheiten, sie könne aber auch beschließen, einen Schlussstrich zu ziehen und aus der Situation auszusteigen. Zu diesem Zeitpunkt war Kim noch nicht so weit, dass sie sich von ihren Knien erheben und Kevin den Laufpass geben konnte. Doch sie spürte, dass diese Übung für sie wichtig war, um sich langsam auf die Entscheidung vorzubereiten.

Warren beschloss, die Skulpturübung mit seiner Freundin Diane auszuprobieren, statt eine Ersatzperson für sie zu finden. Er wollte sich dabei hinter Diane stellen, die Arme um ihre Hüften gelegt. Sie sollte sich etwas von ihm weg beugen, die Hände hinter dem Kopf, mit einem verführerischen Lächeln auf den Lippen. So sollten sie sich im Spiegel ansehen, beider Augen auf Diane gerichtet. Warren stellte sie beide in den geplanten Positionen auf. Doch bevor er ihr noch sagen konnte, welchen Gesichtsausdruck sie zeigen und wohin sich ihre Blicke wenden sollten, setzte sie eine hochmütige, herausfordernde Miene auf und konnte ihre Augen nicht von sich abwenden. Dann bestand sie darauf, ihre Lippen nachzuschminken, und probierte eine Reihe herausfordernder Posen aus. Warren sagte: «Es war erstaunlich, sie ging vollständig in der Übung auf und war ganz auf sich bezogen, so als gäbe es mich nicht. Eines nur war genauso, wie ich es geplant hatte: Wir beide schauten auf sie, nicht auf mich oder uns beide.» Warren musste sich eingestehen, dass die Diane, die er in seiner Skulptur geschaffen hatte, sie und ihre Beziehung exakt wiedergab. Dies half ihm, einen weiteren kleinen Schritt zu tun, um ihre Verbindung zu beenden.

Nehmen wir an, du hast eine Kosten-Nutzen-Analyse deiner Beziehung durchgeführt, hast ein Beziehungstagebuch geführt, den Fragebogen ausgefüllt und hast eine Skulptur zur Interaktion zwischen dir und der problematischen Person in deinem Leben gestaltet. Nehmen wir weiter an, dass alle diese Dinge darauf hinweisen, dass du nicht länger an der Beziehung festhalten solltest, weil du zu häufig unglücklich bist und weil zu wenig realistische Hoffnung besteht, dass sie sich ausreichend bessert.

Dennoch fühlst du dich vielleicht unfähig, sie zu beenden. Wenn das zutrifft, ist es nur verständlich. Schließlich sind da einige mächtige und tief verwurzelte Kräfte am Werk, wie etwa deine Verliebtheit, die sexuelle Anziehung, dein Bindungshunger und die Angst vor Schmerz und Einsamkeit. Wenn du jedoch im Augenblick noch nicht in der Lage bist, die Beziehung zu beenden, kannst du dennoch entscheiden, dass sie auf alle Fälle beendet werden muss; du kannst beschließen, sie sobald als möglich zu beenden. Kim sagte mir einmal: «Ich weiß, dass ich aufhören muss, Kevin zu sehen, und zwar total und endgültig. Aber ich kann es noch nicht. Doch alles, was ich von nun an tue, soll darauf abzielen, seinen Griff zu lockern und mich stark zu machen, damit ich der Beziehung ein Ende setzen kann.»

Diese Art Zwischenlösung sollte nicht dazu dienen, dass wir insgeheim den Vorsatz unterlaufen, Schluss zu machen. Mit der Entscheidung verpflichten wir uns, ab sofort für die andere Person keine Entschuldigungen mehr vorzubringen; falsche Hoffnungen, dass die Beziehung dennoch einmal funktionieren könnte, ebenso wie die Anstrengungen aufzugeben, sie weiter zusammenzuhalten. Mit anderen Worten: du verpflichtest dich, den Prozess des Loslassens in Gang zu setzen, und das wird dir schließlich helfen, deine Verstrickung aufzugeben.

Wie steht es mit deinen zerstörerischen Illusionen?

Wenn du einmal beschlossen hast, die Fesseln der Abhängigkeit sobald als möglich abzustreifen, besteht deine Aufgabe darin, jede Anfechtung abzuwehren, die dein Bindungshunger dir bezüglich dieses Entschlusses bereiten wird. Dein Wille kann beispielsweise durch die Rationalisierungen und falschen Annahmen geschwächt werden, aufgrund derer du den endgültigen Schritt aufzuschieben in Versuchung bist. Hier einige typische Selbsttäuschungen, denen manch einer sich um seines Bindungshungers willen hingibt. Vielleicht kommen sie dir bekannt vor?

Harry: «Ich weiß eigentlich nicht, ob Ruth ausgesprochen gemein und abweisend zu mir ist oder ob ich nur zu empfindlich bin. Vielleicht verlange ich zu viel.»

Laura: «Ich sollte mich wahrscheinlich nicht allzu sehr darüber aufregen, wenn ich auf Les' Prioritätenliste nicht sehr weit vorn rangiere. Schließlich habe ich selbst einen anspruchsvollen Beruf, der mir nicht viel Zeit lässt.»

Warren: «Diane kann egozentrisch und fies sein – aber so ist sie nun mal – sie meint es nicht persönlich. Und sie ist so unglaublich schön.»

Kim: «Er kann manchmal kalt und grausam sein, aber ich denke, tief in seinem Herzen liebt Kevin mich. Er kann es nur nicht zeigen.»

Daniel: «Vielleicht geht sie gar nicht fremd, und ich bin nur zu misstrauisch. Vielleicht war ihr Telefon wirklich gestört, als sie nachts nicht abnahm. Und als mein Freund sie in einem Restaurant mit diesem Typ Händchen halten sah – möglicherweise war das ja wirklich nur ein Kunde.»

Mia: «Ich weiß, ich lasse mich wieder einmal mit einem verheirateten Mann ein, aber diesmal ist es etwas anderes. Wenn zwei Menschen im Bett so leidenschaftlich miteinander sein können, dann gehören sie zusammen. Ich weiß, dass er mich liebt, und auch wenn er sagt, er will seine Frau nie verlassen, glaube ich doch, dass er es tun wird.»

Carla: «Ich fürchte, wenn ich Jack verlasse, werde ich für immer allein bleiben. Bestimmt finde ich nie wieder einen Mann.»

Du wirst wahrscheinlich die irrige Denkweise in den Rationalisierungen anderer leicht erkennen. Nun musst du deine eigenen Gründe, warum du an einer quälenden Beziehung festhältst, der gleichen kritischen Prüfung unterziehen. Ich schlage vor, dass du alle Gründe aufschreibst, weshalb du in deiner unglücklichen Beziehung verharrst. Betrachte diese Begründungen hinterher, als habe jemand anders sie geschrieben. Klingen sie offen und wahrhaftig?

Ein gewisses Maß an Selbsttäuschung mag zur Verliebtheit gehören – vielleicht sogar ein wesentlicher Teil. Wir neigen dazu, die geliebte Person zu idealisieren und hauptsächlich jene Aspekte zu sehen, die uns entzücken und erregen, und ihre Schwächen und Charakterfehler zu ignorieren. Wir sind sogar imstande, ärgerliche Gewohnheiten und wenig angenehme Züge in Attribute zu «verzaubern», die wir nett und reizvoll finden, die uns «anmachen». Ethel Person schreibt in «Träume von der Liebe und schicksalhafte Begegnungen»: «Die Liebe ist vielleicht so schön, weil sie so kreativ ist.» Was jedoch auf diese Weise kreativ erzeugt wird, ist eine Illusion, ein idealisiertes Bild, das ein wesentliches Element des Liebesbandes ist. Mit fortschreitender Zeit wird die Idealisierung langsam von den Realitäten ausgehöhlt, die im Laufe der Beziehung offenbar werden, und von ihren unvermeidlichen Konflikten. In einer dauerhaften Liebe bleiben jedoch einige unserer Idealisierungen bestehen.

Diese harmlosen, manchmal sogar konstruktiven Illusionen sind jedoch nicht zu verwechseln mit den Selbsttäuschungen, denen sich verliebte Menschen oft hingeben.

Selbsttäuschungen sind Vorstellungen, die der Wirklichkeit so konträr sind, dass sie entscheidende negative Facetten im Wesen und Verhalten des geliebten Menschen unkenntlich machen oder ausblenden. Wenn eine romantische Verliebtheit dir Schmerz bereitet, solltest du auf der Hut sein bezüglich der unscharfen Grenzen zwischen Illusion und Selbsttäuschung. Du solltest dich fragen, ob du nicht die Grenze zwischen der normalen Idealisierung und dem Land der Selbsttäuschung schon überschritten hast.

Einige Täuschungen fußen auf kulturellen Stereotypen. Ein Mann, der auf sich bezogen ist, desinteressiert an anderen und emotional nicht erreichbar, wird vielleicht als starker, schweigsamer Typ idealisiert. Eine Frau, die sich leicht in Abhängigkeit begibt und eher unbeständig ist, gilt vielleicht als besonders feminin. Wie andere Selbsttäuschungen dienen auch diese dazu, die Wahrheit zu verschleiern. Harry bezeichnete Ruth als «stolz», um ihre Kälte und ihre Unfähigkeit, liebevoll oder auch nur nett zu sein, nicht sehen zu müssen. Kim nannte Kevin «stark und autonom», um sich über seine Kälte und mangelnde Liebesfähigkeit hinwegzutäuschen. Die Magie unserer Idealisierungen kann jemanden, der unfähig ist, sich auf eine Beziehung einzulassen, als «in sich ruhend» erscheinen lassen; jemanden, der gefühlsarm ist, als «cool»; jemanden, der andere schlecht behandelt als «stark»; jemanden, der faul ist, als «zurückhaltend»; einen Narzissten als einen Menschen mit starkem Selbstbewusstsein. Aus einem verantwortungslosen Menschen kann die Idealisierung einen Nonkonformisten machen; sie kann jemanden, der leicht reizbar ist, als «sensibel» bezeichnen und den Egoisten als einen, der weiß, was er will. Und so fort.

Wenn du infolge deines Bindungshungers zu Idealisierungen neigst, solltest du dir darüber im Klaren sein, dass die Illusionen, die zur Verliebtheit führen, sich in eine andauernde Selbsttäuschung verwandeln können, die dich gefangen hält. Es ist wichtig, den Gedanken zuzulassen, dass du dich in Bezug auf die geliebte Person möglicherweise täuschst, z. B. darüber, was für ein Mensch er oder sie ist; wie er /sie dir gegenüber wirklich empfindet, welche Erwartungen er oder sie an die Beziehung hat und vor allem darüber, inwieweit eine Veränderung möglich ist.

Wenn Menschen die in jeder Liebesbeziehung unvermeidliche Desillusionierung erleben – vor allem, wenn diese rasch und entlarvend ist –, so sind sie oft überzeugt davon, dass die negativen Anteile des Partners erst kürzlich aufgetaucht sind. Manchmal trifft das auch zu. Aber oft waren diese unerwünschten Eigenschaften von Anfang an da. Die Idealisierung hatte nur eine Art Glorienschein um sie gelegt, der die Wirklichkeit ausblendete. Mein Kollege und Freund Dr. Fred Hahn sagt Patienten, die meinen, negative Seiten am Partner neu zu entdecken, von denen sie zu Beginn der Beziehung keine Ahnung hatten: «Was Sie jetzt wissen, wussten Sie auch damals schon.» Ich habe diesen Satz oft benutzt, und ich zeige meinen Klienten die Punkte auf, die ihre Idealisierung bisher unsichtbar machte.

Es gibt eine Täuschung, die mit großer Macht auf dich einwirken kann, wenn du daran gehst, die Beziehung zu beenden, und das ist der erschreckende Gedanke, dass dies der einzige Mensch ist, den du lieben kannst bzw. der dich lieben und akzeptieren kann oder mit dem du im Bett glücklich sein kannst. Solche Gedanken fußen meist auf einem Denken, das zu dem Kind passt, das du einmal warst und das noch immer in dir weiter lebt. Für dieses kleine Kind gab es nur die eine und einzige Mama oder den einen und einzigen Papa. Ihre Liebe zu besitzen, war Glückseligkeit, sich von ihnen umsorgt zu wissen, war Trost, ihr Schutz bot Sicherheit. Wenn du dieses Gefühl vom «Einen und Einzigen» spürst, dann sollte dir klar sein, dass das bindungshungrige Kind in dir die Wirklichkeit verzerrt.

Welche Macht dieser falsche Glaube haben kann, wurde sehr eindrucksvoll deutlich, als meine Klientin Mia eines Tages ziemlich aufgewühlt und verzweifelt zu mir in die Beratung kam. Sie erklärte, sie habe ihren Wagen gerade unten auf der Straße geparkt, dann beschlossen, ihn ein wenig weiter vorzufahren. Als sie zu starten versucht hatte, sprang der Wagen jedoch nicht an, die Zündung reagierte nicht mehr. Es würde dunkel sein, wenn sie wieder nach unten käme, und sie wusste nicht, was sie tun sollte. Sie war den Tränen nahe. Ich fragte sie, ob sie sicher sei, dass sie den richtigen Gang eingelegt hätte, und schlug vor, sie solle das erst einmal überprüfen. Wenn dabei nichts herauskäme, dann gäbe es zwei Häuserblocks weiter eine Tankstelle, die ihr helfen könnte. Das schien sie jedoch nicht allzu sehr zu beruhigen. Sie schien wie gelähmt und war weder fähig, mit unserer Sitzung zu beginnen, noch, nach unten zu gehen, um die Sachlage zu überprüfen. Sie bestand darauf, ihren Freund anzurufen – der neueste einer Reihe von ziemlich arroganten Männern, zu denen sie sich hingezogen fühlte – um ihn um Rat zu fragen. Nachdem ich einige ziemlich erfolglose Versuche gemacht hatte, ihr klarzumachen, warum sie das tun wollte, willigte ich schließlich darin ein, dass sie mein Telefon benutzte. Mit fast hysterischer Stimme schilderte sie ihrem Freund, was geschehen war. Dann hörte sie ihm zu, sagte mehrmals «ach so» und wurde zunehmend ruhiger. Als sie schließlich aufhängte, hatte sie ihre Fassung völlig wiedergewonnen. Ich war überrascht von dieser Veränderung und fragte neugierig, welchen klugen Rat er ihr gegeben habe. Kannte er den Wagen besonders gut? Würde er kommen, um ihr zu helfen? Er hatte sie gefragt, ob sie sicher sei, dass sie den richtigen Gang eingelegt hätte, und hatte vorgeschlagen, sie solle das erst einmal überprüfen. Wenn dabei nichts herauskäme, dann gäbe es zwei Häuserblocks weiter eine Tankstelle, die ihr helfen könnte. – Wir schauten einander an und brachen dann gleichzeitig in Lachen aus. Alle meine Vermutungen aus vorangehenden Sitzungen, dass sie ihn als die Quelle von Stärke und Weisheit idealisiere, hatten sie nicht beeindruckt. Diesmal jedoch war die magische Kraft, die sie ihm zuschrieb, so deutlich, dass sie sie nicht mehr leugnen konnte.

Für Mia (und auch für dich) gibt es nicht nur «den Einen und Einzigen», den du lieben und leidenschaftlich begehren kannst. Wenn dein gesunder Menschenverstand dir also rät, der Beziehung mit ihm oder ihr ein Ende zu setzen, so kannst du mit Sicherheit davon ausgehen, dass du dir auf diese Weise eine Tür zu neuen Glücksmöglichkeiten öffnest.

Schuldgefühle abbauen

Menschen, die daran denken, eine Beziehung zu beenden, haben oft heftige Schuldgefühle bezüglich dessen, was sie beim anderen anrichten. Ich habe erlebt, dass diese Schuldgefühle selbst bei Partnern mit abscheulichem Verhalten ein gefühlsmäßiges Hindernis waren. Ich habe Frauen gesehen, die körperlich missbraucht wurden und die dennoch Hemmungen hatten, einen Mann zu verlassen, dessen emotionale Abhängigkeit sie spürten. («Ohne mich ist er verloren.») Ich habe Männer gesehen, die gelähmt waren von Schuldgefühlen bei dem Gedanken, eine Frau zu verlassen, die sie ständig mit Kritik und Forderungen traktierte und die ihnen kaum Beachtung oder Zärtlichkeit zu schenken in der Lage war. («Sie ist völlig auf mich angewiesen und wird durchdrehen, wenn ich sie verlasse.») Ich habe Männer und Frauen gesehen, die ihre Partner oft gewarnt hatten, sie würden sie verlassen, wenn die Beziehung sich nicht ändern würde, und die sich dennoch schuldig fühlten, wenn sie endlich Schluss machten.

Wenn du eine Beziehung zu jemandem beendest, der damit nicht einverstanden ist, dann wird er/sie zweifellos verletzt sein. Der Betreffende wird wahrscheinlich auch wütend sein und dich als Scheusal und als Verräter bezeichnen. Es mag schwer zu ertragen sein, so viel Schmerz und Wut in jemandem zu erzeugen, den du einmal geliebt hast und vielleicht jetzt noch liebst. Je länger die Beziehung gedauert hat und je tiefer sie war, desto größer werden deine Schuldgefühle sein. Falls es sich um eine Ehe handelt und es Kinder gibt, die mit betroffen sind, ist dir bewusst, dass Menschen, die dir am Herzen liegen, sich verletzt und zurückgewiesen fühlen und wütend auf dich sein werden. Du kannst deine Schuldgefühle dann nicht einfach als neurotisch und gegenstandslos abtun. Dein Fortgehen wird Wunden hinterlassen bei dem Menschen, den du verlässt, und wenn dein Zorn gegen die Person nicht so groß ist, dass du dich berechtigt fühlst, ihr Schmerzen zuzufügen, wirst du die Reaktion des Betroffenen nicht einfach abtun können. Wie kannst du aber mit diesem Schuldgefühl umgehen, wenn es dich davon abhält, nach deinem Entschluss zu handeln?

Zunächst musst du dir – und das ist ganz wesentlich – ganz sicher sein, eine verantwortliche Entscheidung gefällt zu haben. Schrittweise kannst du dann dein Gefühl für die Angemessenheit und Unvermeidbarkeit deiner Entscheidung stärken:

- Fälle deine Entscheidung mit Sorgfalt und nicht impulsiv. Du kannst die Techniken zur Entscheidungsfindung nutzen, die weiter oben erörtert wurden. Beispielsweise kannst du eine Kosten-Nutzen-Aufstellung machen und ein Beziehungstagebuch führen. Schätze ab, wie groß die Chancen der Beziehung für eine Besserung sind, und ergründe deine Rolle bei den vorhandenen Schwierigkeiten. Je länger die Beziehung dauerte und je tiefer sie war, je mehr Menschen durch eine Trennung betroffen sein werden, desto sorgfältiger sollte dies alles geprüft werden.
- Wäge die Folgen ab, die entstehen, wenn du den Bruch vermeidest. Oft können diese für alle Betroffenen schwerwiegender sein als die Folgen einer Trennung.
- Erwäge auch die Möglichkeit, dass du die negativen Reaktionen der Person, die du verlässt, überschätzen könntest. Er oder sie muss nicht so verstört und zornig sein, wie du das befürchtest.
- Bedenke weiterhin, dass deine Schuldgefühle nicht unbedingt nur daher rühren müssen, dass du diese bestimmte Person verlässt; sie können auch von dem Kind in dir stammen, dem man Schuldgefühle machte, weil es sich von einem Familienangehörigen schrittweise entfernt oder ihn sonstwie enttäuscht hatte. Unbewusst fühlst du dich vielleicht mehr wie ein böser, kleiner Junge oder ein böses Mädchen und nicht als schuldiger Erwachsener.
- Und wenn du dich zur Trennung entschließt, so nimm dir vor, das in einer Weise zu tun, die bei der anderen Person und allen Betroffenen möglichst wenig Schaden und Zerstörung anrichtet.

Der entscheidende Augenblick

Wenn du diese Schritte getan hast, dann kann das Bewusstsein, deinen Entschluss verantwortungsbewusst geprüft zu haben, deine Schuldgefühle so weit reduzieren, dass diese dich nicht länger daran hindern, ihn zu verwirklichen. Dennoch habe ich festgestellt, dass viele Menschen im letzten Moment davor zurückschrecken, der anderen Person mitzuteilen, dass ihre Beziehung zu Ende ist. Ich kenne viele, die im Augenblick, wo die entscheidenden Worte hätten gesagt werden müssen, aus Angst und Schuldgefühlen stumm geblieben sind. Einige waren unzählige Male an dieser Schwelle und sind verzweifelt über ihre Unfähigkeit, den endgültigen Schritt zu tun. Ein Mann hatte solche Angst davor, mit seiner Freundin Schluss zu machen, dass er Phantasien entwickelte, sie würde durch einen Unfall getötet, sodass er aus der Beziehung herauskäme, ohne selbst aktiv werden zu müssen. Und ich erinnere mich an eine Frau, die ihren Freund ermutigte, mit anderen Frauen zu tanzen und zu flirten in der Hoffnung, er möge sich für eine davon interessieren und dann seinerseits die Beziehung beenden. Wenn auch du dich derart gelähmt fühlst, solltest du dich hinsetzen und aufschreiben, wie du dir die Szene des endgültigen Bruchs vorstellst. Wo findet sie statt? Was willst du sagen? Wie mag er oder sie reagieren? Welche Reaktion fürchtest du am meisten? Wut? Drohungen? Gewalt? Anschuldigungen? Tränen? Depression? Selbstmord?

Ein Klient, den ich bat, dies aufzuschreiben, stellte sich vor, seine Freundin würde in Tränen ausbrechen, sich abrupt von ihm abwenden und sich, bevor er sie noch daran hindern konnte, aus dem Fenster im zehnten Stock ihres Hauses in die Tiefe stürzen. Während er sich dies vorstellte, konnte er sein Grauen davor spüren. Als wir später darüber sprachen, war ihm klar, dass sie so nie reagieren würde; dass es lediglich seine persönliche Furcht war, die keinen Realitätsbezug hatte. Ich schlug vor, dass er sich die Szene wieder und wieder vor Augen führen und sich dabei ganz auf seine Angst konzentrieren sollte. Nach einer Weile – dank der Wiederholung der Szene und dank seines Wissens, dass es sich so nicht zutragen würde – begann sich der Angst einflößende Aspekt abzuschwächen.

Die Frau, die hoffte, dass ihr Freund sich in eine andere verlieben möge, hatte, als ich sie bat, sich die Szene vorzustellen, in der sie mit ihm Schluss machte, folgendes Bild vor Augen: Sie sah ihren Freund unter Tränen und Schluchzen zusammenbrechen und immer wieder rufen: «Wie kannst du mir das antun? Du bringst mich um!» Dieses Bild bereitete ihr Magenschmerzen, und sie fühlte sich elend. Dann wich dieses

Bild dem ihres Vaters, eines oft depressiven Mannes, der in seinem Lehnstuhl saß, niedergeschlagen, erledigt, hoffnungslos. Ihr wurde bewusst, dass sie erwartete, ihr Freund würde wie ihr Vater reagieren, konnte jedoch einsehen, dass er viel mehr Kraft und Lebenswillen hatte.

Ich bat den Mann, der phantasierte, seine Freundin käme durch einen Unfall ums Leben, sich auszumalen, was ihn daran erschreckte, die Beziehung zu beenden. Er stellte sich vor, seine Freundin würde ein Gewehr aus dem Schrank holen und ihn erschießen. Er konnte seine Panik spüren und hörte sich sie anflehen, es nicht zu tun. Doch dann wurde ihm klar, dass seine Freundin in Wirklichkeit keine gewalttätige Person war, gar kein Gewehr besaß, sich sogar vor Waffen fürchtete. Er sah ein, dass das Risiko, das Befürchtete könne eintreten, gleich null war. Er begriff, dass unrealistische Ängste ihn gelähmt hatten.

Erlaube dir, den ganzen Schrecken zu durchleben, ganz gleich welch furchterregende Reaktion du erwarten magst. Schreibe das Szenario auf und das Gefühl, das dabei in dir entsteht. Ist es Angst? (Wovor?) Ein Gefühl von Schuld? Scham? Traurigkeit? Verlust? Dann lege deine Notizen für eine Weile zur Seite. Wenn du sie eine Stunde oder einen Tag später wieder liest, versuche dir klar darüber zu werden, wie wahrscheinlich es ist, dass das vorgestellte Szenario eintritt, und was du tun kannst, um im Falle eines Falles damit gut umzugehen. Indem du dich häufig mit diesem «entscheidenden Augenblick» konfrontierst, kannst du ihn allmählich als weniger furchteinflößend erleben. Das kann dich freimachen, das zu tun, was du für das Beste hältst.

Die Auseinandersetzung mit dem inneren Kind

Wenn du endlich den entscheidenden Augenblick durchgestanden und gemäß deiner Entscheidung gehandelt hast, die Beziehung zu beenden, wirst du möglicherweise Entzugserscheinungen spüren – Schmerz, Trauer und die Sehnsucht, in die Beziehung zurückzukehren. Während des «Entzugs» erlebst du emotional den Zustand des Bindungshungers wieder, den du als Säugling oder Kleinkind kanntest, als du tatsächlich extrem bedürftig und verletzbar warst, als deine Perspektive noch auf deine unmittelbare Umgebung beschränkt war und du noch über wenig

Willenskraft verfügtest. Wenn du dich in dem Zustand des Entzugs befindest, ist auch deine Zeiterfahrung die eines ganz kleinen Kindes. Ohne es dir bewusst zu machen, lebst du in der Kind-Zeit, einer vom erwachsenen Zeitgefühl stark abweichenden Dimension.

Wenn du auf einen Anruf von jemandem wartest, den du liebst, an dessen Liebe zu dir du jedoch Zweifel hast, dann wird dir jede einzelne Minute wie eine Ewigkeit erscheinen. Du erinnerst dich vielleicht an eine solche Situation, wie deine Angst wuchs, deine Befürchtungen Amok liefen, wie verspannt dein Körper war und wie aufgewühlt du dich fühltest. Vielleicht schlug dein Herz heftig. Genau dies geschieht Säuglingen, die schreien, um ihre Bezugsperson herbeizurufen, wenn sie keine sofortige Reaktion bekommen. Es dauert vielleicht nur eine Minute, bis Mama oder Papa aufgestanden ist und die Flasche gewärmt hat. Doch für einen Säugling, der noch kein erwachsenes Zeitgefühl hat, der nichts von morgen weiß, noch von Uhren und Kalendern, ist dieser Augenblick reine Folter. Er wimmert und zappelt verzweifelt, weil er sich für immer verlassen und hilflos fühlt.

Wir können davon ausgehen, dass auch du als Säugling oder Kleinkind solche Erfahrungen gemacht hast, weil alle Menschen sie in einem gewissen Umfang machen. Vielleicht gab es Zeiten, wo du protestiert hast, als der Babysitter kam und deine Eltern ausgehen wollten. Sie mögen versucht haben, dich zu beruhigen, indem sie dir sagten, dass sie nur für ein paar Stunden weg sein würden. Ein paar Stunden? Was bedeutete das für dich als kleines Kind? Deine Eltern waren für dich verloren! Auf ewig verschwunden.

Vielleicht hast du in deinen frühesten Jahren auch Entbehrungen und Verunsicherungen erfahren, die viel schädlicher waren, als in der Obhut des Babysitters zurückgelassen zu werden. Vielleicht war die Zuwendung, die du erfuhrst, unzureichend, unzuverlässig oder sogar schädlich für dich. Wenn Vater oder Mutter häufig krank waren oder depressiv, wenn sie Alkoholiker waren oder anderweitig eingeschränkt in ihrer Möglichkeit, dich liebend zu umsorgen, magst du viele, nicht enden wollende Augenblicke der Not erlitten haben. Wenn du selbst als kleines Kind oft krank, körperlich aus der Balance oder ängstlich warst, hast du vielleicht eine Zeit dauernder Hoffnungslosigkeit und Einsamkeit erlebt. Wenn du heute in einer Beziehung lebst, die dich mit einem ähnlichen

Szenario von unzuverlässiger, unzureichender oder gar schädlicher Liebe konfrontiert, oder wenn du dich gerade dazu durchringst, diese zu beenden, dann magst du den endlos scheinenden Schmerz der Kindheit wieder erleben, den du fühltest, als du klein und völlig von anderen abhängig warst.

Ich weiß noch, wie in Harrys Stimme die Panik des kleinen Jungen zu hören war, als er mich anrief an dem Wochenende, nachdem er seine Beziehung zu Ruth beendet hatte. Ich konnte das verletzliche Kind hören, dessen Mutter ihn ausgeschimpft hatte und ihn so in tiefe Verzweiflung hatte stürzen lassen. «Ich halte das nicht durch. Den Freitagabend habe ich mit Freunden herumgebracht, wir waren aus und haben getrunken. Ich habe mich völlig zugeschüttet. Und obwohl ich weiß, dass es erst Samstag Nachmittag ist, habe ich jetzt das Gefühl, schon eine Ewigkeit ohne sie zu sein. Wie überstehe ich den Rest des Tages und erst recht die Nacht, wenn die Zeit sich so quälend hinzieht? Und dann morgen, ein ganzer Tag, an dem ich nicht weiß, was ich tun soll – ohne Ruth.»

Als ich anzudeuten versuchte, ein Wochenende sei schließlich doch ein recht kurzer Zeitabschnitt, und dass er sich bald besser fühlen würde, sagte er: «Vielleicht erscheint es Ihnen kurz, aber für mich ist es wie eine Ewigkeit. Wenn sich das so anfühlt, kann ich nicht daran glauben, dass wieder bessere Zeiten kommen. Ich kann es mir einfach nicht vorstellen. Alles, was ich vor mir sehe, sind dauernder Schmerz und Einsamkeit.»

Ich erklärte Harry die Verzerrungen, denen unser Zeitgefühl in der Kindheit unterlegen ist und erinnerte ihn daran, dass er schon einmal den Schrecken ewigen Alleinseins vor Augen gehabt hatte, als eine andere Beziehung zu Ende gegangen war. Er konnte sich daran erinnern, und diese Erkenntnis half ihm, wieder zur Erwachsenenperspektive zurückzufinden.

Ein paar Wochen später kam Harry in meine Praxis. Er war munter und mit sich im Reinen. «Ich bin so froh, dass Ruth endlich aus meinem Leben verschwunden ist», sagte er. «Es ist, als ob ein Gewicht von meinem Herzen genommen wäre, und ich fühle mich endlich wieder wohl in meiner Haut. Ich freue mich auf bessere Zeiten.»

Als ich das hörte, sagte ich zu ihm: «Harry, ich will kein Spielverderber sein, aber nur für den Fall, dass Sie erneut von Sehnsucht geplagt werden und Ihnen das erwachsene Zeitgefühl verloren geht, würde ich

Sie bitten, eine Technik auszuprobieren, die eine meiner Klientinnen vor Jahren für sich erfunden hat. Schreiben Sie sich ein paar Sätze auf aus der Sicht des Harry, der Sie jetzt sind, für den verzweifelten kleinen Kerl, der Sie wieder werden könnten, wenn der Bindungshunger Sie erneut packt. Setzen Sie sich nach dieser Sitzung in den Warteraum und schreiben Sie diese Zeilen, während Sie sich gut fühlen und ganz in der Erwachsenenzeit sind.»

Harry schrieb einen kleinen Text und machte zwei Kopien davon, eine für die Pinwand in seinem Schlafzimmer, die andere für seine Brieftasche. Darauf stand:

Lieber Harry-Bub (so pflegte ihn sein Vater zu nennen), ich schreibe Dir dies, weil ich etwas weiß, was Du nicht weißt. Wenn Du Dich elend fühlst und allein und Ruth so sehr vermisst, denkst Du, dass dies immer so bleiben wird. Du glaubst, dass das Dunkel, das Du jetzt siehst und der schreckliche Schmerz, den Du fühlst, nie vergehen werden. Aber Du bist in der Kinderzeit, da sieht man alles falsch. Du sehnst Dich danach, zu Ruth zurückzukehren, weil Du überzeugt bist, dass es nie einen anderen Menschen für dich geben wird. Aber Ruth war eine abweisende Frau voller Zorn, genau wie Deine Mutter es war, nachdem Dein Vater sie verlassen hatte. Sie machte Dein Leben durch ihre Kritik und dauernden Forderungen zur Qual. Die Sehnsucht, die Du dennoch spürst, wird vorbeigehen, und Du wirst wieder fühlen, was ich in diesem Augenblick fühle, in dem ich Dir schreibe: Ich bin glücklich, fühle mich frei und freue mich auf das Morgen. Lies diese Sätze, bis Du sie auswendig kannst, oder ruf einen Freund an, oder schreib alle Deine traurigen Gedanken auf. Ich verspreche Dir, es wird Dir bald besser gehen.

Als Harry dann tatsächlich weitere «Attacken» hatte, las er diesen Text wieder und fand heraus, dass sie ihm einen festen Halt boten, um die Sicht des Erwachsenen wiederzuerlangen.

Wenn du an kindlichem Perspektivverlust leidest, dann solltest auch du dir in Augenblicken, in denen du dich zufrieden fühlst und eine Zukunft mit neuen Möglichkeiten siehst, solche Sätze aufschreiben. In Zeiten, in denen du die neuen Perspektiven aus dem Auge verlierst –

wenn du nach der Arbeit heimkommst, mitten in der Nacht, am Wochenende oder sonst irgendwann – kannst du dir diese Botschaften vorlesen, am besten langsam und laut.

Dem Gedächtnis auf die Sprünge helfen

Die qualvollen Entbehrungserscheinungen am Ende einer Beziehung in Abhängigkeit löschen oft auf seltsame Weise die Erinnerung an Schwierigkeiten in der Beziehung und Probleme mit dem Partner aus. Ich nenne dieses Phänomen Gedächtnisverlust durch Abhängigkeit. Plötzlich erinnerst du dich nur noch an das Gute, die schönen Augenblicke, die Zeiten von Nähe, Vertrautheit, Leidenschaft, wie selten diese auch gewesen sein mögen. Wenn du erst einmal alles Negative vergessen hast und dich nur noch an das Gute erinnerst, dann wirst du dich verständlicherweise fragen, warum du die Sache überhaupt beendet hast. Es war doch eigentlich sehr schön mit ihm/ihr, sicher besser als die Einsamkeit und Leere, die du jetzt fühlst. Du meinst plötzlich, ihn oder sie anrufen zu müssen, um die Beziehung wieder anzuknüpfen, bevor es zu spät ist.

Es ist wichtig, dass du gegenüber diesem Phänomen auf der Hut bist und dich dagegen wappnest. Das Beziehungstagebuch, das ich dir zu schreiben riet, kann ein nützliches Hilfsmittel dabei sein. Es kann als dein schriftliches Gedächtnis dienen, das den Beweis dafür liefert, was wirklich passiert ist und was nicht; eine Aufstellung von Gefühlen und Ereignissen, die dir plötzlich aus dem Gedächtnis entschwunden sind. Kim benutzte ihr Tagebuch über die Beziehung zu Kevin, um schwarz auf weiß zu haben, weshalb sie ihn verlassen musste. In vielen langen und einsamen Nächten mit starken Entzugserscheinungen halfen ihr diese Aufzeichnungen, sich zu erinnern, weshalb sie nicht zu ihm zurückkehren sollte. Sie hatte das Tagebuch auf dem Nachttisch liegen und las darin, wann immer ihr Gedächtnis sie darüber hinwegzutäuschen drohte, wie schlecht die Beziehung oft gewesen war.

Wenn du kein Beziehungstagebuch geführt hast, mach dir eine Liste aller negativen Dinge, an die du dich erinnerst. Tu dies, wenn du dich stark fühlst, frei von den Anfechtungen durch deinen Beziehungshunger. In seinem Buch «Hundert Jahre Einsamkeit» erzählt Gabriel Garcia Marquez eine Episode aus der Geschichte seiner erfundenen Stadt Macondo, in der ein schleichender Gedächtnisverlust alle Bewohner befällt. Einer nach dem anderen beginnt Tag für Tag viele Dinge zu vergessen, bis schließlich sogar die Namen der Dinge vergessen sind und wozu sie dienen. Mancher versucht, dem unaufhaltsamen Gedächtnisverlust Einhalt zu gebieten, indem er Schilder an die Gegenstände heftet. Aber nach kurzer Zeit ist auch die Bedeutung der Wörter auf den Schildern vergessen… Dein Gedächtnisverlust ist jedoch umkehrbar, und das Festhalten aller negativen Aspekte der Beziehung, die du gerade beendet hast, kann ein ausgezeichnetes Gegenmittel gegen dein Vergessen sein.

Dein Gedächtnis kann auch dadurch unterstützt werden, dass du deine Freunde darum bittest, dir als Erinnerungshilfen zu dienen. Als Warren mit Diane Schluss machte, sagte er zu seinem Freund Matt: «Wenn ich je wieder den Drang spüren sollte, sie anzurufen, sollst du mich daran erinnern, weshalb ich sie nicht anrufen sollte.» Doch dann, eines Nachts, als er sie bitter vermisste und sich einredete, sie hätte womöglich schon einen anderen, rief er doch Diane statt Matt an. Sie war nicht zu Hause. Er hinterließ eine verliebte Botschaft auf ihrem Anrufbeantworter. Erst dann rief er Matt an, um ihm zu sagen, was er getan hatte. Matt erinnerte ihn an die vielen unfreundlichen und egoistischen Dinge, die Diane gesagt und getan hatte; wie sie ihn immer wieder verletzt hatte, wenn sie sich nahe waren und wie schrecklich unglücklich er oft gewesen war.

Warren sagte mir später: «Als Matt zu mir sprach, klärte sich mein Verstand, und die Gefühle verzweifelter Sehnsucht lösten sich langsam auf. Ich schickte ihr eine weitere Nachricht: Mein erster Anruf sei in einem Anfall von Einsamkeit entstanden, doch ich wolle nicht wirklich, dass sie mich zurückrufe.» Danach fühlte er sich erleichtert.

Wenn du deine Freunde darum bittest, dir als Erinnerungshilfen zu dienen, erkläre ihnen das Phänomen des Gedächtnisverlustes in abhängigen Beziehungen, sodass sie sich nicht wundern, wenn auch du dich irgendwann nicht mehr an deine Gründe, Schluss zu machen, erinnerst. Dann können deine Freunde mit der Schilderung konkreter Ereignisse dein Gedächtnis unterstützen und darauf achten, dass du diese Ereignisse nicht verdrängst und so die Beziehung idealisierst.

Mehrfache Bindungen

Wenn wir erkennen, dass unser Bindungshunger uns und unser Leben um einer einzigen Person willen extrem eingeschränkt hat, dann verstehen wir, wie gefährlich abhängig und eingeengt wir leben. Wahrscheinlich gibt es in jedem von uns einen unauflösbaren Rest dieses Hungers, die unvermeidliche Hinterlassenschaft aus unserer bedürftigen Kindheit. Aber warum müssen wir unseren Bindungshunger bei einer einzigen Person in einer einzigen Beziehung stillen? Wäre es nicht besser, wir würden unsere Bindungsbedürfnisse verteilen, sodass ihre verschiedenen Aspekte auf verschiedene Weise befriedigt werden könnten – durch Freundschaften und Familie, Arbeit, Hobbys, Haustiere, Studien, Aufgaben?

Die Antwort auf diese Frage ist eindeutig ja. Je tiefer du allerdings in eine abhängige Beziehung verstrickt bist, desto mehr werden paradoxerweise diese anderen Bindungen, die eigentlich Ausgleich und Trost bringen könnten, gelockert, zur Seite geschoben und vergessen. Die eine Beziehung zieht alle deine Bindungsbedürfnisse wie ein Magnet an sich, sodass es einer großen Anstrengung deinerseits bedarf, um dir zu sagen, dein Leben müsse mehr als nur das enthalten – und um dann daran zu arbeiten, dass es sich wieder erweitert.

Anfangs magst du nur wenig Gefallen daran finden, deine Zeit und deine Energie weiterreichenden Interessen zu widmen. Deine Sicht dessen, was wichtig für dich ist und was du brauchst, ist so eng an diese eine

Person geknüpft, an die Art, wie sie dich behandelt, und daran, ob sie dich liebt, dass du wenig Antrieb und Energie für anderes verspürst. Aber wenn du vermeiden willst, unerbittlich in den dunklen Schlund deiner Abhängigkeit hinabgezogen zu werden, musst du deine Hand nach der Welt ausstrecken, die jenseits dieser einen Beziehung existiert. Bemüh dich, Freunde zu finden, mit denen du nicht dauernd von deiner Beziehung sprichst; neue Fähigkeiten zu entwickeln, an einem Lehrgang teilzunehmen, der dich immer schon interessiert hat; versuche, mehr über dich und deine weitergehenden Interessen und Bedürfnisse zu erfahren. Es wäre natürlich gut, du würdest diese Unternehmungen nicht als «zweite Wahl» oder als reine Ablenkungen betrachten, sondern könntest sie als Möglichkeiten erleben, die verschiedenen Aspekte deines komplexen Ich zu befriedigen. Aber selbst wenn du sie anfangs nur als lästige Pflicht siehst, so sind sie doch der Anstrengung wert und können dir deinen Glauben daran zurückgeben, dass du mehr darstellst, als du dir bisher gestattet hast.

Gruppen gegen die Abhängigkeit

Sehr effektiv kann die Unterstützung durch eine Selbsthilfegruppe sein, die es zum Ziel hat, Abhängigkeiten aufzulösen. Solche Gruppen schaffen Verbindungen und Freundschaften. Es gibt viele davon. So sind z. B. die «Anonymen Alkoholiker» nicht nur Anlaufstelle für Alkoholkranke, sondern auch für sogenannte Koabhängige, Menschen, die an einen Drogenabhängigen gebunden sind. Andere Gruppen werden von Menschen besucht, die eine emotionale Bindung an eine Person haben, die nicht unbedingt von einer Droge, sondern anderweitig abhängig ist. Diese Gruppen sind in vielfacher Hinsicht hilfreich. Du wirst dort entdecken, dass du mit deinem Problem nicht allein bist und dass es erstaunlich viele gemeinsame Muster in abhängigen Beziehungen gibt. An anderen kannst du dort das selbstzerstörerische Verhalten beobachten, das du bei dir selbst bisher zu erkennen vermieden hast. Mit ein wenig Glück wirst du dann in der Lage sein, deine Beobachtungen auf deine eigene Situation anzuwenden. Du wirst das Mitgefühl und die Freundlichkeit der Gruppenmitglieder genießen lernen, die gemeinsame, leidvolle Erfahrungen teilen. Und du kannst eine neue Sicht auf deine Abhängigkeit und auf dein Leben entwickeln. Viele dieser Gruppen benutzen eine Variante der Zwölf-Schritte-Programme, die bei Drogenabhängigkeit sehr erfolgreich sind und die ein praktisches und spirituelles Fundament zum Kampf gegen die Abhängigkeit bieten.

Um Gruppen in deiner Nähe zu finden, schau ins lokale Telefonbuch oder frage im Gesundheitsamt deines Wohnortes nach, in der Kirche, im Gemeindezentrum oder beim Jugendherbergsverein, weil viele Gruppen sich oft dort treffen, oder wende dich an die Anonymen Alkoholiker. Auch wenn die Person, mit der dich eine abhängige Beziehung verbindet, nicht drogenabhängig ist, so ist doch die Notwendigkeit, dass du von ihr loskommst, die gleiche, wie wenn es sich um einen Drogensüchtigen handelte. Auf alle Fälle wirst du nützliche Hinweise und Unterstützung erhalten.

Psychotherapie

Nachdem Kim Kevin eine Zeit lang nicht mehr gesehen hatte und bevor sie David traf, erwog sie mehrere Male ernsthaft, Kevin anzurufen und die Beziehung wieder aufzunehmen. In einer Sitzung bei mir sagte sie: «Vielleicht kann es gehen, wenn ich nicht zu viel verlange.»

Ich antwortete ihr, es könne helfen, Erwartungen zu senken, wenn diese zu hoch seien. Aber das sei bei ihr nicht der Fall. «Was Sie von Kevin verlangt haben – dass er liebevoll, aufmerksam und einigermaßen zuverlässig sein solle –, sind Grundforderungen in einer Liebesbeziehung.»

«Vielleicht habe ich der Sache nie wirklich eine Chance gegeben», meinte sie. «Doch», antwortete ich, «und Sie haben reichlich Beweise, dass Kevin unfähig ist, wirklich für Sie da zu sein, und das auch nie sein wird. Er hat Sie doch häufig sehr schlecht behandelt.» «Ach, so schlimm war es doch gar nicht.» «Doch. Und wenn Sie zu ihm zurückkehren, werden Sie weitere Enttäuschungen und neuen Missbrauch erleben.» Kim explodierte: «Ich verstehe das nicht: Manchmal sind Sie voller Mitgefühl und spüren genau, was in mir vorgeht, und dann wieder können Sie wie jetzt so verdammt schroff und verurteilend sein.»

Ich antwortete: «Ich habe eine Menge Mitgefühl für Ihre Liebe zu Kevin und für Ihren Schmerz und Ihre Einsamkeit, jetzt, wo Sie durch die Trennungsphase gehen. Ich weiß, wie schwer es ist, Ihre Abhängigkeit zu besiegen und sich von ihm fernzuhalten. Aber wenn Sie anfangen, sich selbst zu betrügen, indem Sie sich einreden, es sei alles nicht so schlimm gewesen, und Kevins Verhalten sei durch Sie provoziert worden und Ihre eigene Schuld, um so eine Rückkehr zu ihm zu rechtfertigen, dann muss ich energisch an Sie appellieren. Wenn Sie zu ihm zurück wollen, weil Sie den Trennungsschmerz nicht aushalten können, bitte schön. Nur Sie entscheiden, wie viel Sie davon aushalten können. Aber machen Sie sich nicht vor, dass diesmal alles in Ordnung sein wird. Ihre bisherigen Erfahrungen sagen uns, dass eine Rückkehr Sie möglicherweise teuer zu stehen kommen wird.»

Kim verließ diese Sitzung ärgerlich und frustriert und meinte: «Ich denke, Sie irren sich.» Aber weder an diesem noch am folgenden Tag rief sie ihn an, und ihr Drang, ihn wiederzusehen, wurde schwächer. Als Psychotherapeut verfahre ich mit Menschen, die in einer abhängigen Beziehung leben, genau so, wie ich das bei Kim tat. Ich habe durchaus Mitgefühl für die schmerzvolle Abhängigkeit in einer schlechten Verbindung und dafür, dass der Bindungshunger die Menschen fest an diese Beziehung kettet, und ich spüre das Leid der Person, die versucht eine solche Beziehung loszulassen. Für das oft langsame Tempo, mit dem der Betroffene die Schritte unternimmt, fällt es mir leicht, Geduld aufzubringen. Ich ermutige die Menschen, nicht zu hart mit sich zu sein oder sich als Versager zu fühlen, wenn sie Probleme damit haben, Schluss zu machen, oder wenn ihre Bedürftigkeit sie dazu nötigt, immer und immer wieder neu anzuknüpfen. Ich unterstütze jede Anstrengung auf dem Weg zu mehr Unabhängigkeit und Selbstachtung. Andererseits bin ich gewöhnlich ganz deutlich, manchmal sogar brutal, wenn jemand, mit dem ich arbeite, zu rationalisieren scheint, die Wirklichkeit verdreht, sich selbst oder mich täuschen will, um weiterhin selbstzerstörerisch leben zu können. Alfred Adler, einer der Begründer der Psychoanalyse, sagte einmal, Psychoanalyse bedeute manchmal, den Patienten «in die Suppe zu spucken». Das klingt nicht sehr vornehm, aber genau das tue ich wohl, wenn ich beobachte, dass jemand sich mit Selbsttäuschung zu vergiften im Begriff ist.

Selbst wenn nicht alle Psychotherapeuten die von mir beschriebene zweistufige Strategie anwenden, so ist sie doch ein wertvoller Teil dessen, was Psychotherapie demjenigen, der mit seiner Abhängigkeit ringt, anbieten kann. Was noch wichtiger ist: Die Psychotherapie zielt darauf ab, einem Abhängigen zu zeigen, dass sein Problem nicht situationsgebunden ist, sondern dass es weit in seine Geschichte zurückreicht, wo vor Jahren selbstzerstörerisches Verhalten gelernt wurde. Dieses Verhalten wird jetzt in der vergeblichen Hoffnung auf einen anderen und besseren Ausgang wiederholt. Die Psychotherapie ist bestrebt, den Zugriff der Vergangenheit auf den Abhängigen zu lockern, die ihn auf kontraproduktive Weise mit aktuellen Beziehungen umgehen lässt.

Du solltest eine Psychotherapie in Erwägung ziehen, wenn

- du nicht weißt, ob du die Beziehung so hinnehmen sollst, wie sie ist, ob du Schritte zu ihrer Verbesserung unternehmen oder sie beenden solltest.
- du weißt, dass du Schluss machen solltest, jedoch schmerzhaft festzustecken scheinst.
- du vermutest, dass Unsicherheit, Angst vorm Alleinsein, Schuldgefühle oder Bindungshunger deinen Entschluss zu gehen vereiteln.
- du bei dir ein Muster erkennst, nach dem du schlechte Beziehungen eingehst, und unfähig bist, dieses Muster zu ändern, auch nicht mit Hilfe von guten Freunden und Selbsthilfegruppen.

Gibt es Risiken für Beziehungsabhängige in der Psychotherapie? Dies ist nicht ausgeschlossen. Abhängige sind meist Menschen, denen es angesichts eines starken Bindungshungers schwerfällt, ihr klares Urteil und ihre Unabhängigkeit zu bewahren. Die Therapie erfordert, dass sie regelmäßig mit einer Person arbeiten, die ihnen mit Empathie und Teilnahme zuhört. So ist es nicht ungewöhnlich, dass einzelne Patienten eine besondere Anhänglichkeit an ihren Therapeuten entwickeln, vor allem in der Trennungszeit, wenn sie sich vom Objekt ihrer Abhängigkeit getrennt haben und ihr Bindungshunger plötzlich ohne Nahrung ist. Die Abhängigkeit, die sie zum Therapeuten empfinden, ist natürlich und kann sogar hilfreich sein, wenn zwei Bedingungen erfüllt sind: 1. Das Ziel der Beziehung zum Therapeuten besteht darin, einen Zustand zu erreichen, wo sie nicht länger von ihm abhängig sind, und 2. der Therapeut ist ein moralisch gefestigter und kompetenter Profi, der weiß, dass manche Menschen sich eine Zeit lang bei ihm anlehnen müssen. Sein Ziel muss jedoch sein, dass die Klienten die Ursachen ihrer Abhängigkeit verstehen und ihre Unabhängigkeit finden. Manche Therapeuten, ebenso wie manche Eltern, sind dazu besser in der Lage als andere, und es fällt ihnen leichter, ihrerseits loszulassen. Wenn du in Therapie bist und meinst, es sei Zeit, sie zu beenden, höre aufmerksam die Argumente deines Therapeuten, wenn er dir sagt, dies könne ein Versuch sein, dich selbst zu sabotieren oder den anstehenden Veränderungen auszuweichen. Wenn du jedoch deine Motive sorgfältig prüfst und den Eindruck hast, es sei Zeit, die Therapie zu verlassen, vertraue auf dein Urteil.

Auch nach dem Ende einer Therapie können Entzugserscheinungen auftreten. Doch wenn du wirklich bereit bist zu gehen, sollte dieses Missbehagen von kurzer Dauer sein und von deiner Befriedigung aufgewogen werden darüber, dass du an Unabhängigkeit gewinnst und selbstbestimmt deine nächsten Schritte planst. Gewöhnlich ist dies eine Freude, die Klient und Therapeut teilen.

Arzneimittel

Manchmal löst die Beendigung einer Beziehung so viel Angst und/oder Depression aus, dass die Frage auftaucht, ob die Anwendung von Beruhigungsmitteln oder Antidepressiva hilfreich sein kann. Dazu gibt es verschiedene Standpunkte. Manche Menschen, die mit Codependenten arbeiten, sind schlecht auf Medikamente zu sprechen, weil sie fürchten, dass diese eine neue Abhängigkeit auslösen oder die Probleme des Patienten verschleiern könnten. Die Gefahr besteht in der Tat. Wenn du dich ohne Medikamente aus einer schlechten Beziehung lösen kannst, so hat das eindeutige Vorteile. Der Prozess, der mit der Entdeckung deiner eigenen Person verbunden ist, ist oftmals mühevoll und mit psychologischen Schmerzen verbunden. Ich habe Klienten gesehen, deren Furcht und Verzweiflung so lähmend waren, dass sie unfähig waren, die zerstörerische Beziehung zu beenden, und denen eine Lösung erst nach der Einnahme von Medikamenten gelang.

Wenn du meinst, dass deine Ängste, die Beziehung zu beenden, dich zu lähmen drohen, dann musst du nicht den Helden spielen. Überlege, ob du nicht einen Psychiater konsultieren solltest, der auf Psychopharmakologie spezialisiert ist. Sprich mit ihm über die Veränderungen, die du in deinem Leben vorhast und darüber, welche Gefühle oder Symptome dir dabei im Wege stehen. Mach deutlich, dass du ein Medikament wünschst, das dich bei einem bestimmten Vorhaben unterstützen kann, und keinen Dauerbegleiter. Dabei musst du dir darüber im Klaren sein, dass es kein Medikament ohne Nebenwirkungen gibt. Bevor du dich entschließt, ein Medikament zu nehmen, musst du dich mit diesen Nebenwirkungen beschäftigen. Mach dir auch klar, dass Medikamente nicht als Ersatz für Psychotherapie oder Selbsthilfegruppen eingesetzt werden sollten, denn es ist wichtig, dass du weiterhin an deiner Selbstwahrnehmung und an deinem inneren Wachstum arbeitest. Und schließlich sollten Medikamente, wie auch die Therapie, dazu dienen, dass du einen Punkt erreichst, wo du beides nicht mehr benötigst.

Das Hauptziel

Das Ziel all dieser Vorgehensweisen ist die Befreiung von der Tyrannei deiner Abhängigkeit. Einige der Beispiele, die ich angeführt habe, wie etwa die schlechte Behandlung Kims durch Kevin oder Ruths erniedrigendes Verhalten Harry gegenüber, sind so offensichtlich zerstörerisch, dass die Betroffenen leicht einsehen, dass die Beziehung beendet werden sollte. Natürlich erdulden manche Menschen noch schlimmere Erniedrigungen und Entbehrungen. Doch deine eigene Situation ist vielleicht weniger extrem. Die Person, von der du abhängig bist, mag in vieler Beziehung in Ordnung sein, vielleicht sogar bewundernswert. Wenn du jedoch die Entscheidungsarbeit geleistet hast, die wir hier dargestellt haben, wenn du die Beziehung so objektiv wie möglich geprüft und dabei festgestellt hast, dass sie für dich Frustrationen und Entbehrungen mit sich bringt, die sich wahrscheinlich nie verändern werden, dann wirst du diese Beziehung auch dann als unannehmbar und unerträglich empfinden, wenn sie keine Verletzungen und keinen Betrug beinhaltet. Wenn es deine Abhängigkeit ist, was dich in der Beziehung hält, dann wirst du, indem du sie beendest, die Freiheit gewinnen, die dir hilft, in Zukunft eine glücklichere Wahl zu treffen. Du wirst dann möglicherweise durch eine Phase von Trauer, Angst und Einsamkeit gehen. Dies ist jedoch, wie wir sehen werden, Teil eines Prozesses, der dich zu einem besseren Ort führt.

5
Eine Zeit der Festigung und Bereicherung

Endlich hast du dich aus deiner abhängigen Beziehung befreit. Du hast viel darüber erfahren, weshalb du dich unweigerlich zu Menschen hingezogen fühlst, mit denen du unglücklich bist, und dein Vorsatz hat sich gefestigt, keine weitere Zeit auf frustrierende und zerstörerische Beziehungen zu vergeuden. Vielleicht braucht es immer noch Willenskraft, um nein zu sagen, oder du bist schon weiter und hast den Punkt erreicht, wo der Typ Mensch, der dich früher so sehr anzog, dich nun kalt lässt, oder du reagierst sogar allergisch auf ihn.

Doch bei all diesem beachtlichen Fortschritt bist du innerlich vielleicht immer noch nicht dazu bereit, eine Beziehung zu jemandem anzustreben, zu genießen und aufrechtzuerhalten, den du lieben kannst, und der dich gleichzeitig in deinen Zielen, was dich selbst und dein Leben betrifft, positiv unterstützt. Und das ist vollkommen in Ordnung. Du hast einen großen Sieg errungen. Nun solltest du dir erst einmal eine Pause gönnen, um nachzudenken und das Gewonnene sich festigen zu lassen.

Die Idee, eine Pause einzulegen, mag dir erheblich gegen den Strich gehen. Das Aufgeben einer abhängigen Beziehung kann das Gefühl einer großen Leere in deinem Inneren erzeugen, und genauso wie der Natur das Vakuum widerstrebt, magst du das Gefühl der Leere und Einsamkeit so unerträglich finden, dass du das dringende Bedürfnis verspürst, eine neue Bindung einzugehen. Das kann recht gefährlich sein, denn wenn du von Verzweiflung getrieben wirst, können deine Wahrnehmungsfähigkeit und dein gesundes Urteil getrübt und gestört sein. Du übersiehst dann leicht, dass eine in Frage kommende Person wiederum im alten Sinne – oder auf eine neue Art – ebenso schädlich auf dich wirken könnte.

Befreie dich deshalb zunächst einmal von dem Druck, nun, nachdem du das Alte verlassen hast, sofort den richtigen Menschen finden zu müssen. Du hast jetzt erst einmal andere Aufgaben zu erfüllen, die deine Suche nach einer guten Beziehung auf lange Sicht erfolgversprechender machen werden. Das heißt nicht, dass du dich nicht weiterhin in Begegnungen einlassen solltest. Dies kann sogar helfen, das inzwischen Gewonnene zu festigen. Du weißt nun, was so gefährlich attraktiv für dich war und kannst jeden neuen Menschen mit offenen Augen ansehen. Du kannst dich fragen: «Wer ist dieser Mensch? Wie fühle ich mich im Zusammensein mit ihm? Möchte ich ihn näher kennenlernen? Jetzt, wo ich meine Sucht los bin – was vermag mich nun zu anderen hinzuziehen?»

Du kannst diese wichtigen Fragen am besten prüfen, wenn kein verzweifelter Drang dich dazu treibt, dich an jemand Neues zu klammern. Rasches Wiedereingehen von Beziehungen geschieht oft blind. Außerdem riskierst du dadurch, eine entscheidende Phase in deiner Entwicklung zu unterbrechen oder unnötig zu verkürzen. Das heißt nicht, dass du jetzt nicht jemanden treffen könnest, der dir sehr gut gefällt, und es wäre töricht, diese Person zurückzustoßen, nur weil du noch Zeit brauchst, das inzwischen Gewonnene zu festigen. Aber achte sehr sorgfältig darauf, ob ein echtes Gefühl dich zu dieser Person treibt oder nur dein Drang, die Leere zu füllen. Nimm dir die Zeit, an dem Ort, an dem du inzwischen angekommen bist, heimisch zu werden; er mag dir fremd, karg und deprimierend vorkommen, allein deshalb, weil er nicht von dem vertrauten Drama, seiner Qual und seiner Spannung erfüllt ist.

Eine Zeit der Trauer

Eine wichtige Aufgabe dieser Periode wird sein, das, was in der letzten Beziehung gut war, zu betrauern. Das beginnt mit der Anerkennung der Tatsache, dass diese Beziehung nun zu Ende ist und dass du möglicherweise den Menschen, der einmal eine so zentrale Rolle in deinem Leben spielte, nie wieder sehen, hören oder mit ihm intim sein wirst. Es kann auch nützlich sein, die vergeudeten Monate oder Jahre zu betrauern, die du in dieser Beziehung verbracht hast und vielleicht auch in anderen Beziehungen, die dir nun ebenfalls wie Sackgassen vorkommen mögen. Die Vergeudung hat tatsächlich stattgefunden, unabhängig davon, wie viel Gutes du aus der Beziehung hast ziehen können, und es ist nur ehrlich, sich das einzugestehen. Du kannst diese Erkenntnis nutzen, um deinen Entschluss zu festigen, nie wieder eine Minute deines Lebens auf diese Weise zu verschwenden.

Wie betrauert man eine verlorene Beziehung und vergeudete Jahre? Es geht hier vor allem darum, dass du für deine Gefühle von Trauer und Zorn offen bist und den Schmerz nicht verdrängst. Das heißt nicht, dass du bei diesen Gefühlen endlos verweilen sollst. Von Gefühlen über die Beziehung besessen zu sein, kann sie unter Umständen am Leben halten. Trauern sollte nicht Anklammern bedeuten, sondern Loslassen und sich Verabschieden. Menschen, mit denen ich in vielen Jahren gearbeitet habe, haben viele Möglichkeiten zu trauern entwickelt. Nachdem Kim endlich ihre Beziehung zu Kevin gelöst hatte, versuchte sie zuerst ihre Verlustgefühle zu übergehen, indem sie sich sagte, wie froh sie sei, ihn los zu sein – was stimmte – und indem sie sich sofort in ein reges geselliges Leben stürzte. In gewisser Weise funktionierte das gut, es lenkte sie ab und brachte interessante Erfahrungen. Doch gelegentlich brach sie überraschend in Tränen aus, und oft wurde sie morgens zwischen drei und vier Uhr wach, verängstigt und verzweifelt. Es wurde ihr klar, dass diese unerwarteten Tränen und nächtlichen Verzweiflungsanfälle sie dazu aufforderten, sich mit der Tatsache auseinanderzusetzen, dass eine starke emotionale Verbindung gestorben war. So nahm sie sich gelegentlich die Zeit, setzte sich hin und wiederholte wieder und wieder denselben Satz: «Nie mehr Kevin»; dabei ließ sie sich auf die Trauer ein, die in ihr auftauchte. Nach vielen Wiederholungen, die sich über Wochen hinzogen, zeigte sich, dass die Worte «Nie mehr Kevin» viel von ihrem Schmerz verloren hatten. Schließlich wiederholte sie sie nur noch gelegentlich, jedoch nicht, wie man an saure Trauben denkt, sondern mit ehrlicher Überzeugung: «Nie wieder Kevin, Gott sei Dank.»

Warren, der Modefotograf, dem es schließlich gelungen war, seine enge Verbindung zu der schönen, aber egozentrischen und flatterhaften

Diane aufzulösen, behauptete danach, er empfände ihr gegenüber nichts als Wut. Diese Wut, zusammen mit anderen unerledigten Gefühlen, floss in die Beziehungen ein, die er als Ersatz für Diane zu neuen Frauen anknüpfte. Es wurde klar, dass er sie nicht wirklich losgelassen hatte, obwohl er über längere Zeit keinen Kontakt mehr mit ihr gehabt hatte. In Anlehnung an Kims Methode schlug ich ihm vor, er solle sich die Worte «Nie mehr Diane» vorsprechen und sich auf die auftauchenden Gefühle einlassen. Warren, erfinderisch wie immer, entwickelte seine eigene Variante. Statt nur drei Worte zu sprechen, schaute er sich Fotos an, die er von ihr gemacht hatte und schrieb kurze Fragen oder Sätze auf, die ihm in den Sinn kamen. Eine dieser Listen lautete so:

> Was fange ich ohne dich an?
> Und was wäre, wenn ich einen fatalen Fehler begangen hätte, als ich dich aufgab?
> Es war kein Fehler, ich habe die Sache abgeschlossen, und sie ist gegangen.
> Du bist so schön, ich vermisse dich so sehr.
> Ich kann nicht fassen, dass wir uns nie mehr lieben sollen. Nie, niemals.
> Ich vermisse die Zeiten, wo wir Spaß hatten.
> Wenn du dir nur etwas mehr Mühe gegeben hättest.
> Wenn du nur gewollt hättest, was ich wollte.
> Aber sie wollte nicht, und wird es niemals wollen. Niemals.
> Ich muss sie begraben.
> Ich stelle sie mir in einem Sarg vor. Sie trägt ihr schwarzes, durchsichtiges Négligé. Jemand schließt den Sargdeckel ganz fest zu.
> Sie wird in die Erde hinabgelassen.
> Ich werfe Erde auf ihren Sarg.
> Ich weine und weine.
> Leb wohl, Diane.
> Ich gehe. Ich muss mich zwingen, nicht zurückzuschauen.

Warren machte viele solcher «Trauerübungen», wie er sie nannte, und entdeckte, dass er immer weniger oft an Diane dachte. Gelegentlich bekam er seine «Diane-Anfälle», wie er das nannte, meist an Wochenenden, wenn er keine Pläne gemacht hatte. Eines Nachts, mitten in einer akuten Phase von Verlust- und Einsamkeitsgefühlen, setzte er sich hin und schrieb eine weitere Liste von Sätzen, die diesmal jedoch eine andere und überraschende Wendung nahmen:

Ich fühle mich wie ein hilfloser Säugling. Mami, bitte, komm doch!
Niemand liebt mich, nicht einmal du.
Warum musst du ständig telefonieren?
Warum spielst du nie mit mir?
Warum flirtest du mit anderen Männern hinter Papis Rücken?
Warum hast du mir das nicht erspart?
Hattest du mich denn gar nicht lieb?
Wusstest du nicht, wie du dich um mich kümmern solltest?

Durch diese unerwartete Wendung in Warrens Sätzen wurde ihm klar, dass seine Trauer weit über seine Beziehung mit Diane zurückreichte. In Wirklichkeit betrauerte er, dass er zu seiner Mutter keine wirkliche Beziehung hatte haben können, weil diese nie genügend Zeit für ihn gehabt hatte und er hatte entbehren müssen, was er am meisten brauchte. Während er die Verbindung zwischen seinen Gefühlen für Diane und denen seiner Kindheit durchlebte, war er mehr und mehr in der Lage, seine Sehnsucht nach der Liebe seiner Mutter von der zu Diane abzukoppeln, und endlich auch, beide loszulassen.

Wir haben in uns selbst Bestand

In der Trauerphase geht es um dein vertieftes Verständnis der Tatsache, dass eine Beziehung, die einmal in deinem Leben eine zentrale und intensive Rolle spielte, endgültig zu Ende ist. Der Verlust eines Menschen, der, egal für wie lang, so viele Augenblicke und Erfahrungen mit dir geteilt hat, mag dir sehr wohl das Gefühl geben, dass dein Leben ein für alle Mal zerbrochen ist und keine Zukunft kennt. Wenn das mehrfach so geschehen ist, kommst du dir vielleicht wie eine zertrümmerte Vase vor, deren Einzelteile auf dem Boden verstreut liegen. Die 42-jährige Penny hatte, nach zehnjähriger Ehe geschieden, mehrere intensive, längere Beziehungen mit Männern gehabt, die eine Bindung scheuten. Sie sagte traurig, nachdem sie gerade die letzte dieser Affären beendet hatte: «Ich kann nur schwer aushalten, dass mein Leben so zerrissen ist. Ich kann kaum eine Straße entlanggehen oder an einem Restaurant vorbei, und ich kann kaum ein Lied hören, ohne dass in meiner Erinnerung Augenblicke auftauchen, in denen mir einer dieser Männer alles bedeutete. Doch keiner von ihnen ist mehr da, zu dem ich sagen könnte: Erinnerst du dich, wie wir dort gegessen haben? Erinnerst du dich, wie wir am Ende jenes Films beide weinten? Erinnerst du dich, wie wir durch die Gegend fuhren und einer Sängerin zuhörten, die sang: ‹Meinem Leben fehlt etwas Beständiges.›»

Es ist etwas Wunderbares, wenn Menschen in langen und dauerhaften Beziehungen zusammenleben, wenn sie auf ungezählte gemeinsame Erfahrungen zurückschauen können, über sie lachen oder sich sogar noch einmal streiten können, und wenn sie sich auf weitere gemeinsame Erfahrungen freuen können. Dagegen kann es entmutigend sein, wenn da niemand ist, mit dem man alte Erinnerungen teilen und neue sammeln kann.

Vielleicht durchlebst du im Augenblick die eine oder andere Version dieses Gefühls. Diese Zeit der Festigung zu nutzen, ist wichtig, um eine zutiefst schlichte Wahrheit zu begreifen und sich von ihr stärken zu lassen: Du hast Bestand in dir selbst. Dies mag dir selbstverständlich erscheinen. Wenn du dich jedoch ganz auf diesen Satz einlässt, kann er viele Risse und Brüche heilen, mit denen dein Leben behaftet ist. In all den vielen Erfahrungen, die du gemacht hast, war eine Person immer zugegen, und das warst du selbst. In den Neuronen deines Gehirns sind die Erinnerungen an jede Einzelne dieser Erfahrungen eingeprägt. Einige von ihnen können mühelos abgerufen werden, andere tauchen plötzlich wieder auf beim Anblick eines Gegenstands, bei einem Geräusch, einer Berührung. Sie alle trägst du mit dir, denn sie gehören zu deiner Geschichte. Es sind die Erfahrungen, die dich zu dem Menschen gemacht haben, der du heute bist, mit deiner besonderen Art zu denken und zu fühlen. Du bist der Kalender deiner Jahre, das Tagebuch deiner Tage und Wochen, der Zeitmesser deiner Stunden. Du bist, zum großen Teil, was du immer gewesen bist. Niemand kann dir das nehmen. Du wirst immer der Mensch sein, den diese Erfahrungen geprägt haben.

Versuche also, dieses dauerhafte Geflecht deines Lebens zu spüren, zu kennen und es zu schätzen. Verdränge nicht deine schmerzhaften Erinnerungen, nur weil die Beziehungen, mit denen sie verbunden sind, in Sackgassen endeten. Behalte lieber in Erinnerung, wer du damals warst, welche Gefühle du durchlebt, was du getan hast, wie du einige Augenblicke sehr genossen und andere durchlitten hast. Wenn du akzeptierst, dass dein Leben Dauer und Zusammenhang besitzt, selbst wenn gewisse Menschen jetzt nicht mehr dazu gehören, dann kann das Gefühl von Verlust und Bitterkeit, das du mit einer gescheiterten Beziehung verbindest, langsam schwächer werden. Wenn dir klar wird, dass du die Verbindung zwischen den verschiedenen Anfängen und Schlusspunkten in deinem Leben in der Hand hältst, dann begreifst du, dass dies auch bei allen zukünftigen Ereignissen in deinem Leben so sein wird und dass du alles im Verlauf deiner Geschichte Gelernte nutzen kannst, um deine Zukunft neu und anders zu gestalten.

Carla, die Frau, die das Gefühl hatte, ihr Mann kenne sie nach vier Jahren Ehe kaum, trennte sich von ihm, weil sie spürte, dass die Einsamkeit ohne ihn nicht größer sein könne als die mit ihm. Zu ihrer Überraschung hatte sie danach das Gefühl, als sei ihr Leben auseinandergebrochen. Sie meinte: «So wenig Jack mich auch kennen mochte, so hatten wir doch eine Menge Zeit miteinander verbracht und gemeinsam vieles unternommen, waren zusammen bei allen Familientreffen gewesen, hatten den Alltag miteinander geteilt. Ich habe das Gefühl, dass diese Zeit meines Lebens nicht mehr existiert, wo Jack nicht mehr bei mir ist, so als sei mein jetziges Leben ohne Grundlage. Obwohl unsere Spuren getrennt voneinander liefen, so liefen sie doch parallel – jetzt muss ich allein auf meiner Schiene fahren.»

Um mit diesem beunruhigenden Gefühl des Bruchs mit allem Bisherigen besser umgehen zu können, begann sie, sich Fotos anzuschauen, die sie in den frühesten Tagen ihrer Romanze gemacht hatte. Dann begann sie, die Erinnerungen aufzuschreiben, die diese Fotos in ihr weckten. Anfangs war das fast unerträglich schmerzlich, doch dann bemerkte sie, dass sie diejenige gewesen war, die die Geschichten erzählt hatte, worüber sie damals zusammen lachten; dass viele ihrer gemeinsamen Aktivitäten von ihr initiiert worden waren. Carla sagte: «Mir wurde klar, dass ich Humor besitze, dass ich interessante Begegnungen anregen und planen kann, dass ich ja auch diejenige war, die die Fotos machte. Also habe ich diese Fähigkeiten; ich hatte sie schon, bevor ich Jack kannte, und sie sind daher auch nicht von ihm abhängig. Ich bin diejenige, die hinter all dem steckt.»

Es ist sicherlich nicht leicht, mitten in all dem Leid, das oft das Ende einer wichtigen Beziehung begleitet, an der Vorstellung von der eigenen Beständigkeit festzuhalten. Wenn du diese Überzeugung zu verlieren drohst, kann es helfen, wenn du dich, wie damals, als du dich langsam aus deiner Abhängigkeit befreitest, an deine Freunde, deine Familie oder an eine Selbsthilfegruppe wendest oder eine Psychotherapie beginnst. Dort wirst du dich selbst und deine Geschichte gespiegelt finden, was dir helfen wird, den Sinn für deine Ganzheit und das Fortbestehen deines Selbst wiederzugewinnen.

Mach dir das Alleinsein leichter

Einsamkeit ist ein Gefühl, das keiner schätzt. Es mag Menschen geben, die das Alleinsein für sich wählen und es dann auch genießen können, doch das ist nicht Einsamkeit zu nennen. Es mag Menschen geben, die unangenehme Gefühle bewusst suchen – wie z. B. das der Angst, indem sie Horrorgeschichten lesen oder mit dem Fallschirm aus dem Flugzeug springen; das der Trauer, indem sie sich tragische Stücke oder Filme ansehen, die auf die Tränendrüsen drücken. Manche suchen Situationen, in denen sie Zorn verspüren oder Schmerzen, wie z. B. beim Klettern in den Bergen oder bei anderen sportlichen Herausforderungen. Ich kenne jedoch keinen Menschen, der sich gern einsam fühlt.

Vielleicht ist unsere Furcht vor Einsamkeit Teil unseres biologischen Erbes – wie etwa die Reaktion des Stiers, der von seiner Herde getrennt wurde und nun brüllt, um zu ihr zurückzufinden, oder wie das Bärenjunge, dessen Mutter getötet wurde und das nun winselnd und verloren umherirrt. Mir ist eine Szene aus einem Film unvergesslich, in der ein junger Naturwissenschaftler, der sich mit dem Verhalten von Wölfen beschäftigt, aus einem kleinen Flugzeug auf eine eisige arktische Wüste hinabgelassen wird. Vorräte und Ausrüstung werden ihm mitgegeben, dann entfernt sich der Flieger auf seinen Gleitkufen. Als er gerade abheben will, schaut der junge Forscher auf und sieht die eisige Wüste sich nach allen Seiten erstrecken. Er wird von Panik erfasst; in seiner Angst stürzt er hinter dem Flieger her, schreit laut, um ihn zur Umkehr zu bewegen, aber dieser hört ihn nicht, hebt ab und lässt ihn allein zurück. Die Zuschauer, ich unter ihnen, konnten seine Panik angesichts der gespenstischen Einsamkeit des Eises hautnah spüren.

Das Ende einer Liebesbeziehung – selbst einer unbefriedigenden, einer, die du selbst beendet hast – hinterlässt eine Lücke, und diese Lücke kann sich mit Einsamkeit füllen. Deine Aufgabe besteht darin, durch den Schmerz hindurchzugehen, ohne in eine lang anhaltende Verzweiflung hinabgezogen zu werden, ohne selbstzerstörerisch zu handeln, ohne Alkohol oder Narkotika zu Hilfe zu nehmen, und ohne neue Bindungen einzugehen, die wiederum schlecht für dich wären.

Wenn du konstruktiv mit deiner Einsamkeit umgehen willst, sollst du dir immer wieder vor Augen führen, dass dieses Gefühl hauptsächlich von dem verlorenen, bedürftigen Kind in dir herrührt. Wenn du erst einmal den Bindungshunger als Quelle deiner Einsamkeit erkannt hast, dann kannst du auch akzeptieren, dass deine Wirklichkeit durch die Augen und mit den Gefühlen eines verlassenen Kindes gesehen und damit verzerrt ist. Dein kindliches Ich kann nicht glauben, dass du emotional überleben kannst – vielleicht noch nicht einmal körperlich –, ohne in eine Beziehung eingebunden zu sein. Doch dein Erwachsenen-Ich weiß sehr wohl, dass du überleben und allein weitermachen kannst, so lange das nötig ist. Das Kind in dir ist völlig hilflos seinen schmerzhaften Gefühlen ausgesetzt, unfähig, sich selbst zu trösten oder dafür zu sorgen, dass etwas Neues und Besseres die traurigen Ereignisse ablöst. Dein Erwachsenen-Ich weiß, dass ihm vieles möglich ist, um deine Situation und die damit verbundenen Gefühle zu verändern. Das Kind in dir lebt in der Kind-Zeit und glaubt, sein Schmerz werde ewig dauern; ein Samstagabend allein ist für ein Kind wie eine Ewigkeit in der Arktis. Dein Erwachsenen-Ich weiß, dass der Schmerz irgendwann aufhört, vielleicht schon beim Klang der nächsten freundlichen Stimme; dass ein Samstagabend nur ein paar kurze Stunden sind, die unterhaltsam und gewinnbringend verbracht werden können. Vielleicht musst du kämpfen, damit sich die Erwachsenen-Stimme über das Jammern des Kindes erhebt, aber sobald das der Fall ist, und du die Perspektive wechselst, kannst du damit beginnen, das Kind zu beruhigen und zu trösten. Du kannst dem Kind sagen, dass du weißt, wie weh Einsamkeit tut, doch du seist bei ihm, und so sei es nicht wirklich allein, sondern ihr könntet zusammen eine Menge tun, um seine Lage zu verbessern. Du kannst es daran erinnern, dass unglückliche Gefühle, wie alle Gefühle, irgendwann vergehen…

Dein einsames inneres Kind hängt vielleicht auch noch einem anderen Irrglauben an: dem, dass es niemals wieder einen Menschen geben wird, der es liebt, oder den es so liebt, wie die Person, die es gerade verloren hat. Du kannst dem Kind klarmachen dass, während es damals nur einen Vater und eine Mutter gab, heute viele Menschen da sind, die ihm Liebe geben und die seine Liebe empfangen könnten. Das innere Kind mag manchmal glauben, niemand liebe es, aber das stimmt selten. Und es braucht auf keinen Fall zu stimmen, solange du selbst dich um das Kind kümmerst, das sich so verloren fühlt. Wenn du das tust, wird es immer mit einem Menschen sein, nämlich mit dir selbst, auch wenn es zur Zeit keinen äußeren Liebespartner gibt. Du schätzt dieses Kind und bist für es da. Höre auf das einsame Weinen des Kindes in dir und teile ihm all das mit, was ihm jetzt gerade guttut.

Du kannst dem Kind in dir auch Briefe schreiben vom Standpunkt deines liebevollsten und weisesten Ich aus. Carla, die sich mit dem Gefühl auseinandersetzen musste, dass ihr Leben ohne Jack zerbrochen sei, und die beim Betrachten der Fotos von ihnen beiden ihre Verbindung zu sich selbst wieder fand, probierte diese Methode ebenfalls aus. Sie schrieb: «Wenn Jack nicht da ist, wenn er abends nicht heimkommt, nicht mit dir fernsieht, nicht neben dir schläft oder morgens den Kaffee macht, hast du das Gefühl, dass es niemanden gibt, der dich liebt. Du vergisst dabei, dass du dich oft einsam gefühlt hast, wenn Jack in seiner abwesenden Art da war. Aber ich liebe dich, ich finde dich großartig, und ich denke, dass wir noch eine Menge miteinander unternehmen werden. Da sind auch noch alle unsere Freunde und Verwandten, die uns beide lieben, die kleine und die große Carla. Ich weiß, es ist nicht das gleiche, wie wenn du die eine, besondere Person bei dir hast, aber ich verspreche dir – selbst wenn Jack und ich nie wieder zusammenkommen – ich will mein Bestes tun, um einen Menschen zu finden, den wir lieben können, bei dem wir uns sicher fühlen und der uns liebt und das Leben mit uns teilt. Du brauchst dich also nicht mehr so einsam und ungeliebt zu fühlen.» Carla sagte zu mir: «Wenn ich anfange, dem Kind in mir diese Dinge zu schreiben, fühle ich mich zuerst ziemlich albern und bin froh, dass mir niemand zusieht. Aber am Ende geht es mir viel besser.»

Wie du deine Einsamkeit verwandeln kannst

Außer dem Trost, den du deinem inneren Kind spendest, kannst du eine Menge tun, um deine Einsamkeitsgefühle in eine positive Kraft zu verwandeln. Dazu musst du allerdings einige gezielte Anstrengungen machen, um die Einsamkeit zu überwinden. Wie wir schon erörtert haben, kann das Gefühl der Einsamkeit uns zu selbstzerstörerischen Aktionen treiben, die das Ziel haben, uns zu betäuben oder uns von diesem Gefühl abzulenken. Aber es kann uns auch in eine tiefe Lähmung versenken, in eine hilflose, hoffnungslose Passivität, die uns davon abhält, unsere Lage zu verbessern. Dann fällt es uns schwer, Entscheidungen zu treffen. Wir sehnen uns danach, uns irgendwohin zu flüchten, um Trost und Wärme zu finden, wissen jedoch nicht, wohin. Wenn wir es dieser Trägheit gestatten, kann sie uns immer tiefer herabziehen, bis wir es nicht mehr aushalten und sie endlich verjagen, oder wir machen endgültig die Tür zum Leben zu und bleiben für uns allein im Dunkeln sitzen.

MANCHMAL HABE ICH DAS GEFÜHL, ICH MÖCHTE IN DEN MUTTERSCHOSS ZURÜCK – ICH WEISS NUR NOCH NICHT, IN WELCHEN …

Um von einer passiven zu einer aktiven Haltung zu kommen, müssen wir unsere Einsamkeit auch als Chance sehen. Der weise und liebende Elternteil in uns kann dem inneren Kind nicht nur helfen, indem er es im

Arm hält, beschwichtigt und es beruhigt, sondern auch, indem er es an der Hand nimmt und ihm energisch zuredet: «Genug herumgesessen – lass uns aufbrechen!» Um diesen aktiveren Teil in dir zu motivieren, kann es nützlich sein, wenn du dich fragst, was du gern einmal tun würdest, wenn du Zeit und Gelegenheit dazu hättest. Anders ausgedrückt: Du fragst dich, was du gern tun würdest, wenn du nicht so einsam und deprimiert wärst, wie du dich zur Zeit fühlst. Mach eine Liste, so lang und ausführlich, wie du kannst. Dann ordne sie nach Prioritäten, und zwing dich dazu, mit wenigstens einem oder zwei Punkten auf der Liste zu beginnen.

Warren, der sich nach dem Bruch mit Diane in einem länger anhaltenden Tief befand, wusste, dass er schon immer viele Dinge hatte tun wollen, dass er viele Interessen hatte, die er nicht verfolgt oder nie aufgegriffen hatte. Er konnte keinen Anfang finden, bis er sich folgende Frage stellte: «Was würde ich gern tun, wenn Diane endlich liebevoller zu mir wäre oder wenn ich in einer wirklich guten Beziehung lebte?» Ihm wurde klar, dass er, wäre er durch die Einsamkeit nicht so ausgedörrt, sich gern mehr der künstlerischen Seite der Fotografie widmen würde. Warren verdiente sein Geld als Modefotograf. Er erzählte, er habe sich als junger Mensch mit Fotografie beschäftigt und schon als Teenager einige Wettbewerbe gewonnen. Dann wurde sein Leben zu stressig, durch den Zwang, Geld zu verdienen, und weil er sich dauernd mit schwierigen Frauen einließ. Warren beschloss, die Heilungsphase nach seiner Trennung von Diane zu nutzen, um zu seinen ursprünglichen Interessen zurückzufinden.

Andere Menschen, die ich kenne, brachten jede Menge Aktivitäten und Interessen in ihrem Terminkalender unter. Sie begannen neue Hobbys und nahmen alte wieder auf. Sie belegten Kurse über Dinge, für die sie sich schon immer interessiert hatten. Sie frischten Beziehungen zu alten Freunden wieder auf und vertieften Bekanntschaften.

Soziale Aktivitäten sind für viele Menschen besonders dazu geeignet, Einsamkeit zu bekämpfen. Neuere Untersuchungen haben gezeigt, dass es gegen Depressionen hilft, wenn wir uns für andere Menschen engagieren. Das gibt uns nicht nur das Gefühl, etwas Sinnvolles zu tun; es setzt auch Stoffe in unserem Körper frei, die als natürliche Antidepressiva wirken, uns aufmuntern und uns eine positive Perspektive vermitteln. Aus der Studie geht hervor, dass desto mehr Antidepressiva erzeugt werden, je konkreter und direkter diese Arbeit mit den hilfsbedürftigen Menschen verbunden ist. Es kann also in deinem eigenen Interesse sein, sozial tätig zu werden, und du solltest erwägen, dich regelmäßig freiwillig für andere zu engagieren, um deine Einsamkeit und deine Depression zu bekämpfen. Viele Menschen, die aus diesem Grunde begannen, anderen zu helfen, fuhren damit fort, auch, als sie längst wieder eine neue Liebesbeziehung hatten.

Indem du deine Beziehungen zu Menschen pflegst und tätig wirst, kannst du viel von dem Bindungshunger befriedigen, der seit dem Ende deiner Beziehung kein Objekt mehr hat. Derart die Initiative zu ergreifen, verlangt Entschlossenheit, und es ist nicht immer leicht, entschlossen zu sein, wenn du die Lähmung des Alleinseins spürst. Aber du kannst deine Niedergeschlagenheit vertreiben, indem du dir sagst, dass du ohnehin nichts zu verlieren hast – das kann dir helfen, effektiv zu handeln.

Anfällen von Einsamkeit zuvorkommen

Inzwischen wirst du wissen, dass es bestimmte Tageszeiten und bestimmte Ereignisse gibt, bei denen du besonders anfällig für Einsamkeitsgefühle bist. Für viele ist die kritischste Tageszeit der Abend, wenn die Arbeit getan ist und sie in eine «leere» Wohnung zurückkehren. Für andere ist es die Zeit des Einschlafens. Sie zögern das Ausschalten des Lichts und des Fernsehers hinaus, weil sie dann von Dunkelheit und Stille umgeben sind. Für andere wiederum ist es das nächtliche Aufwachen, wenn alles öd und trostlos ist und ihnen Angst einflößt. Oder es sind die Wochenenden, der Urlaub oder andere Situationen, die sie sonst mit dem Menschen teilten, der nun nicht länger zu ihrem Leben gehört.

Was kannst du tun? Wenn du diese Momente vorhersiehst, kannst du Pläne machen, wie du mit ihnen umgehen willst. Vielleicht triffst du dich mit jemandem zum Abendessen, statt direkt nach Hause zu fahren, oder du telefonierst mit jemandem, mit dem du befreundet bist und mit dem du vielleicht sogar über deine Gefühle reden kannst; oder du holst dir einfach etwas Trost durch den Kontakt. Ein anderes Mal beschließt du vielleicht, die Einsamkeit nicht zu verdrängen, sondern dich tief in das Gefühl einzulassen, um es zu erforschen und besser kennenzulernen.

Diese Art der Annäherung wird dir helfen zu sehen, dass es sich um ein zeitlich begrenztes und durchaus nicht übergroßes Missbehagen handelt. Harry zum Beispiel, mit dem Ruth so verächtlich umgegangen war, hatte nachts schreckliche Einsamkeitsphasen. Oft wachte er gegen halb vier Uhr morgens auf; dann sah sein Leben so unrettbar leer, kalt und beziehungslos aus, dass er ernsthaft an Selbstmord dachte. Er schaltete dann den Fernseher an oder las, um die verzweifelten Gedanken zu vertreiben. Manchmal half das, und er konnte wieder einschlafen. Oft war es jedoch nutzlos. So schlug ich ihm Folgendes vor: Wann immer es ihm nicht möglich wäre, sich abzulenken, solle er sich intensiv mit den schmerzlichen Gefühlen auseinandersetzen, sie aufschreiben, auch, wie dunkel und perspektivlos ihm sein Leben vorkam. Er fand heraus, dass das Schreiben seine Gefühle nach außen beförderte. Er konnte sie dann sozusagen ansehen, was ihm nicht selten Erleichterung brachte. Wichtiger für ihn war jedoch folgendes Phänomen: Wenn er am folgenden Tag nachlas, was er geschrieben hatte, erschien es ihm sowohl vertraut als auch fremd. «Ich konnte den Schmerz wieder spüren, mit dem ich geschrieben hatte, ich fühlte mich wie auf einem unbewohnten Planeten, wo mich nie jemand finden oder lieben würde. Dennoch waren meine Gefühle beim Lesen schon verändert, und ich bemerkte, dass diese Art, die Dinge zu sehen, nicht unbedingt die einzige war.» Harry fing an, seine nächtlichen Einsamkeitsgefühle zu akzeptieren und sich weniger von ihnen erschrecken zu lassen; im Laufe der Zeit wurden diese nächtlichen Wachphasen seltener und schwächer.

Eine Kartoffel ist kein Grund zum Schämen

Vor allem solltest du dich deines Alleinseins nicht schämen. Das Gefühl der Scham kann Menschen daran hindern, allein ein Restaurant zu betreten, an Veranstaltungen für Singles teilzunehmen oder sich in Gesellschaft von Paaren wohlzufühlen. Dieses Schamgefühl kann sich sogar in die banalsten Alltagsdinge einschleichen, wie Kim entdeckte. Kurz nachdem sie sich von Kevin getrennt hatte, ging sie zu ihrem Gemüsehändler und suchte sich eine große Kartoffel aus, die sie backen wollte. Aber plötzlich wurde sie sehr verlegen, sie fürchtete, die Angestellte an der Kasse würde bemerken, dass sie nur eine Kartoffel kaufte, und daraus schließen, dass sie allein war, und sie deshalb als Versagerin ansehen. Aus Schamgefühl kaufte sie eine zweite Kartoffel, die sie gar nicht brauchte. Sie sagte: «Das Seltsame an der Sache ist, dass Kevin und ich oft auch nicht gemeinsam zu Abend gegessen hatten, sodass ich mir auch damals gelegentlich eine einzelne Kartoffel kaufte, ohne mir Gedanken darüber zu machen. Aber seit ich nicht mehr mit Kevin zusammen war, hatte ich das Gefühl, die ganze Welt wüsste es – als ob ich ein Schild auf der Stirn trüge, auf dem zu lesen stand: ‹Kein Mann will mit mir zu tun haben.›»

Wenn du dieses Schamgefühl bekämpfen willst, musst du begreifen, dass du für dich allein eine vollständige und wertvolle Person bist; dass Single zu sein okay ist, auch für die, die sich eine schöne Liebesbeziehung wünschen. Allein zu sein ist besser und erfüllender, als in einer unbefriedigenden oder zerstörerischen Beziehung zu leben.

Als ich die Kolumne «Es geht um dich» schrieb, meldete sich ein Leser mit folgender Behauptung: Alle Singles, ob sie es zugeben oder nicht, hätten ein geringes Selbstwertgefühl. Sie haben gelernt, sich ihrer Situation zu schämen, zu meinen, sie seien als Einzelne nicht vollständig und nicht normal. Aus diesem Grunde hatte er eine Reihe positiver Sätze entworfen, die er «Unabhängigkeitserklärung eines Single» nannte. Hier sind Auszüge daraus:

- Ich bin für die nächste Zukunft allein und unabhängig. Ich muss euch deshalb jedoch nicht leidtun – ich tue mir selbst nicht leid. Im Gegenteil: Ich verfüge über ein ganzes Spektrum von Freiheiten und Wahlmöglichkeiten und habe die Absicht, diese zu nutzen – ohne die Verantwortung gegenüber meinen Mitmenschen zu vernachlässigen.
- Ich fühle mich frei, gesunde Beziehungen jedweder Intensität und Dauer einzugehen, ohne jemandem außerhalb dieser Beziehungen Rechenschaft ablegen zu müssen. Doch ich weiß, dass Liebe auch Schmerzen verursachen kann und dass sie von Feingefühl und Respekt begleitet sein muss.

- Ich fühle mich frei, meinem eigenen Geschmack zu folgen; ich kann kommen und gehen, wie ich will; ich bin frei, meine Freunde zu wählen, mein Heim, meinen Besitz. Ich bin frei, für meine Gesundheit zu sorgen, aber auch, meinen Körper zu missbrauchen. Ich brauche mich niemandem anzupassen. Doch ich weiß auch, dass wilder Nonkonformismus mir und meinem Ruf schaden und Freunde, Verwandte und Kollegen in Verlegenheit bringen oder verletzen kann.
- Ich fühle mich frei, ich zu sein. Wie ihr alle bin ich ein gänzlich einmaliges Wesen. Es gibt nirgends jemanden, der mir genau gleicht. Vielleicht wünschte ich mir manchmal, jemand anders zu sein. Aber im Allgemeinen genieße ich es, ich zu sein. Ich genieße es, spontan auf meine Umwelt zu reagieren, ohne mich zu einer Rolle zwingen zu müssen oder ständig auf die Reaktionen eines Partners Rücksicht nehmen zu müssen. Ich habe für mein derzeitiges Leben einige Entscheidungen getroffen und übernehme gern die Verantwortung, die diese mit sich bringen.

Vielleicht empfindest du nicht genau so. Dennoch kann diese «Unabhängigkeitserklärung» ein nützliches Mittel sein gegen die Gefahr, von Einsamkeitsgefühlen, Scham oder Versagensängsten überschwemmt zu werden. Sie kann dir helfen, einen Teil deiner verlorenen Perspektiven und deiner Selbstachtung wiederzugewinnen. Du wirst dich damit besser fühlen und mit deiner Situation leichter klarkommen. Dieser Zuwachs an Selbstachtung versetzt dich dann in die Lage, dir Anlässe zu schaffen, um neue Leute kennenzulernen und für die Menschen, die du triffst, aufgeschlossener zu sein. So werden andere dich als interessante und sympathische Persönlichkeit erleben.

Alles in allem ist diese Zwischenphase eine wichtige Zeit, um deinen Sinn dafür zu entwickeln, wer du wirklich bist und was du willst. Die Parole, die ich für diese Zeit vorschlagen würde, lautet wie folgt: Bemühe dich, zu wachsen und dich zu stabilisieren, so als ob du für immer allein bleiben würdest. Und halte dennoch die Augen offen für die Begegnung mit Freundschaft und Liebe – so als ob es heute passieren sollte.

6
Plane deine Reise

Der Humorist Robert Benchley hat einmal über den Bau einer Brücke gesagt: «Hier bin ich, der Architekt, mit dem Baumaterial auf meiner Seite des Flusses, und weit dort drüben ist das andere Ufer. Wie gelangt die Brücke nun dort hinüber? Genauer gesagt: Womit muss ich beginnen?»

Bei unserer Absicht, von einer schlechten – oder nicht vorhandenen – Beziehung zu einer guten zu kommen, haben wir oft das Gefühl, über alles zu verfügen, was dazu nötig ist: Wir kennen unsere früheren schädlichen Verhaltensweisen und wir wissen, was wir vermeiden müssen; wir haben den heißen Wunsch, Erfolg zu haben – dennoch kann es sein, dass wir nicht wissen, wo wir anfangen sollen. Vielleicht wissen wir auch nicht, wohin wir eigentlich gelangen wollen. Wir mögen eine vage Vorstellung davon haben, was wir wollen – eine liebevolle Beziehung, Bindung, Ehe – aber wir sehen vielleicht nicht klar genug, was das für uns bedeutet, und welche Person für die Beziehung, die wir ersehnen, geeignet wäre und unseren Wünschen entspräche. Wenn wir hierüber keine Klarheit haben, kann es aber sein, dass wir eine Brücke ins Nichts bauen.

Statt uns sofort völlig auf die Suche nach einer Person einzulassen, die wir für uns interessieren und gewinnen könnten, sollten wir uns erst die Zeit nehmen, um mit Sorgfalt zu prüfen, wie unsere tiefsten und innersten Bedürfnisse beschaffen sind. Wir haben vielleicht noch nie innegehalten, um uns klar zu werden, dass jeder von uns sich auf einer

Reise befindet, einer einzigartigen und zutiefst persönlichen Reise, deren Richtung und Ziel durch die Sehnsüchte, Wünsche und Werte aus dem Innersten unseres Ich bestimmt werden. Wenn wir Ziel und Zweck dieser Reise, die wir um unserer eigenen Entfaltung willen unternehmen, nicht kennen – wie können wir dann wissen, welche Art Partner uns am besten begleiten kann? Wenn wir unsere eigene Entwicklung nicht ernst nehmen, wie können wir dann erwarten, dass jemand anders uns ernst nimmt? Wenn wir nicht wissen, wohin wir reisen wollen – wieso sollte jemand uns dann begleiten wollen? Oder aber, wenn wir jemanden finden, der mit uns reist, könnte es nicht sein, dass wir darauf eingestellt sind, selbst ohne Ruder und ohne Kompass, die Reise dieses Menschen mitzumachen? Und wenn dem so ist, müsste das nicht wieder zu einer misslichen und unglücklichen Situation führen?

Vielleicht ist es unrealistisch zu erwarten, dass du heute schon festlegst, wohin deine Reise dich in ferner Zukunft hinführen soll, weil dein Zielort sich im Laufe deiner Entwicklung ändern kann, ebenso wie deine Lebensumstände. Dennoch ist es ungeheuer wichtig für dich zu wissen, wo du im nächsten Abschnitt deines Lebens persönliches Wachstum und Befriedigung zu finden hoffst.

Dazu solltest du dir die folgenden Fragen stellen:

- Was schätze ich an mir am meisten und will es deshalb auf meine Reise mitnehmen?
- Was will ich hinter mir lassen?
- Was schätze ich an meinem Leben und will es daher in Zukunft intensiver verfolgen?
- Was scheint mir unterentwickelt oder beschädigt an mir und bedarf daher der Förderung oder Heilung?
- Will ich in der vor mir liegenden Lebensphase meine spirituelle Seite entwickeln? Meine Fähigkeit, Liebe zu geben und zu empfangen?
- Muss ich mein Selbstbewusstsein und mein Unabhängigkeitsstreben stärken?
- Will ich mehr auf mich selber und meinen inneren Rhythmus hören und weniger abhängig sein vom Urteil und der Billigung anderer?
- Will ich weniger egozentrisch und offener für andere werden? Muss ich an meiner Kontrollsucht arbeiten?

- Muss ich meine Fähigkeit entwickeln, Nähe zuzulassen und offen und vertrauensvoll zu sein?
- Und konkret gesprochen: Ist es auf meinem nächsten Reiseabschnitt wichtig für mich, dass ich heirate? Eine Bindung ohne Ehe eingehe? Mich auf eine Liebesgeschichte einlasse, ohne mich zu binden? Eine Familie gründe? Mich um meine Karriere kümmere? Mich um meine Finanzen kümmere, um später ohne Geldsorgen zu sein? Auf einige Süchte verzichte? Meine Sexualität befreie und entwickele? Dass ich bestimmte Interessen und Fähigkeiten in mir fördere?

Eine Liebesbeziehung ist an sich ein wundervolles und verlockendes Reiseziel. Wenn du jedoch nicht innehältst, um dir bewusst zu machen, dass sie – egal, wie bedeutend – eben nur ein Teil deiner großen persönlichen Reise sein kann, läufst du Gefahr, dass du eine beliebige Beziehung suchst, ohne dir über die Besonderheit deiner eigenen Bedürfnisse und Ziele klar zu sein. So, als ob jedes Ziel, an das du gelangst, gleich gut wäre. Wenn du dir dagegen zunächst deiner Bedürfnisse und Ziele bewusst wirst, kann dir das helfen, dein Ziel klar ins Auge zu fassen und zu entscheiden, wie gut oder dürftig ausgestattet du die Reise dorthin antreten willst. Paradoxerweise wird die Beziehung, die du suchst, um vieles besser sein, wenn sie die Aspekte deiner Reise, die nichts mit der Beziehung zu tun haben, nährt und unterstützt. Oder zumindest, wenn sie wichtige andere Aspekte dieser Reise nicht blockiert oder von ihnen wegführt.

Es ist wichtig, dass du dir die Zeit nimmst, dir die Fragen vorzulegen, die ich gerade gestellt habe. Setz dich hin und schreib die Antworten auf. Um möglichst genau zu sein in deiner Erforschung, kann es dir vielleicht helfen, zuerst die unten stehenden Fragen zu deinen Lebenszielen zu beantworten. Denk beim Formulieren daran, dass es keine «korrekten» Antworten gibt. Sei einfach ganz aufrichtig zu dir selbst. Joseph Campbell sagt, es sei wesentlich für jeden von uns, unserer inneren Stimme zu folgen. Vielleicht kann diese Übung helfen, dich für diesen weisen Rat zu öffnen.

Vor Antritt der Reise

Frage: Welche Aspekte in mir will ich in den nächsten Jahren besonders intensiv entwickeln und welche Ziele will ich verfolgen?

Bewertung: Setze ein A vor alle Aspekte und Ziele, die dir sehr wichtig sind, ein B vor alle diejenigen, die dir einigermaßen wichtig sind, ein C vor alle Aspekte und Ziele, die wenig Bedeutung für dich haben.

Innere Entwicklung

______ Ich will lockerer und weniger hektisch werden.

______ Ich will selbstbewusster werden.

______ Ich will meine eigenen Bedürfnisse deutlicher spüren.

______ Ich will meine spirituelle Seite stärker entwickeln.

______ Ich will meine Selbstachtung und das Gefühl für meinen eigenen Wert entwickeln.

______ Ich will meine Liebesfähigkeit erweitern.

______ Ich will fähiger werden, Liebe zu empfangen.

______ Ich will mich von dem Hunger nach Beifall langsam befreien.

______ Ich will weniger kritisch mit mir und anderen sein.

______ Ich will meine spielerische Seite entwickeln.

______ Ich will großzügiger werden.

______ Ich will eine Abhängigkeit aufgeben (von einer Droge, einer Person, einem Verhalten).

______ Ich will ein persönliches Handicap überwinden oder akzeptieren lernen.

______ Ich will zuversichtlicher werden.

______ Ich will kämpferischer und aggressiver werden.

______ Ich will weniger ängstlich sein.

______ Ich will entschlossener werden.

______ Ich will lernen, meinen Zorn besser auszudrücken.

______ Ich will lernen, meinen Zorn besser unter Kontrolle zu halten.

Beziehungen

______ Ich will lernen, meine Bedürfnisse zu äußern und für ihre Erfüllung zu sorgen.

______ Ich will offener werden und bereit sein, mich anderen zu zeigen.

______ Ich will schlechte Behandlung und Missbrauch zurückweisen.

______ Ich will mir abgewöhnen, meine innersten Interessen zu verraten, nur um Zuneigung zu gewinnen.

______ Ich will lernen zuzulassen, dass jemand sich um mich kümmert.

______ Ich will lernen zuzulassen, dass jemand gut zu mir ist.

______ Ich will vertrauensvoller werden.

______ Ich will lernen, mehr auf der Hut und vorsichtiger zu sein.

______ Ich will von meiner Familie unabhängiger werden.

______ Ich will den Kontakt zu meiner Familie mehr pflegen.

______ Ich will in meinen Liebesbeziehungen verantwortungsbewusster werden.

______ Ich will in meinen Liebesbeziehungen sensibler und großzügiger werden.

______ Ich will lernen, einer Beziehung Dauer zu geben.

______ Ich will lernen, mich mit Menschen einzulassen, die liebevoll und großzügig sind.

______ Ich will lernen, mich von Menschen fernzuhalten, die weder liebevoll noch großzügig sind.

______ Ich will lernen, Sex zu genießen.

Interessen

______ Ich will ein aufregendes, abenteuerliches Leben führen.

______ Ich will viel reisen.

______ Ich will neue Dinge ausprobieren.

______ Ich will mein ....-Talent entwickeln.

______ Ich will mich körperlich in guter Verfassung halten.

______ Ich will meiner äußeren Erscheinung mehr Aufmerksamkeit widmen.

______ Ich will meiner äußeren Erscheinung weniger Aufmerksamkeit widmen.

______ Ich will aktiv etwas für mein körperliches Wohlbefinden tun.

______ Ich will eine besondere sportliche Fähigkeit entwickeln.

______ Ich will meine Gedanken, Gefühle und Wünsche entdecken.

______ Ich will einen Beitrag für die Gesellschaft oder die Welt leisten.

______ Ich will meine Verpflichtung einer Sache gegenüber ernster nehmen.

______ Ich will kulturelle und künstlerische Interessen verfolgen.

______ Ich will mein religiöses Engagement vertiefen und meine religiöse Entwicklung fördern.

Praktische Themen

______ Ich will beruflich vorankommen.

______ Ich will mir dafür mehr Training und Ausbildung holen.

______ Ich will den Beruf wechseln.

______ Ich will einen Beruf wählen, der mich tiefer befriedigt.

______ Ich will kompetenter werden und mehr Verantwortung übernehmen.

______ Ich will mich finanziell absichern.

______ Ich will wohlhabend werden.

______ Ich will ein Kind (Kinder) haben.

______ Ich will mehr unverplante Freizeit haben.

______ Ich will mich um eine solidere Lebensführung bemühen.

______ Ich will umziehen.

______ Ich will mich geografisch stärker verändern.

Wertschätzung deiner eigenen Reise

In der Zeit zwischen ihrer Beziehung zu Kevin und der zu David begann Kim vielleicht zum ersten Mal in ihrem Leben nachzudenken über das, was sie wollte und brauchte, nun, da sie nicht länger durch ihre Bindungssucht angetrieben wurde. Es wurde ihr klar, wie wichtig es für sie war, ihr wackeliges Selbstwertgefühl zu stärken, sich sicherer und besser geerdet zu fühlen und gegenüber ihren Freunden und Berufskollegen direkter und spontaner zu werden. Im familiären Umfeld setzte sie sich als Ziel, sich nicht länger von ihrer kalten und kontrollierenden Mutter emotional behindern und manipulieren zu lassen. Kim sah, dass die Männer, deren Liebe sie sich so sehr angestrengt hatte zu gewinnen, angefangen von ihrem Vater bis hin zu Kevin, mehr als nutzlos für sie gewesen waren, was die Entwicklung jener Aspekte ihrer Persönlichkeit angeht. Die Verachtung und Zurückweisung durch diese Männer hatte sie eher in ihrer geringen Einschätzung des eigenen Wertes bestärkt. Die Inkonsequenz, mit der sie von ihnen behandelt worden war, hatte ihr Bestreben, sich solider und besser verwurzelt zu fühlen, untergraben. Und all dies hatte ihre Möglichkeiten, effektiv und kompetent mit ihrer Mutter umzugehen, geschwächt. Sie meinte: «Ich weiß, dass ich selbst lernen muss, mich nicht länger vom eisigen Zorn meiner Mutter und von ihren Vorwürfen manipulieren zu lassen. Das kann nicht die Aufgabe des Mannes in meinem Leben sein. Aber es ist schwer für mich, mich gegen sie zu behaupten, wenn niemand da ist, an den ich mich notfalls um Unterstützung wenden kann. Kevin hatte mich nur in solchen Fällen ermutigt, meiner Mutter Widerstand zu leisten, in denen mein Nachgeben seine Pläne gestört hätte.»

David dagegen war Kim eine echte Unterstützung. Er sagte zum Beispiel: «Du regst dich auf und fühlst dich schuldig, weil du deiner Mutter widersprichst; in Wirklichkeit sind ihre Ansprüche an dich völlig überzogen. Sie möchte, dass du dir egoistisch vorkommst, aber du bist es nicht. Du bist lediglich eine erwachsene Frau mit dem Recht, deine eigenen Pläne zu machen. Erlaube ihr nicht, über dich zu bestimmen.» «Und dann», erzählte Kim weiter, «umarmte er mich fest. Es sind nicht nur seine Worte – seine ganze Person gibt mir das Gefühl, dass er auf meiner Seite ist.»

Kim sah ganz klar, dass es ein wichtiges Ziel ihrer Entwicklungsreise war, sich von der Kontrolle ihrer Mutter freizumachen; und sie wusste den Unterschied zu schätzen zwischen einem destruktiven und einem konstruktiven Reisebegleiter. Als ich Harry bat, über seine persönliche Reise nachzudenken, sagte er: «Ich bin zu alt für die Art von Beziehung, die Ruth mir bieten kann. Eigentlich war ich immer zu alt, um diese Art Missbrauch zu ertragen, aber erst jetzt ist mir klar, dass ich etwas anderes brauche. Die mir verbleibenden Jahre sollen so werden, wie mein Leben bisher nie war – heiter, mit viel Spaß, leicht und voll Liebe... Ich will nicht mehr darum kämpfen müssen, dass jemand nett zu mir ist. Vielleicht warten mit zunehmendem Alter Krankheit und Behinderung auf mich, und ich möchte nicht, dass Ruth sich lärmend beschwert, ich sei eine Last. Im Grunde bin ich ein guter Kerl, und ich möchte, dass meine Gefährtin das zu schätzen weiß, ebenso wie die Liebe, die ich ihr geben kann.» Und dennoch dauerte es noch ein Jahr, bis Harry die Kraft fand, mit Ruth zu brechen. Doch seit ihm bewusst war, wie ungeeignet sie als Weggefährtin für seine Reise war, wurde es ihm möglich, sie loszulassen und offen zu werden für jemanden, der sich viel besser für ihn eignete.

Laura war mit vierunddreißig die jüngste Partnerin in einer großen New Yorker Rechtsanwaltskanzlei. Sie war zuständig für Scheidungssachen, dynamisch, fleißig und schlagkräftig. Die Männer, mit denen sie ausging, waren ähnlich gepolt und ähnlich erfolgreich. Die wenigen Liebesbeziehungen, die sie über die Jahre hatte, waren intensiv und leidenschaftlich, hatten jedoch keine emotionale Tiefe. Es fehlte an der notwendigen Zeit oder Ruhe, sodass sich keine wirkliche Nähe entwickeln konnte, und sie merkte gar nicht, dass sie sich diese wünschte. Auch ihre derzeitige Beziehung zu Les, dem Besitzer und Verwalter einer Hotelkette, war von dieser Art. Sechs Monate lang hatte sich Laura ein oder zweimal wöchentlich mit ihm getroffen. Dann entdeckte sie, dass er mit mindestens noch zwei anderen Frauen Beziehungen von gleicher Intensität unterhielt. Sie war verstört und außer sich vor Zorn. Les meinte, es tue ihm leid, dass sie so geschockt sei, aber er sei davon ausgegangen, dass sie wüsste, er habe sich nicht exklusiv an sie gebunden. Er war überrascht über ihre Reaktion, weil er immer gemeint hatte, sie wolle es auch so. Zu diesem Zeitpunkt suchte Laura zum ersten Mal meine Praxis auf. Sie war verwirrt. «Manchmal möchte ich ihm den Laufpass geben. Dann wieder möchte ich ihn für mich gewinnen und halten. Manchmal möchte ich ihn für mich gewinnen, nur um der Genugtuung willen, um ihn dann fallen zu lassen.» Sie stellte sich eine entsprechende Szene an seinem Arbeitsplatz vor. Kurzfristig erwog sie sogar, ein paar obskure Typen anzuheuern, um ihn verprügeln zu lassen. Aber statt dessen traf sie sich ein Jahr lang weiter mit ihm und teilte ihn mit den anderen beiden Frauen (vielleicht waren es sogar noch mehr, wie sie meinte), in der Hoffnung, sie würde ihn schließlich so weit bekommen, dass er nur noch sie wollte. Sie war von diesem Plan ganz besessen.

Was Laura dabei völlig vergaß, war die Frage an sich selbst, ob sie Les nämlich wirklich wollte, und wenn ja, weshalb. War es die Herausforderung? Musste sie in diesem Wettbewerb um ihn die Gewinnerin sein? Wollte sie eine Liebesbeziehung mit ihm? Oder war es ihr gar nicht so wichtig, mit wem sie zusammen war? Wie waren ihre wirklichen Gefühle Les gegenüber? Sie konnte ihren tiefsten Bedürfnissen und Sehnsüchten nicht ins Gesicht sehen. Als ich sie darauf ansprach, wehrte sie ab mit den Worten: «Lassen Sie mich in Ruhe mit dieser Geschichte von der persönlichen Reise. Wenn ich am Ziel bin, weiß ich, wohin sie mich geführt hat. Im Augenblick weiß ich nur, dass ich Les will.»

Laura musste mit der wachsenden Frustration leben, dass Les nur bedingt verfügbar war, dass er sie offensichtlich betrog und dann mit vagen Versprechen beschwichtigte, in Zukunft mehr Zeit mit ihr zu verbringen. Ihre Gesundheit begann zu leiden. Sie bekam schmerzhafte Magenkrämpfe, die sie sehr beeinträchtigten. So begriff sie schließlich, dass sie diese Beziehung beenden musste, aber Les kam ihr zuvor. Laura verfiel in eine Depression, die Monate anhielt. Doch während dieser Periode war sie zum ersten Mal für meine Frage offen, wohin ihr Leben sie bringen sollte. «Ich merke jetzt, dass ich nicht die geringste Vorstellung davon habe, wer ich bin. Seit der Grundschule habe ich auf Leistung gesetzt, war ein Überflieger und habe damit versucht, meine Gefühle wegzuschließen und von niemandem abhängig zu sein. Das hat lange gut funktioniert, bis ich mit Les verlor, was ich an ihm zu haben geglaubt hatte. Da klappte ich zusammen. Als er mir sagte, er habe gedacht, ich wolle nicht viel von ihm, fiel mir auf, dass ich das schon von anderen Männern gehört hatte. Aber ich sehe jetzt, dass das nicht stimmt.»

Unter der besessenen Arbeitswut wurde Laura ihrer tiefen Sehnsucht nach Zuneigung und Nähe gewahr, die umso stärker war, als sie eine entbehrungsreiche Kindheit hinter sich hatte und sich als Erwachsene selbst weitere Entbehrungen zumutete. Als sie eine Freundin zu einem Meditations-Wochenende begleitete, entdeckte sie ihre meditative, spirituelle Seite, die lange verschüttet gewesen war und die zu verfolgen sie sich nun sehnte. Lauras Entdeckungen über sich selbst veränderten ihre Vorstellung davon, was sie sich von einer Beziehung erwartete. «Früher habe ich behauptet, ich brauche einen Mann, der meine harte Arbeit und meine verrücktes Timing akzeptieren könne. Das werde ich sicher weiterhin brauchen, weil ich das wahrscheinlich nicht so schnell ändern kann. Aber jetzt, wo ich weiß, wo meine Reise hingehen soll, brauche ich auch einen Mann, der meine Bedürftigkeit und meine spirituelle Seite akzeptiert und unterstützt. Ich brauche jemanden, dessen Reise zu meiner passt.»

Peter, ein vierundvierzigjähriger medizinischer Biologe, der mit seinen medizinischen Forschungsarbeiten internationale Anerkennung errungen hatte, war nachdenklich geworden, weil alle seine Beziehungen in derselben Weise zu Ende gingen. Er sagte zu mir: «Meine Liebesgeschichten fangen immer mit großer Euphorie an. Wir sind begeistert, dass wir uns gefunden haben, und sehr verliebt. Nach einer Weile aber haben die Frauen dann mehr und mehr das Gefühl, dass ich sie auf Kosten meiner Arbeit vernachlässige. Mehrere Frauen benutzten fast dieselben Worte: ‹Ich habe das Gefühl, ich komme auf deiner Prioritätenliste erst ziemlich weit unten vor.›» Seine neueste Freundin, Elly, beschwerte sich: «Ich fühle mich wie deine Witwe, obwohl wir noch gar nicht verheiratet sind.» «Mir aber erschienen diese Frauen wie bedürftige und anspruchsvolle Kleinkinder, die keine Ahnung davon hatten, was meine Arbeit mir bedeutet. Ich antwortete Elly: ‹Du versuchst mich zu ersticken.› Sie ging, und ich blieb zurück mit der üblichen Mischung aus Erleichterung, Trauer und Verwirrung darüber, dass es immer schief gehen musste.»

Als Peter seine Beziehungen zurückverfolgte und analysierte, fiel ihm auf, dass die Frauen, die er sich aussuchte, alle in gewisser Weise naiv und unselbstständig waren, dass sie kaum eigene Interessen hatten, keine eigenen Standpunkte oder Ziele. Oft waren sie bedeutend jünger als er.

«Offensichtlich ziehen mich Frauen an, die zu mir aufschauen, die mit großen Augen lauschen, wenn ich ihnen die Dinge erkläre und sie über Kunst, Biologie, Musik, Politik oder sonst was belehre. Diese Rolle liebe ich! Auf diese Weise sind wir eine Zeit lang beide sehr glücklich. Aber dieser Typ Frau wird bald sehr abhängig von mir und nimmt mir übel, dass ich auch noch andere Verpflichtungen habe, die mich Zeit und Aufmerksamkeit kosten. Und ich beginne ihnen zu verübeln, dass sie mich nerven, mir Schuldgefühle machen und mich ersticken. Unser Glück verwandelt sich in einen Alptraum aus Missverständnissen und gegenseitigen Anschuldigungen.»

Peter wurde klar, dass seine Arbeit als Mediziner und Forscher ein wesentlicher und zentraler Teil seiner Reise war und dass er deshalb eine befriedigende Beziehung nur mit einer Frau haben konnte, die dies respektierte. «Ich sehe, dass ich einer Beziehung mehr Zeit und Aufmerksamkeit widmen muss, und ich bin entschlossen, das auch zu tun. Aber ich muss eine Frau wählen, die zu meiner Grundstruktur passt. Es muss eine reife Frau sein mit einem starken Selbstwertgefühl und einer eigenen Lebensplanung. Das Problem ist, dass solche Frauen mich nie angezogen haben. Vielleicht habe ich Angst, dass sie, wenn sie mich nicht zu brauchen scheinen und nicht zu mir aufschauen, mich leicht verlassen könnten. Ich bin nicht sicher, ob ich ändern kann, zu wem ich mich hingezogen fühle. Auf jeden Fall bin ich aber entschlossen, mich nicht länger mit den gleichen unselbstständigen Frauen einzulassen, die ich enttäusche und die mich enttäuschen.»

Für eine solche Einsicht ist keine so gründliche Selbstanalyse notwendig, wie Peter sie machte. Zur Grundrichtung deiner persönlichen Reise können alle möglichen Dinge und Ziele gehören: die Sicherung deines Vermögens, Kinder aus einer vorausgegangenen Ehe, die du großziehen willst, die Religion, der du angehörst und die dir wichtig ist, dein soziales oder politisches Engagement, eine Berufung oder ein Hobby, die dich sehr befriedigen. Wichtig ist, dass du die Charakteristika deiner Reise erkennst, ihnen eine Rangordnung gibst und herausfindest, wie viel Bedeutung es für dich hat, einen Partner zu haben, der dich hierin unterstützt oder dessen Interessen sich zumindest mit deinen Zielen vereinbaren lassen. Du musst auch entscheiden, welche Aspekte deiner Reise du verändern kannst, um den Anforderungen einer bestimmten Beziehung zu genügen, wieweit du sie verändern willst und welche Aspekte nicht verhandelbar sind.

Kim sah immer klarer, dass ein entscheidendes Element der Reise, die sie vor sich sah, darin bestand, ein Kind zu haben. Sie begriff auch, dass es eine Katastrophe für sie wäre, mit einem der egozentrischen und respektlosen Männer, zu denen sie sich bisher hingezogen gefühlt hatte, eine Familie zu gründen. Mehrmals hatte sie sich mit Männern eingelassen, die ihr deutlich zu verstehen gegeben hatten, dass sie keine Kinder haben wollten. Jedes Mal hatte sie sich gesagt, dass ihr Kinder vielleicht nicht so wichtig wären, oder sie hatte darauf gehofft, dass der Mann seine Meinung ändern würde. Sie hatte ihren Kinderwunsch nicht ernst genommen, ebenso wenig wie sie die jeweilige Ablehnung ernst genommen hatte, bis es wegen dieses Themas zwischen ihnen zu knirschen anfing. Ein Mann, mit dem sie zwei Jahre lang zusammen gewesen war, hatte Kinder aus einer früheren Ehe. Er hatte zur ihr gesagt: «Du wirst nicht erwarten, dass ich weitere Kinder will. Darüber zu verhandeln hat keinen Sinn, denn Kinder kann man nicht halbieren.»

Kim erzählte: «Ich hing jedoch weiterhin an ihm aufgrund meiner Bindungssucht. Ich versuchte daran zu glauben, dass er sich wie der Mann einer Freundin verhalten würde, der vor der Ehe immer gegen Kinder gewesen war und dann seine Meinung geändert hatte. Doch das war utopisch. Wenn es aber für mich so wichtig ist, ein Kind zu haben, wie ich es glaube, dann muss ich jemanden finden, der diese Reise mit mir machen will.»

Für manche Menschen ist ein Kind keine unabdingbare Voraussetzung. So konnte Laura nach ehrlicher Selbstprüfung sagen: «Ich hätte gern ein Kind, aber eine glückliche Beziehung zu haben ist mir noch wichtiger. Wenn ich also jemanden finden sollte, den ich liebe und der mich liebt und mich ich selber sein lässt, der jedoch keine Kinder haben will, so könnte ich auf diesen Wunsch verzichten. Ich würde es sicherlich bedauern, aber eine gute Beziehung würde mir darüber hinweghelfen.»

Während meiner psychotherapeutischen Tätigkeit habe ich hauptsächlich mit Paaren gearbeitet. Während ich ihren Kampf mit Frustration und Enttäuschung in ihren Beziehungen verfolgte, wurden mir zwei Dinge klar. Ein gewisses Maß an Frustration und Enttäuschung ist in einer Beziehung unvermeidlich; ganz gleich, wer der Partner ist – er ist nicht nach unseren Wünschen zusammengesetzt. Dennoch ist sicher, dass manche Paare sich nie zusammengetan hätten, wenn sie gewusst hätten, wo ihre jeweiligen Reisen hinführen und welche Bedürfnisse und Ziele unverzichtbar für sie wären. Hätten sie das gewusst, hätten sie einen Partner suchen und finden können, der geeigneter für sie gewesen wäre.

Das sollte in diesem Kaptitel deutlich werden: Es gibt keine einfache Formel, die es uns garantieren würde, dass wir eine passende und glückliche Partnerwahl treffen. Für den einen kann es so wichtig sein, einen aufgeschlossenen und sexuell leidenschaftlichen Partner zu finden, dass es dauernd Konflikte und Enttäuschungen geben wird, wenn er jemanden wählt, der an Sex weniger Interesse hat, ganz gleich, wie gut die beiden sich auf anderen Ebenen verstehen. Eine andere Person wird sich vielleicht auch häufigeren und freieren Sex wünschen, anderen Faktoren jedoch noch mehr Wert beimessen – z. B. der Kommunikation, dem Humor, den geteilten Interessen – sodass sie dennoch auf ihre Kosten kommt.

Kurz, für jeden Aspekt deiner Reise musst du wissen, was du dafür benötigst; zu welchen Kompromissen du deinem Reisebegleiter gegenüber bereit bist und zu welchen nicht. Wenn du weißt, was du brauchst, ist deine Chance größer, die Menschen zu vermeiden, die dir keine Erfüllung bieten können, und solche zu finden, die das können. Dieser einfache Gedanke funktioniert ähnlich gut in anderen Bereichen deines Lebens. Wenn du in deinem Urlaub Museen und Kirchen ansehen möchtest, dann gehst du nicht auf eine Safari. Wenn du Aufregendes und viel Action erleben willst, wirst du dich nicht auf eine menschenleere, ruhige Insel zurückziehen. Und wenn du ein Steak kaufen willst, gehst du nicht zum Bäcker.

Wähle die Reise aus, die deine tiefsten und wichtigsten Bedürfnisse erfüllt, und wähle einen Begleiter, der diese Reise eher fördert, statt sie zu behindern.

7

Wie man eine gute Liebesbeziehung vermeidet

Es bringt dir nichts, wenn du dir sagst: «Menschen, die mir guttun würden, machen mich einfach nicht an», so als wäre das eine unabänderliche Tatsache, festgeschrieben in deinen Genen oder in den Sternen. Genauso gut wie es Gründe gab, weshalb dich jemand anzog, der schlecht für dich war, so gibt es jetzt, wo du vielleicht schon nicht mehr in schlechten Beziehungen verstrickt bist, auch Gründe, warum dich jemand, der gut für dich wäre, nicht anzieht, und warum du Menschen als ungeeignet abgetan hast, mit denen du möglicherweise eine gute und liebevolle Beziehung hättest haben können.

Unglücklicherweise sind die Gründe für diese Vermeidung, mit der du dir selbst schadest, durch Rationalisierung und andere Formen der Selbsttäuschung weitgehend deinem Bewusstsein entzogen. Es gibt jedoch Möglichkeiten, diese Tarnung zu beseitigen und die verborgenen Gründe aufzudecken. Wenn du das tust, kann deine wachsende Bewusstheit dir helfen, dich für jemanden zu begeistern, der gut zu dir passt. In Kapitel 8 werden wir die verschiedenen Motive untersuchen, weshalb du dir immer wieder Fußangeln stellst. Doch zuerst musst du lernen, deine Strategien der Selbstsabotage zu erkennen.

Er/sie ist einfach zu nett

Als Kim sich in der Phase zwischen Kevin und David befand, einer Phase, in der sie sich so distanziert und stachelig benahm, wie Kevin es gewesen war, geschah etwas, das Kim zu einem Durchbruch in ihrer Selbsterkenntnis verhalf. Auf der Hochzeit eines Freundes war sie Ralf begegnet. Er war der Trauzeuge des Bräutigams. Sie fühlte sich von ihm angezogen, nicht nur wegen seines unbestreitbar guten Aussehens, sondern auch aufgrund der Art, wie er gewandt und humorvoll einen Toast auf das Brautpaar ausbrachte und mit ihr und anderen tanzte. Sie war erfreut, als er sie danach anrief und einlud. Bei ihrem ersten Treffen zu einem Abendessen in einem ruhigen Restaurant, das er ausgesucht hatte, «damit wir uns kennenlernen können», lachte Kim viel und amüsierte sich köstlich. Aber sie fühlte sich gleichzeitig seltsam unbehaglich und irritiert. Als der Abend langsam zu Ende ging, hatte sie etliche Bemerkungen gemacht, die dazu bestimmt waren, ihn auf Distanz zu halten, wenn nicht sogar, ihn zurückzustoßen. Sie sprach zu mir von ihren gemischten Gefühlen und erklärte ihr Unbehagen, indem sie sagte: «Vielleicht bin ich noch nicht so weit.» Obwohl sie bereitwillig darauf einging, als er sie ein zweites Mal einlud, spürte sie einen unterschwelligen Groll gegen ihn, ein Gefühl, als sei etwas an seinem offensichtlichen und unverhohlenem Interesse an ihr nicht in Ordnung.

Kim war nervös und unausgeglichen, als sie sich für dieses zweite Treffen fertig machte. Sie bemühte sich, besonders attraktiv auszusehen und ärgerte sich deswegen gleichzeitig über sich. Ralf kam pünktlich, nicht ein oder zwei Stunden später, wie das Kevins Art gewesen war, und als sie die Tür öffnete, stand er da mit einem warmen Lächeln und einem Strauß Blumen. Sie warf einen Blick auf die Blumen, und, bevor sie einen klaren Gedanken fassen konnte, knallte sie ihm die Tür vor der Nase zu! Dann stand sie mit dem Rücken zur Tür, als ob sie etwas Gefährliches oder Abstoßendes von sich fernhalten müsse. Nach etwa einer Minute kam sie zu sich und stöhnte: «Mein Gott, was hab ich da getan!» Sie öffnete die Tür erneut, aber Ralf war fort. Er rief auch nie wieder an, und sie war zu beschämt, ihn ihrerseits anzurufen. (Sie erfuhr Wochen später von dem Freund, auf dessen Hochzeit sie ihn getroffen hatte, dass ihr Verhalten ihn sehr verstört hatte. Er hatte gesagt: «Ich fühlte mich sehr zu ihr hingezogen, aber jemand, der so etwas tut, ist mir zu verrückt.»)

Dieser Vorfall wurde in der Therapie ausführlich von Kim bearbeitet. Sie hatte mittlerweile die Wurzeln des Verhaltens kennengelernt, das sie zu Männern hinzog, die sie schlecht behandelten. Sie sagte: «Ich hoffe immer, ich kann den Frosch in einen Prinzen verwandeln, aber am Ende sitze ich selbst am Teich und quake.» Trotz dieser Erkenntnis fuhr Kim fort zu verdrängen, dass sie Männer mied, die nett zu ihr waren und ihr auch guttaten. Das seien alles unattraktive Loser, behauptete sie. Kim versuchte, ihre Ablehnung zu begründen, indem sie von Ralf das Bild eines bedauernswerten und bedürftigen Menschen zeichnete. «Wer schenkt schon Blumen beim zweiten Treffen?», fragte sie. Ich erinnerte sie daran, dass sie beim ersten Mal einen sehr guten Eindruck von ihm gehabt hatte, und dass ihr damals nur deshalb unbehaglich geworden war, weil er unverhohlen sein Interesse an ihr gezeigt und sie sich ausgesprochen wohlgefühlt hatte. Sie versuchte auch das zu leugnen, jedoch nur halbherzig. Sie wusste, dass es die Wahrheit war. Ich schlug vor, dass wir, um der Sache auf den Grund zu gehen, einmal annehmen sollten, dass sie sich durch die Möglichkeit einer Beziehung zu jemanden bedroht gefühlt hatte, der für sie erreichbar war und Gutes für sie bedeutet hätte. Deshalb war sie in Panik geraten und hatte die Sache vereitelt. Wenn wir davon ausgingen, dass das stimmte, warum war das so? Was war so bedrohlich daran?

Wir werden uns die beunruhigenden Antworten anschauen, die Kim und ich gemeinsam fanden. Im Augenblick möchte ich dich fragen, ob auch du die Tendenz hast, jemanden, der offen und locker sein Interesse für dich zeigt, als «zu nett» abzuwerten. Ist «Nettigkeit» eine Schwäche? Ist sie ein Anzeichen für übergroße Bedürftigkeit und Unselbstständigkeit? Manchmal mag es so sein. Oder handelt es sich einfach um eine Rationalisierung deinerseits, die es dir ermöglicht, etwas auszuschließen, was dir bedrohlich erscheint? Wie Kim musst du dich fragen, was so bedrohlich daran sein kann und weshalb du eine Beziehung vermeidest mit jemandem, der dir gut täte?

Dein eigenes Verhalten, mit dem du dir vielleicht selbst schadest, mag nicht so drastisch und dramatisch sein wie das von Kim, als sie bildlich und buchstäblich einem Mann die Tür vor der Nase zugeschlagen hatte, mit dem sich ihr unter Umständen ein lang gehegter Wunsch hätte erfüllen können. Aber es kann sich genauso auswirken.

Aus der Mücke einen Elefanten machen

Es überrascht mich noch immer, wenn Menschen bei einer Person, der sie unglücklich verfallen sind, unangenehmste Eigenschaften glatt übersehen oder sie entschuldigen, aber bei jemandem, der das Potenzial für eine gute Beziehung mitbringt, die kleinsten Fehler riesig aufbauschen. Oft fühlen sie sich durch diese Unzulänglichkeiten so abgestoßen, dass sie die Person gleich abschreiben, oder sie machen so viel Aufhebens darum, dass die andere Seite das Interesse verliert.

Laura machte eine solche Phase durch, als sie sich zwang, mit Männern auszugehen, die emotional viel aufgeschlossener waren als Les und andere es je gewesen waren; sie fand diese entgegenkommenden Männer nach wie vor fad und langweilig. Als sie jedoch Bob traf, zog der sie augenblicklich durch eine Kombination von ruhiger Reserve und warmem Interesse für sie an; sie sagte: «Er hat so etwas Solides, Umgängliches. Es ist gut mit ihm zusammen zu sein. Ich bin sicher, wenn wir miteinander ins Bett gehen, wird es wunderbar.» Und das war es wirklich. Sie entwickelten schnell eine starke, leidenschaftliche sexuelle Verbindung. «Ich glaube, ich bin verliebt», sagte sie mir. «Ich kann es kaum fassen. Zum ersten Mal im Leben verliebe ich mich in jemanden, der mich auch liebt und bei dem ich mich großartig fühle.»

Doch ein paar Wochen später kam Laura in die Praxis und schaute ziemlich verdrießlich drein. «Es gibt Probleme im Paradies», erklärte sie. «Ich schäme mich für das, was ich fühle, aber ich kann es nicht ändern. Es sind nur Kleinigkeiten, die Bob tut, aber sie stören mich. Wenn er sich z. B. für etwas begeistert, wird seine Stimme um eine Oktave höher, und er redet schnell und schrill, das ist nicht zu ertragen. Manchmal kleidet er sich nachlässig, dann kann ich ihn kaum anschauen. Ich weiß, diese Dinge sollten keine Rolle spielen bei all dem Guten zwischen uns, noch dazu, wo er immer liebevoller wird. Aber diese Mängel rauben mir den Schlaf. Ich liege mit offenen Augen und denke, so kann ich nicht weitermachen, und ich fühle mich schrecklich und wie versteinert. Und traurig. Aber ich fürchte, wenn das nicht anders wird, muss ich Schluss machen.»

Tom Harris schildert in seinem Buch «Ich bin okay, du bist okay» folgendes Kindheitserlebnis: Die Mutter eines Freundes hatte ihnen als Nachtisch selbstgebackene Plätzchen versprochen. Sie stellte die Plätzchendose auf den Tisch, und dann folgte ein Gerangel der Kinder, die an die Plätzchen kommen wollten. Der kleinste Bruder, der erst vier war, kam zuletzt, wie gewöhnlich. Als er in die Dose griff, war da nur noch ein Plätzchen übrig, und dem fehlte eine Ecke. Er nahm es und schmiss es voll Wut und Verzweiflung auf den Boden und schrie: «Mein Plätzchen ist ganz kaputt.» Tom Harris' Kommentar war: «Es liegt in der Natur des Kindes, eine Enttäuschung mit einem Unglück zu verwechseln und das ganze Plätzchen zu zerstören, weil eine Ecke fehlt oder weil es nicht so groß, perfekt oder so köstlich ist wie ein anderes.»

Mir fiel auf, dass in Laura etwas ähnlich Kindisches vor sich ging. Wegen einer kleinen Unzulänglichkeit war sie nahe daran, ihre vielversprechende Beziehung mit Bob kaputtzumachen. Das warf viele Fragen auf: Warum ist die Stimme des nörgelnden Kindes gerade zu dieser Zeit so laut und unüberhörbar? Warum dieses perfektionistische Bedürfnis, dass der Mann, mit dem sie sich eingelassen hat, ohne Fehl und Tadel sein müsse? Warum macht sie aus kleinen Unzulänglichkeiten unerträgliche Makel? Die entscheidende Frage angesichts der langen Reihe von Lauras unglücklichen Beziehungen war, ob sie unter einem unbewussten inneren Zwang handelte, der sie dazu brachte, eine möglicherweise gute Beziehung zu zerstören.

Eine Zeit lang stand es auf Messers Schneide – ich wusste nicht, ob Laura fähig sein würde, die Beziehung mit Bob aufrechtzuerhalten, während wir diese Themen untersuchten. Wir werden uns später dem Verlauf dieser Untersuchung zuwenden und erfahren, wie Laura ihren inneren Konflikt löste. Aber wenn du das Gefühl hast, dass du eine ähnliche Tendenz haben könntest, nimm dir die Zeit, die folgenden Fragen so ehrlich wie möglich zu prüfen und sie, am besten schriftlich, zu beantworten:

- Was ist so wichtig an dieser Unzulänglichkeit? Was genau bedeutet sie für dich? Erinnert sie dich an etwas oder an jemanden?
- Hat für dich das äußere Erscheinungsbild und das Licht, das er oder sie auf dich wirft, so viel Bedeutung, dass diese Unzulänglichkeit all das Gute in der Beziehung zunichte macht?
- Hast du dir vielleicht vor langer Zeit ein Bild von dem Menschen gemacht, den du dir wünschst, und hältst nun vielleicht allzu starr daran fest?
- Da man an jedem Menschen Fehler und Mängel entdecken kann, wäre es möglich, dass du unbewusst dazu getrieben wirst, diese Unzulänglichkeiten zu finden, sie zu vergrößern und dich damit zu quälen, um so einen Grund zu haben, eine Beziehung zu zerstören, die sich sonst vielleicht glücklich entwickeln könnte?

Ich langweile mich zu Tode

In der Phase, die Warrens Bruch mit der egoistischen und anspruchsvollen Diane folgte, ging er mit einer Reihe von attraktiven Frauen aus, von denen viele eigentlich recht interessant, aufgeschlossen und auch an ihm interessiert waren, sodass sie sich möglicherweise dazu eigneten, mit ihm die Liebesbeziehung einzugehen, nach der er vorgab sich zu sehnen. Bei ihnen allen, egal, wie vielversprechend der Anfang war, sagte er mir nach kurzer Zeit: «Ich muss Schluss machen. Sie ist nett, aber ich langweile mich zu Tode.»

Je interessierter und zärtlicher die neue Frau war, umso zerstreuter und unruhiger wurde Warren. Nach einer Weile legte sich seine Langeweile wie ein dicker, dunkler Nebel sogar auf sein sexuelles Begehren. «Vielleicht kann ich einfach über längere Zeit kein sexuelles Interesse an einer Person aufrechterhalten. Vielleicht kann das niemand, und ich erwarte einfach zu viel. Nachdem wir alles miteinander ausprobiert haben und der Sex zwischen uns den Reiz des Neuen verliert, erregt er mich nicht mehr so wie am Anfang. Und das bedrückt mich.» Und einige Zeit später sagte er zu mir: «Vielleicht suche ich eine Frau, die mich weder im Bett noch außerhalb je langweilt. Sie denken vielleicht, dass das unmöglich ist, aber ich muss Ihnen sagen, so schrecklich Diane war, gelangweilt habe ich mich mit ihr nie.»

Was hat es mit dieser Langweile auf sich, über die Warren und andere oft klagen, wenn sie in einer Beziehung leben, von der sie nicht abhängig sind? Es gibt sicher Menschen, die zugegebenermaßen langweiliger sind als andere – vielleicht haben sie begrenzte Interessen, leben abgeschnitten von ihren Gefühlen oder sind im Gespräch schwerfällig und uninteressant. Dann gibt es Leute, die du langweilig findest, weil dein Lebensstil und deine Interessen ganz andere sind. Doch häufig sind diese Mängel nicht der wirkliche Grund der Langeweile.

Ich habe die Erfahrung gemacht, dass ich Leute, die einer meiner Patienten als Langweiler abgetan hatte, durchaus interessant fand – manchmal sogar viel interessanter als die «aufregende» Person, die vorher Gegenstand einer ihrer abhängigen Beziehung gewesen war.

So wie Schönheit im Auge des Betrachters liegt, so liegt der Ursprung der Langeweile oft im Kopf des Gelangweilten.

In allen unseren Köpfen gibt es Stellen, die öde und leer sind. Manchmal wird das als Depression erlebt. Oft als Langeweile. Bei einigen Menschen sind das nur unbedeutende Flecken, kein Grund, sich länger dabei aufzuhalten. Für andere kann es eine Wüste bedeuten, die sich über einen halben Kontinent erstreckt. Zu den letzteren gehören viele Menschen, die die Tendenz haben, heftige abhängige Beziehungen einzugehen. Wenn du in dir eine solche sterile, farblose Stelle entdeckst, kann es hilfreich sein, sie zu erkennen und zu wissen, wie es dazu kam. Sie ist wahrscheinlich entstanden durch einen Mangel an dem, was Kinderpsychologen die Fähigkeit zur Selbsttröstung nennen.

Da nicht alle Bedürfnisbefriedigung von außen kommen kann, muss jeder Säugling und jedes Kleinkind die Fähigkeit entwickeln, einen Teil des Unbehagens, das durch Schmerz, ungestillte Bedürfnisse, aber auch durch Neugier und den Wunsch nach Anregung ausgelöst wird, selbst zu lindern. Kinder, die gelernt haben, sich selbst anzuregen, können sich selbst unterhalten, ihren Horizont erweitern und sich um ihre eigenen inneren Bedürfnisse kümmern. Diejenigen, die hierzu weniger in der Lage sind, sind bei Aufregung oder Langeweile stark auf Versorgung bzw. Stimulation von außen angewiesen. Autonomie erwächst aus der Fähigkeit zur Selbsttröstung; sie wirkt gegen die Ödnis in unserem Inneren.

Wenn das Kind noch sehr klein ist, wird seine Autonomie durch Eltern gefördert, die es weder zu wenig noch zu stark behüten. Wenn Eltern ein Kind zu wenig behüten, kann es von unerfüllten Bedürfnissen und ungestillten Schmerzen überwältigt werden und sich desorientiert und verstört fühlen. Es kann dann geschehen, dass das Kind diesen es bedrängenden Gefühlen durch Flucht in einen Zustand der Apathie zu entkommen sucht. Dieser kann dann den Nährboden bilden für zukünftige Gefühle von Leere und Langweile. Wenn Eltern so überbehütend sind, dass ihre Kinder niemals Gelegenheit haben, Missbehagen zu spüren, ihre angeborene Neugier zu befriedigen oder sich selbst Vergnügen zu verschaffen, dann besteht die Gefahr, dass diese Kinder es nie lernen, die eigenen Bedürfnisse zu befriedigen. Sie suchen dann unter Umständen ihr Leben lang nach Stimulation von außen und erwarten von anderen, dass sie ihnen das Gefühl von Leere und Langeweile vertreiben.

Die Neigung, den anderen für langweilig zu halten, weil du dich langweilst, statt zuerst einmal deine eigene innere Langeweile wahrzunehmen, sie zu verstehen und dich mit ihr auseinanderzusetzen, kann dazu führen, dass du manchen geeigneten Partner abwertest. Wenn du dagegen die Verantwortung für deine eigene innere Langeweile übernimmst, dann wirst du möglicherweise entdecken, dass sie gespeist wird durch dein Unvermögen, dich voll auf dein Leben einzulassen und deinen Partner kennen und lieben zu lernen. Wenn du deiner eigenen inneren Tiefe erlaubst, sich mit der Tiefe des anderen zu verbinden, kann sich das als ein wesentlich wirksameres Mittel gegen Langeweile erweisen als es das Leid und die Kämpfe in einer abhängigen Beziehung sind.

Wenn du bemerkst, dass du dich in Beziehungen, die ansonsten befriedigend sind, häufig langweilst, dann musst du in Erwägung ziehen, ob du deinem Partner nicht die unmögliche Aufgabe zumutest, dich von deiner eigenen inneren Langeweile zu erlösen. Ebenso solltest du in Erwägung ziehen, ob du dein besonderes Augenmerk auf jene unvermeidlichen, unaufregenden Momente in deiner Beziehung richtest, um den Partner zu disqualifizieren. Wenn die Menschen, auf die deine Wahl fällt, nicht ausgesprochen schwerfällig sind und dir wenig bedeuten, kann es hilfreich sein, wenn du dich fragst: «Verfalle ich der Langeweile, wenn die Möglichkeit besteht, dass sich etwas wirklich Gutes entwickelt? Und wenn ja, warum?»

Die Guten eliminieren

Wir haben drei Möglichkeiten gesehen, wie du unbewusst eine potenziell gute Beziehung sabotieren kannst: indem du positive Charakterzüge negativ deutest; indem du aus einer Mücke einen Elefanten machst, d. h. kleine Unzulänglichkeiten überbewertest; und indem du Leute als Langweiler abstempelst. Wenn du konsequent bist, kannst du solche Beziehungen sogar ganz vermeiden, bevor sie überhaupt begonnen haben. Das kann geschehen, indem du diejenigen, die sich vielleicht für eine Liebesgeschichte eignen, einfach nicht wahrnimmst. Sogar wenn wir losgekommen sind von den Beziehungen, die uns unglücklich machen, kann es sein, dass wir weiterhin all jene aus unserem Gesichtsfeld verbannen, mit denen wir glücklich sein könnten.

Oft war uns gar nicht klar, dass wir gewisse Personen ausschließen, bis wir endlich damit aufhören konnten. Solange Laura von brutalen und lieblosen Männern angezogen wurde, nahm sie die wesentlich sensibleren und aufgeschlosseneren Männer, die ihr bei der Arbeit und bei geselligen Anlässen begegneten, gar nicht wahr. Nachdem sie mit Les Schluss gemacht hatte, ging sie durch eine Phase, wo sie behauptete, es gäbe einfach keine Männer für sie, die das Selbstbewusstsein hatten, das sie bewunderte, aber ohne die Selbstverliebtheit, die sie anderen gegenüber lieblos machte. Später, als sie sich schon mit ihren eigenen Ängsten vor

Nähe und Bindung auseinandergesetzt hatte, fragte sie mich erstaunt: «Wo kommen diese netten Typen denn alle plötzlich her?» Nun waren ihre Augen offen für Männer, die sie zu anderen Zeiten gar nicht gesehen hatte. Und nun, da ihre Augen offen waren, reagierten diese Männer auch auf sie stärker als bisher – es war wie ein Wunder.

Ich bestreite nicht, dass es schwierig sein kann, eine Person zu finden, die als Partner/in für dich in Frage kommt und interessant ist. Aber du kannst diese Schwierigkeiten noch verstärken, indem du dich absichtlich blind stellst. Wenn du überzeugt bist, dass die Person, die du brauchst, so selten ist, dass sie auf der Liste der bedrohten Arten zu finden ist, dann bitte ich dich dringend, dich zu fragen, ob du nicht möglicherweise jemanden übersiehst, der direkt vor dir steht. Vielleicht schaust du an diesen Menschen vorbei oder durch sie hindurch. Vielleicht hast du so lange ausschließlich einen Blick für den Typ gehabt, nach dem du süchtig bist, dass du niemand anderen mehr wahrnimmst.

Eine enge Checkliste

Du kannst die geeigneten Personen auch ausschließen, indem du eine enge, unbarmherzige Checkliste von Eigenschaften aufstellst, die die andere Person haben muss, bevor du dir erlaubst, Interesse an ihr zu entwickeln.

Wir alle haben solche Checklisten, ob sie uns bewusst sind oder nicht. Schließlich fühlt sich niemand durch jeden beliebigen Typ angezogen. Diese Checklisten können wertvoll sein, wenn sie helfen, unser Augenmerk auf diejenigen zu lenken, die für uns am besten geeignet sind. Die Posten auf einer Checkliste sind oft körperliche Merkmale, Persönlichkeit, Charakter, Intelligenz, Lebensstil, Werte. Manche dieser Punkte spiegeln unsere tiefsten Bedürfnisse und Vorlieben wider. Einige dienen schlicht dem Selbstschutz, wenn sie z. B. Menschen ausschließen, die zu Missbrauch neigen, verantwortungslos sind, drogenabhängig oder zu sehr mit sich selbst beschäftigt. Aber einige Punkte unserer Checkliste sind wahrscheinlich sehr kleinlich, die sind dort schon vermerkt, seit wir Kinder waren, und wir haben uns nie die Zeit genommen, sie zu überprüfen.

So mag es in unserer Schulzeit wichtig gewesen sein, dass die Person, von der wir uns angezogen fühlen, «cool» war und entsprechend auftrat. Später, wenn wir nach einer ernsthaften Bindung ausschauen, laufen wir jedoch Gefahr interessante Gelegenheiten zu verpassen, wenn Menschen, die nicht «cool» sind, für uns nicht in Frage kommen.

Physische Merkmale gehören zu den Punkten, die früh festgelegt und dann oft nicht mehr überprüft werden. Manche Menschen bilden sich ein, nur Personen mit einer besonderen Haar- oder Augenfarbe, einer bestimmten Größe und Figur könnten sie sexuell anziehen. Craig z. B. war knapp einen Meter neunzig groß, doch er fühlte sich immer wieder von kleinen Frauen angezogen. Dagegen lehnte er im Laufe der Zeit einige Frauen ab, die zu ihm passten und gut aussahen, nur, weil sie seinen merkwürdigen Größenvorstellungen nicht entsprachen. Er fragte sich, ob es für ihn nötig sei, eine Frau zu überragen, um sich stark und zuversichtlich zu fühlen. Das war ein Grund, aber es war nicht der wichtigste. Craig fand ein Familienfoto, auf dem er etwa zwei oder drei Jahre alt war. Er sagte: «Auf dem Foto ist meine Mutter etwa so alt wie die Frauen, mit denen ich jetzt ausgehe. Sie hat nicht nur dieselbe Größe wie die, die mich am meisten anziehen, sie hat auch dieselbe Haarfarbe und -länge, und ihre Gesichtsform ist die gleiche. Das ist seltsam.»

Doch warum soll es eigentlich seltsam sein, dass die ersten Menschen, die uns nahe waren, auch unsere Vorlieben, Sehnsüchte und Wünsche geprägt haben? Selbst wenn wir uns der frühen Ursprünge unserer Faszination für bestimmte Züge nicht mehr bewusst sind, so ist es doch ziemlich wahrscheinlich, dass von ihnen eine besondere Anziehung auf uns ausgeht. Dies stellt auch nur unter drei Voraussetzungen ein Problem dar: (1) Die Anziehungskraft dieser Merkmale ist so stark, dass sie uns blind macht für einige störende, negative Eigenschaften der Person; (2) Die Anziehungskraft geht von Merkmalen aus, die in sich selbst negativ sind; (3) Die Merkmale sind so selten, dass das unsere Möglichkeit, jemanden anziehend zu finden, sehr einschränkt.

Wenn du vermutest, dass du die Palette deiner Wahlmöglichkeiten ungebührlich einschränkst, dann ist es Zeit, dass du diese Checkliste aufdeckst und dich fragst, ob du sie revidieren willst. Schreib folgenden Satz auf: «Damit ich mich zu einer Person hingezogen fühle, muss sie folgende Züge haben.» Sammle diese Merkmale unter vier Kategorien: körperliche Attribute, Persönlichkeit, Tätigkeiten, Interessen und Lebensstil. Schreibe dann für jedes Merkmal deine Antworten auf die folgenden Fragen auf: Wo habe ich diese Vorliebe entwickelt? Gilt sie noch? Gilt sie noch in demselben Maße wie früher? Schließt sie Menschen aus, die gut und passend für mich wären? Möchte ich eine größere Bandbreite haben?

Macht die Einsicht in die Ursprünge deiner Vorlieben es uns möglich, sie zu erweitern? Vielleicht nicht immer, aber sie kann hilfreich sein. So gab sich Craig Mühe, sich mit Frauen zu verabreden und sie kennenzulernen, die eine größere Bandbreite von körperlichen Merkmalen aufwiesen als Frauen, auf die früher seine Wahl fiel. Manchmal konnte er sich nicht für sie begeistern, obwohl er sah, dass diese Frauen, objektiv gesehen, anziehend waren, und obgleich er sich darum bemühte. Doch dann lernte er eine Frau kennen, die zwar groß war und auch sonst nicht in sein übliches Schema passte, aber sie war attraktiv und warmherzig. Die Beziehung entwickelte sich, und er stellte überrascht fest, dass er begann, sich in sie zu verlieben. Eines Abends, nach einem besonders verliebten Zusammensein, sahen sie sich zärtlich in die Augen, und er sagte: «Weißt du, eigentlich bist du gar nicht mein Typ.»

Du wirst die Vorstellung von «deinem Typ» nicht so stark verändern, dass schließlich jede nette und geeignete Person dazu passt, aber wenn deine aktuelle Skala zu eng ist, kannst du sie sicherlich etwas erweitern. Die Einsicht ist wichtig, dass es kein Plus ist, eine zu spezielle Checkliste zu haben. Vielleicht bist du stolz darauf, besonders anspruchsvoll und wählerisch zu sein, während deine enge Palette in Wirklichkeit möglicherweise nur auf die Fixierung eines Kindheitsthemas hinweist. Als du acht oder fünfzehn warst, war es unwichtig, ob deine Vorlieben sich hauptsächlich auf Hamburger und Pizza beschränkten. Wenn das aber auch mit fünfundzwanzig, achtunddreißig oder achtundvierzig noch so ist, dann wirst du vielleicht zugeben, dass dein Geschmack nicht gereift ist. Aber vielleicht hast du jetzt ganz andere Vorlieben, was das Essen angeht. So kannst du auch in der Wahl deiner Partner reifer werden, wenn du dir die Freiheit nimmst, eine breitere Palette auszuprobieren.

8

Zehn geheime Gründe, eine gute Liebesbeziehung zu vermeiden

Deine ehrlichsten Bemühungen, eine Liebesbeziehung zu jemandem zu entwickeln, der dazu bereit, willens und auch in der Lage ist, werden scheitern, wenn du unbewusst darauf programmiert bist, diese zu torpedieren. Diese lästige Selbstsabotage blockiert dich unter Umständen, obwohl du dich heftig danach sehnst, auf diesem Sektor deines Lebens voranzukommen. Warum tust du dir das an? Wenn dein selbstzerstörerisches Programm aber unbewusst ist, wie kannst du dann überhaupt wissen, dass es existiert? Kannst du dir der Wirkungsweise dieses böswilligen inneren Saboteurs bewusst werden? Und würde dies etwas ändern?

Um mit der letzten Frage zu beginnen: Ja, du kannst dir der Strategien bewusst werden, mit denen du dich sabotierst, wenn du dich der Möglichkeit öffnest, dass sie existieren, und du dir die Mühe machst, sie aufs Korn zu nehmen. Das kann die Macht des inneren Feindes schmälern, oder es kann dir zumindest helfen, seine üblen Schachzüge zu kontern. Damit du deine geheimen Gründe kennenlernst, derentwegen du gute Beziehungen vermeidest, wollen wir uns die zehn häufigsten und stärksten Motive für Selbstsabotage anschauen. Diese Motive haben ein gemeinsames Ziel – nämlich dich vor etwas zu schützen, was dich bewusst oder unbewusst ängstigt. Unglücklicherweise können sie, obwohl sie dazu bestimmt sind, dich vor tatsächlicher oder eingebildeter Gefahr zu schützen, es dir auch unmöglich machen, die Liebesbeziehung zu haben, die du zutiefst ersehnst. Welche Gefahren sind es, die du zu so einem hohem Preis abwehrst?

Die Angst vor Intimität

Einer der kostbarsten Aspekte einer guten Beziehung ist, dass sie unseren tiefen Wunsch erfüllt, von einem anderen menschlichen Wesen erkannt und verstanden zu werden. Aber dieser Wunsch ist ambivalent. Es gibt da auch die Panik, erkannt zu werden, die Furcht, dass wir uns verletzbar machen, wenn wir uns öffnen, und die Angst, von dem liebenden Eindringling verletzt, kontrolliert oder verraten zu werden, wenn wir im verheißungsvollen Licht der Intimität unsere Mauern einreißen.

Oft beginnt diese Angst lange vor unserer ersten erwachsenen Liebe. Warren, der wiederholt feindselige Frauen wie Diane wählte, war immer auf der Hut, immer in der Furcht, er könne etwas offenbaren, was eine Frau benutzen könnte, um ihn zu kritisieren oder zu verletzen. Er hatte noch nie eine Beziehung gehabt, die wirkliche Intimität erlaubt hätte. Er konnte sich noch nicht einmal vorstellen, wie eine solche aussehen könnte. Als er sich eines Tages fragte, weshalb ihm das nicht möglich war, wurde ihm klar, wie selten in seiner Familie Gefühle, Wünsche und Hoffnungen ausgedrückt wurden. «Gefühle galten als schlechter Stil. Wir hielten uns gewöhnlich auf Abstand zueinander, und die wenigen Male, bei denen ich mich öffnete, verliefen nicht gut.» Er erinnerte sich an einen Moment wirklicher Nähe mit seiner Mutter, als er etwa sieben Jahre alt war. Er saß am Küchentisch und malte, während sie das Abendessen zubereitete. Sie schien echtes Interesse zu haben an dem, was er dachte und fühlte. Das ermutigte ihn, ihr zu gestehen, wenn auch mit großer Angst, dass er manchmal seinen Vater hasste, weil der sich ihm und der Mutter gegenüber oft gemein verhielt. «Am nächsten Tag hörte ich zufällig, wie sie meinem Vater erzählte, was ich gesagt hatte. Das war schrecklich für mich. Mein Vater quälte mich danach wochenlang, indem er mich aus jedem nichtigen Anlass anschrie: «Ich werde dir zeigen, was gemein ist.»

Ein anderes Ereignis, das unauslöschlich in seinem Gedächtnis haftete, ereignete sich, als Warren etwa zehn Jahre alt war. «Ich war nicht sehr sportlich als Kind, aber eines Tages traf ich während eines Baseballspiels den Ball mehrmals wirklich gut, und unsere Mannschaft gewann. An diesem Abend sagte ich in meiner Euphorie und meinem Überschwang zu meinem Vater: «Wenn ich groß bin, werde ich Baseballspieler.» Er antwortete: «Sie lassen niemanden in die erste Mannschaft, der sich wie eine lahme Ente bewegt.»

Während der Schulzeit verliebte sich Warren in eine Mitschülerin und entdeckte die Freude, Geheimnisse mit seiner Freundin zu teilen, wenn sie stundenlang zusammen in seinem geparkten Auto saßen. Er erzählte ihr von Familienkonflikten und von der Zeit, als er mit neun Jahren im Ferienlager war und er und seine Freunde einander sexuell berührten. «Ich ließ sie wissen, dass ich diese Dinge noch nie vorher jemandem erzählt hatte. Später begann sie sich für einen anderen Jungen aus der Klasse zu interessieren und machte Schluss mit mir. Der Junge hatte im Sport seinen Spind neben meinem, und ich merkte aus seinen verächtlichen Kommentaren, dass sie ihm alles erzählt hatte. Ich fühlte mich gedemütigt und am Boden zerstört. Ich spürte, wie ich wieder zumachte.»

Als Warren versuchte, sich Frauen zu nähern, durch deren Wärme er sich ermutigt fühlte, seine Gefühle auszudrücken und seine Erfahrungen mitzuteilen, standen ihm seine Ängste wie Mauern im Wege. Einige dieser Frauen machten Bemerkungen wie: «Nun haben wir doch schon eine Menge Zeit miteinander verbracht, und doch kenne ich dich kaum.» Warren sagte zu mir: «Jemandem nah zu sein, ist manchmal sehr gefährlich.»

Auch Laura fand Intimität gefährlich und vermied sie, indem sie wie besessen arbeitete und indem sie sich distanzierte Männer wie Les aussuchte. Und dennoch sehnte sie sich nach Intimität. Sie sagte mir, sie habe immer davon geträumt, einen Mann zu finden, der ihr Seelenpartner wäre, jemanden, mit dem sie alle ihre Gedanken teilen könnte. Doch sie musste zugeben, dass diese Möglichkeit, wenn sie sich einmal bot, sie eher erschreckte. Wir versuchten gemeinsam zu verstehen, weshalb, und sie sagte mir: «Die ganze Atmosphäre zu Hause, mein Vater, der immer zornig war, besonders wenn er getrunken hatte, meine Mutter, die, ganz das hilflose Opfer, stoisch schwieg, all das veranlasste uns, unsere Gefühle für uns zu behalten. Oft wusste ich gar nicht, was ich fühlte, weil es nirgends einen sicheren Platz für diese Gefühle gab.»

Laura erinnerte sich, dass sie als Kind schreckliche Albträume hatte: Sie wurde von Eisbären oder Tigern verfolgt und schrie nach ihrer Mutter. «Die kam dann, aber weniger, um mich zu trösten, als aus Angst, ich könne meinen Vater wecken. Sie sagte mir, ich solle aufhören zu weinen, alles sei nur ein Traum. Aber sie fragte nie, was ich geträumt hatte, sie nahm mich nie in den Arm und blieb auch nie länger bei mir als nötig war, um mich zu beruhigen.» Laura fügte hinzu: «Es tröstete mich, ein kleines Stück ihrer Aufmerksamkeit zu haben, das musste mir genügen.»

Laura erinnerte sich auch, dass ihre frühen Versuche, jemandem nah zu sein, ihr zumeist misslungen waren. «In der dritten Klasse verliebte ich mich in einen kleinen Kerl namens Arthur. Aus irgendeinem Grund sprach ich zu meiner Mutter davon, als sie mich von der Schule abholte; sie wollte alles darüber wissen und nahm mich ganz ernst. Das war wunderbar. In der nächsten Woche war die Party zu meinem neunten Geburtstag, und da verkündete sie vor allen, ich sei in Arthur verliebt. Ich sprang vom Tisch auf und rannte in mein Zimmer, wo ich lange Zeit blieb.»

Nicht jeder, der unter der Angst vor Nähe leidet, kann solche traumatischen Ereignisse schildern. Außerdem gibt es genügend Leute, die ähnliche traurige Erinnerungen haben und dennoch ohne größere Probleme in Bezug auf Intimität aufgewachsen sind. Das Entscheidende ist, ob die Atmosphäre in deiner Familie gegenüber einer größeren Palette von Gefühlen aufgeschlossen und zustimmend war oder ob die Grenzen des Akzeptablen so eng gesteckt waren, dass du dich wegen vieler Gedanken, Gefühle und Handlungen schämtest und schuldig fühltest. Frag dich auch, ob du später, als du verliebt warst, schlechte Erfahrungen gemacht hast, die deine früheren Ängste verstärkt haben mögen, sodass Nähe für dich zum Problem wurde. Wenn das so ist, kann ein möglicher Liebespartner wie ein trojanisches Pferd erscheinen; du befürchtest, dass du deines Seelenfriedens und deiner Selbstachtung beraubt wirst, wenn du deine Tore öffnest. Ohne dass es dir klar ist, wehrst du dieses Schicksal ab, indem du dich verschließt – und dir gute Gründe dafür ausdenkst.

Die Angst vor Selbstverlust

Es kann auch sein, dass du dir – vielleicht unbewusst – wünschst, dich von jemandem abhängig zu machen, den du liebst. Du fürchtest möglicherweise, du könntest mit einer Person, die liebevoll und verfügbar ist, gleichsam verschmelzen und versucht sein, deine Unabhängigkeit aufzugeben. Diese Angst kann sogar noch stärker sein als die Furcht, dich in der Intimität verwundbar zu machen.

Warren drückte es einmal so aus: «Ich glaube, schwierige Frauen zogen mich immer gerade aus diesem Grund an – es war unmöglich, ihnen auf Dauer nahe zu sein. Bei Diane kam der bedürftige kleine Junge hervor und machte sich lächerlich – aber ich wusste, dass Diane mich nie lang genug festhalten würde, als dass meine ganze Bedürftigkeit hätte offenbar werden können. So war ich sicher. Eine liebevolle Frau hätte es dem bedürftigen kleinen Jungen in mir zu leicht gemacht, an die Oberfläche zu kommen.»

Kim berichtete Ähnliches, als sie spürte, dass sie und David im Begriff waren, sich ineinander zu verlieben: «Ich weiß, ich habe Sehnsucht, zu kapitulieren und mit ihm zu verschmelzen. Mit Kevin konnte ich mir diese Gefühle gestatten, denn seine dauernden Fluchtversuche machten sie ungefährlich. Doch David scheut die Nähe nicht. So fürchte ich, all die Unabhängigkeit zu verlieren, die ich so hart erkämpft habe.» (Später entdeckte Kim, dass sie recht gut damit umgehen konnte, wenn ihr Wunsch zu verschmelzen nicht durch die Fluchttendenzen ihres Liebhabers verstärkt wurde. Außerdem fand sie heraus, dass David sie zwar liebte und für sie da war, dass er jedoch nicht den Wunsch hatte, sie solle sich in ihm verlieren, und dass er dies auch nicht zuließ.)

Wir alle sind in einem gewissem Maß im Zwiespalt zwischen Getrenntheit und Symbiose gefangen. Wenn wir nicht daran arbeiten, unser Vertrauen zu darauf stärken, dass wir unsere Unabhängigkeit selbst in der engsten Beziehung bewahren können, kann es sein, dass wir uns unbewusst Partner suchen, die Nähe nicht zulassen.

Die Angst, verlassen zu werden

«Wenn dich keiner hält, kann dich auch keiner fallenlassen.» Das war Lauras Antwort, als ich sie darauf hinwies, dass sie sich nie eine Beziehung gestattete, in der sie ganz aufgehoben war. Ähnliches habe ich von vielen Leuten gehört, die aufgrund ihrer Erfahrungen und ihrer Selbsteinschätzung davor zurückschreckten, sich intensiv mit jemandem einzulassen, aus Angst dann verlassen zu werden. Besonders deutlich ist das bei Menschen, die sich wiederholt in jemanden verlieben, der verheiratet ist oder sonstwie gebunden. In Kapitel 1 habe ich über Steven berichtet, einen Rechtsanwalt, der so verliebt war in Jenny, eine Kollegin aus seiner Kanzlei, dass er schließlich seinen Arbeitsplatz verließ, um seine Besessenheit zu beenden. Als er sich bei mir Rat holte und wir uns seine Geschichte anschauten, gestand er mir, dass er davor zwei ziemlich lange Affären mit verheirateten Frauen gehabt hatte. In beiden Fällen war er glühend verliebt gewesen und ziemlich deprimiert, als die jeweilige Geschichte endete. Erst als die Therapie schon viele Monate fortgeschritten war, konnte er erkennen, dass er jede der beiden Beziehungen beendet hatte, als sich andeutete, dass die Frauen ihre Ehen verlassen könnten. Wie wir sehen werden, waren die Gründe für Stevens wiederholte Beziehungen zu verheirateten Frauen komplexer und nicht nur aus Angst vorm Verlassenwerden entstanden, doch Angst spielte sicherlich eine Rolle. Er sagte: «Ich erwarte nie, mit diesen Frauen eine vollständige Beziehung einzugehen. Es schmerzt zwar, wenn es zu Ende ist, aber das ist doch weniger schlimm, als eine Frau zu verlieren, von der ich geglaubt hatte, sie würde immer für mich da sein.»

Als Steven und ich untersuchten, warum er sich durch die Vorstellung, einen Menschen zu verlieren, so bedroht fühlte, war es nicht schwer, die Wurzeln zu entdecken. Steve erzählte: «Als ich sechs Jahre alt war, setzte meine Mutter meinen Vater vor die Tür. Ich wusste, dass sie viel gestritten hatten, war aber wie vom Donner gerührt, als er mir sagte: «Mama will nicht, dass ich weiter hier wohne.» Sehr kurz darauf tauchte ein anderer Mann auf und zog praktisch bei uns ein. Meine Mutter ließ sich ganz mit diesem Mann ein und war völlig besessen von ihm.

Sie achtete kaum noch auf mich und meine kleine Schwester. Ich hatte das Gefühl, meine Schwester und ich seien wie Hänsel und Gretel, und meine Mutter habe sich in die böse Stiefmutter verwandelt, die versucht, ihre Kinder los zu werden, indem sie sie in den Wald schickt. Manchmal dachte ich sogar, sie sei die Hexe, die uns töten würde. Immer wieder nötigte ich meine Schwester, Szenen aus Hänsel und Gretel mit mir zu spielen.»

Zusätzlich zu diesem Verlust von Vater und Mutter hatte Steve frühere Verluste erlitten: zuerst bei der Geburt der Schwester (der Verlust des angestammten Platzes, eine recht häufige Verlusterfahrung, die nicht notwendigerweise schädlich sein muss); dann als Mutter und Vater derart in ihre Ehekräche und in verschiedene Affären verstrickt waren, dass er das Gefühl hatte, nicht mehr für sie zu existieren. Frühe Verluste können auf vielerlei Weise geschehen: Ein Elternteil stirbt, geht fort oder wird krank, verfällt in Depression, beschäftigt sich nur noch mit sich selbst, ist ganz von irgendeiner Angelegenheit absorbiert oder unerreichbar. Der Schaden aus diesem Verlust kann durch sensibles, liebevolles Eingehen seitens anderer Familienangehöriger abgemildert werden. Doch die Wunde kann bleiben und damit die Angst, verlassen zu werden. Von den Betroffenen werden aussichtsreiche Beziehungen oft als Wagnis erlebt.

Untersuche die Rolle, die deine Angst vorm Verlassenwerden in deinen Beziehungen spielt, indem du die folgenden Fragen beantwortest:

- Fürchte ich verlassen zu werden? Wird dies zu einer ständigen Sorge?
- Hat eine mir wichtige Beziehung damit geendet, dass ich verlassen wurde? War ich dadurch so verletzt, dass ich, obwohl ich mir Nähe und Bindung sehr wünsche, jetzt davor zurückschrecke, mich noch einmal voll auf jemanden einzulassen?
- Hat meine Furcht, verlassen zu werden, dazu geführt, dass ich mich in Personen verliebe, die so bedürftig und unselbstständig sind, dass sie mich nie verlassen würden, sogar wenn ihre Bedürftigkeit dann sehr lästig wird oder sie andere Züge haben, die ich nicht mag?
- Bin ich von den wichtigen Menschen in meiner Kindheit bedingungslos unterstützt und geliebt worden? Gab es einen Abbruch oder Verletzungen dieses Sicherheitsgefühls durch Familienkonflikte? Durch Trennung oder Scheidung? Durch Krankheit, Depression oder durch einen Elternteil, das ausschließlich mit sich selbst beschäftigt war?

- Ist es möglich, dass ich mir Menschen aussuche, von denen ich weiß, dass sie sich nur in begrenztem Maße auf mich einlassen können, weil sie anderweitig gebunden sind oder emotionale Schranken gegenüber einer Bindung haben? Ist diese Wahl zufällig? Ist es Pech oder unbewusste Vermeidung von deiner Seite?
- Habe ich den Mut, jemanden zu wählen, bei dem eine echte Chance für eine gute Beziehung und damit das Risiko eines schmerzhaften Verlustes besteht?

Die Angst vor Zurückweisung

Schlimmer noch als die Angst, verlassen zu werden, ist die vor Zurückweisung. Zurückweisung bedeutet nicht nur Verlust sondern auch, dass man mich mangelhaft, ungeeignet oder nicht liebenswert findet. Wir alle haben diese Angst irgendwie in uns. Doch manche Menschen werden in einem solchem Maß davon beherrscht, dass sie mögliche Beziehungen vermeiden oder sie zerstören, sodass alles unter ihrer Kontrolle bleibt und damit weniger gefährlich ist. Laura sagte einmal: «Bei Männern, die zu haben sind und die zeigen, dass sie sich ernsthaft für mich interessieren, werde ich sehr nervös. Ich bin sicher, sie werden abgeschreckt, sobald sie mich einmal näher kennenlernen, so ‹kündige› ich, bevor ich ‹gefeuert› werde. Eigentlich kündige ich schon, bevor sie mich überhaupt engagieren.»

Starke Angst vor Zurückweisung deutet auf labile Selbstachtung hin. Während deiner Kindheit muss etwas geschehen sein, dass das Gefühl in dir aufkommen ließ, du wärest nicht wertvoll, interessant oder attraktiv genug, um die Liebe eines Menschen zu gewinnen und zu behalten, der wertvoll, interessant und attraktiv für dich ist. Vielleicht waren aber auch vorhergehende Erfahrungen in Liebesdingen, bei denen du zurückgewiesen wurdest, so traumatisch, dass du Narben davon zurückbehalten hast, und du fürchtest nun, diese könnten neu aufbrechen. So hast du das Gefühl, dir bleiben nur drei Dinge zur Wahl:

1. Du kannst beschließen, dich nie wieder näher mit jemandem einzulassen.

2. Du kannst vermeiden, dich mit Menschen einzulassen, die du wirklich schätzt, von denen du jedoch glaubst, dass sie nie jemanden wie dich lieben könnten. (Jemand hat einmal gesagt, er würde nie einem Club beitreten, wo er Mitglied sei.) Statt dessen lässt du dich mit Menschen ein, die du nicht besonders schätzt, die jedoch sehr an dir interessiert sind. Wenn du dich nicht in eine solche Person verliebst (was manchmal vorkommt), werden deine Beziehungen nicht annähernd so befriedigend sein wie die, die du andernfalls haben könntest.

3. Du kannst dich verlieben oder gar abhängig werden von Menschen, deren Unfähigkeit, eine wirkliche Liebesbeziehung zu haben, sehr früh erkennbar ist. Auf diese Weise wirst du unter dauernder oder mehrfacher Zurückweisung leiden, doch das ist möglicherweise weniger bedrohlich als die Aussicht, dich voll auf eine Beziehung einzulassen, bei der deine Hoffnungen sehr hoch sind und damit auch deine Furcht vor einem Scheitern.

Wenn es dir so vorkommt, als seist du in einem Muster gefangen, nach dem du einen halben Brotlaib nimmst, nur, weil der ganze dir doch wieder weggeschnappt werden könnte, solltest du hierüber nachdenken.

Die Angst zu gewinnen

Es ist leicht zu verstehen, dass wir die Chance einer guten Beziehung vermeiden, weil wir fürchten, dass wir dabei etwas verlieren könnten – unser Selbst, unsere Unabhängigkeit, unsere Selbstachtung. Schwerer zu verstehen ist, dass wir eine gute Beziehung vermeiden, weil wir etwas gewinnen könnten – nämlich eine erfüllende Beziehung. Dennoch ist das oft der Fall, dann nämlich, wenn wir – vielleicht nur im Unterbewusstsein – glauben, dass wir uns mit einer Liebesbeziehung in eine alte Rivalitätssituation begeben, die zu gewinnen wir für verboten halten.

Warren reagierte negativ, als ich die Hypothese aufstellte, ein Grund, weshalb er sich mit unmöglichen Frauen einließ, könne sein, dass er das Gefühl hatte, es sei tabu und gefährlich für ihn, die ergebene Liebe einer zärtlichen Frau für sich zu gewinnen. Die anderen Ursachen, die seinem fehlgeleiteten Wahlverhalten zu Grunde lagen, konnte er verstehen – zum Beispiel die Herausforderung, die egozentrische Frauen für ihn darstellten. Sie riefen seine alten Bemühungen wieder wach, die Zuneigung seiner lieblosen Eltern gewinnen zu wollen. Frauen dagegen, die diese Herausforderung nicht boten, langweilten ihn. Aber er war sich ganz sicher, dass er wirklich eine gute Beziehung wünschte und dass ihr Gelingen ihm in keiner Weise Angst machte. Ich war seiner Meinung, dass er diese Vorstellung wirklich schätzte, aber ich glaubte, dass er unbewusste Ängste hatte, sein Triumph könne schreckliche Folgen haben.

Was brachte mich dazu, dies anzunehmen? Vor allem meine Kenntnis von Warrens Familie. Sein Vater war ein selbstgerechter, nörgelnder, bisweilen despotischer Mensch. Er verlangte hundertprozentige Aufmerksamkeit von seiner Frau und totalen Gehorsam von seinen Kindern. Er machte Warren und seine Geschwister mit sarkastischen oder demütigenden Bemerkungen herunter. Warrens Mutter, eine schöne Frau, respektierte die Wünsche ihres Mannes, zeigte sich ihm gegenüber jedoch nicht offen zärtlich. Wenn sie dann mit Warren zärtlich war, warf sein Vater ihr vor, dass sie ihn verwöhne und verzärtele.

Als Warren eine Frau kennengelernt hatte, für die er ehrliche Begeisterung empfand, meinte er zum ersten Mal, ich könne vielleicht mit meiner Vermutung recht haben. Fast gleichzeitig fing er an, von Konflikten mit Männern zu träumen. In einem dieser Träume hatte er einen Autounfall, in dem sein neuer Wagen einen «älteren, ausgebeulten» rammte. Warren berichtete, der andere Fahrer sei aus seinem Wagen gesprungen und habe wutentbrannt mit seinem Wagenheber gedroht. Er, Warren, habe versucht sich zu entschuldigen und ständig wiederholt: «Ich bin versichert.» Der andere aber stürzte auf ihn zu und schlug mit dem Wagenheber auf ihn ein. Warren versuchte, die Schläge mit den Armen abzuwehren. Dann wachte er mit starkem Herzklopfen auf.

Warren hatte weiterhin solche Träume über Konflikte mit Männern, auch solche, in denen er den anderen besiegte oder sogar tötete. Er erkannte, dass er oft solche Träume gehabt hatte; dass sie als kindliche Albträume begonnen hatten, in denen der furchteinflößende Mann manchmal sein Vater war; und dass sie in letzter Zeit gewöhnlich auftauchten, wenn eine Beziehung zu einer Frau aufregend und vielversprechend begann.

Als Warren einige Monate später im Begriff war, sich in Pamela zu verlieben, eine liebevolle Frau, die fast das Gegenteil von Diane war, begann er erneut, solche Kampfträume zu haben. Aber jetzt war er besser in der Lage, sie als Reste alter Konflikte zu verstehen. Diesmal kam es nicht dazu, dass er sich zu langweilen begann oder seine Liebe von Pamela abzog, wie das, ganz unbewusst, in früheren Beziehungen geschehen war. Als er allerdings darüber nachdachte, dass er Pamela heiraten könnte, entdeckte er plötzlich jede Menge Fehler an ihr, und seine kritische Haltung drohte die Beziehung zu torpedieren. Ich erinnerte ihn daran, wie sein Vater angriffslustig zu sagen pflegte: «Ich bin der einzige Mann hier, vergiss das nicht.» Dennoch fiel es Warren schwer zu glauben, dass er Gründe sammelte, um Pamela zu disqualifizieren, nur weil er sich fürchtete, seines Vaters Rolle in Frage zu stellen, indem er seinerseits eine Ehe und einen eigenen Hausstand gründete. Ich fragte ihn: «Wenn Sie Pamela heiraten und Ihre Eltern zu sich nach Hause einladen, wer wird dann am Kopfende des Tisches sitzen?» Das warf ihn um. Er konnte sich im Beisein seines Vaters nicht selbst an diesem Platz sehen, aber er konnte auch die Vorstellung nicht ertragen, sein Vater säße dort. Schließlich sagte er: «Ich werde einen runden Tisch kaufen.» Wir mussten beide lachen. Die Einsicht, die Warren in diesem Moment hatte, machte ihn frei dafür, seine Beziehung zu Pamela weiterzuentwickeln.

Diese Dynamik entsteht aus dem ödipalen Konflikt, der sich in der frühesten Kindheit in unserer Angst zeigt, den gleichgeschlechtlichen Elternteil herauszufordern durch unsere Liebe zum gegengeschlechtlichen Elternteil und unseren Wunsch, diesen zu «besitzen». Dies kann verrückterweise sowohl bei Männern als auch bei Frauen dazu führen, dass sie eine Beziehung, die befriedigend und dauerhaft zu werden verspricht, zerstören. Kim fand heraus, dass sie, wenn sie unerreichbaren und lieblosen Männern wie Kevin hinterherlief, symbolisch gesprochen nicht nur versuchte, die Liebe ihres schwierigen und emotional zurückweisenden Vaters zu gewinnen; sie stellte gleichzeitig sicher, dass sie nie einen Mann für sich haben würde. Dies garantierte, wieder symbolisch gesprochen, dass sie ihre Mutter nie herausfordern oder besiegen würde, indem sie ihren «Vater» eroberte.

Es mag dir schwerfallen, die Möglichkeit zu akzeptieren, dass du darauf «programmiert» bist zu vermeiden, in der Liebe je der Gewinner zu sein. Es kann noch schwerer sein zu akzeptieren, dass diese selbstzerstörerische Programmierung aus einer alten Furcht stammt, einen verbotenen Kindheitssieg über den gleichgeschlechtlichen Elternteil zu gewinnen.

Vielleicht war die Situation in deiner Kindheit nicht annähernd so krass wie bei Warren mit seinem offen tyrannischen Vater oder wie bei Kim, die eine kalte Mutter und einen emotional nicht erreichbaren Vater hatte. In vielen ödipalen Dreieckskonstellationen ist die Konkurrenz mit dem gleichgeschlechtlichen Elternteil um die Liebe des anderen viel subtiler, und oft ist sie nur in der Vorstellung des Kindes vorhanden. Manchmal kann es geschehen, dass das Kind sich in einem Angst einflößenden Konflikt mit einer Elternperson befindet, die ihm gegenüber nur Liebe und guten Willen empfindet. Es ist, als ob das Kind spürte: «Wenn er (sie) wüsste, was ich denke, würde er (sie) mich töten oder fortschicken. Oder vielleicht würde ich ihn (sie) töten oder vertreiben müssen, was genauso schrecklich wäre.» Wenn diese Gefühle nicht aufgelöst werden, können sie ein Leben lang in uns fortbestehen und sich symbolisch auf andere Beziehungen übertragen. Es ist dann so, als ob wir zum gleichgeschlechtlichen Partner sagen würden: «Mach dir keine Sorgen, Papa (Mama), ich rivalisiere nicht mit dir. Du hast nichts von mir zu befürchten.»

Da dieser Konflikt so subtil und weitestgehend unbewusst ist, wie kannst du wissen, ob er deine Beziehungen unterhöhlt? Es gibt verschiedene Arten, das herauszufinden:

- Wichtig ist vor allem, dass du die Möglichkeit nicht von vornherein von der Hand weist. Öffne dich im Gegenteil für die Vorstellung, dass sie gerade für dich Bedeutung haben kann. Das wird dir helfen, Gedanken und Gefühle allmählich wahrzunehmen, die du bisher geleugnet oder übersehen hast.
- Richte dein Augenmerk darauf, ob du dich nervös und ängstlich fühlst, wenn deine Beziehung sich positiv entwickelt und du dir mit dem/der Betreffenden eine angenehme Zukunft vorstellen kannst. Hast du das Gefühl, dass jemand dagegen sein könnte, dass du auf diese Weise glücklich bist? Hast du Angst, etwas Schreckliches könne passieren?
- Sei offen für deine Träume in der Zeit, wo deine Beziehung zu dem Menschen, der richtig für dich scheint, immer aufregender und enger wird. Häufen sich die Träume über Konflikte, Gefahr, sogar Gewalt?

Gibt es Streit mit gleichgeschlechtlichen Personen? Träumst du, dass du bestraft wirst? Dass du um dein Leben kämpfen musst?

- Wenn dem so ist, musst du dich fragen, warum du solche Träume hast, ausgerechnet zu einer Zeit, in der sich etwas Vielversprechendes und Gutes ereignet.
- Wenn deine Eltern noch leben, überprüfe in der Phantasie, wie es sich anfühlt, mit jedem von beiden von deiner neuen Beziehung zu sprechen. Tu keines deiner Gefühle ab, auch, wenn sie irrational erscheinen. Geh einen Schritt weiter, indem du dir vorstellst, du sagst ihnen, du wollest diese Person heiraten. Stell dir die wahrscheinliche Reaktion beider Eltern vor. Dann stell dir vor, welche Reaktion du am meisten fürchten würdest.
- Erinnere dich an deine Beziehung zu beiden Eltern in deiner Kindheit und an ihre Beziehung miteinander. Spüre frühen Gefühlen nach, in denen du dich zu dem gegengeschlechtlichen Elternteil hingezogen fühltest und dir mit ihm eine besondere Beziehung wünschtest. Erinnerst du dich an solche Gefühle und Wünsche? Wie fühlten sie sich an in Bezug auf den gleichgeschlechtlichen Elternteil?
- Versuche auch dich an Folgendes zu erinnern: Hattest du jemals das Gefühl, dass dir, wenn du etwas Gutes in deinem Leben hättest, dir dies wieder genommen werden würde? Würde der gleichgeschlechtliche Elternteil es dir missgönnen? Würdest du mit ihm oder ihr in Konflikt geraten? Hättest du das Gefühl, ihn oder sie zu übertreffen oder zu besiegen?
- Werde dir schließlich der grundlegenden emotionalen Muster in deiner Familie bewusst, und besonders, wie die ödipale Dreieckssituation funktionierte. Die Art dieses Dreiecks kann sich von einer Kernfamilie zur anderen sehr unterscheiden. Wenn du z. B. in einer Familie aufgewachsen bist, wo der gegengeschlechtliche Elternteil sehr kämpferisch und einschüchternd war, werden deine Ängste vorm Gewinnen andere sein als wenn der gegengeschlechtliche Elternteil wenig selbstbewusst oder leicht zu besiegen schien oder seit langem ein Märtyrerdasein fristete. Im zweiten Fall können deine Wünsche zu triumphieren Schuldgefühle bei dir wachrufen. Jede dieser Konstellationen aus deiner Vergangenheit kann deinen Wunsch, in der Gegenwart eine gute Beziehung aufzubauen, mit Angst besetzen.

Im Gegensatz dazu gibt es Familienkonstellationen, die Kindern eher helfen erwachsen zu werden, ohne sie übermäßig mit Spuren des Ödipuskomplexes zu belasten. Du bist mit großer Wahrscheinlichkeit jemand, der bereit, willens und fähig ist, eine gute Beziehung zu entwickeln, wenn die Situation in deinem Elternhaus einer der Folgenden entsprach: (1) Die Liebe deiner Eltern füreinander war klar und unmissverständlich, sodass du nicht das Gefühl hattest, du könnest einen der beiden von seinem Platz verdrängen. (2) Deine Eltern waren praktisch und emotional erreichbar füreinander und auch für dich. (3) Du spürtest von beiden bedingungslose Liebe, und das so deutlich, dass du sicher sein konntest, dass deine Rivalitätsgefühle nicht zu Strafmaßnahmen und Konflikten führen würden.

Wenn dieses ideale Bild nicht existierte oder in irgendeiner Weise gestört war, dann nutze die oben angeführten Fragen, um dir bewusst zu werden, inwiefern das alte Dreiecksverhältnis noch heute deine Fähigkeit beeinträchtigt, eine erfüllende Beziehung zu finden. Wenn du entdecken solltest, dass du dich zurückhältst, weil du Angst hast zu gewinnen, richte dein Augenmerk darauf, deine Kindheitsängste zu vertreiben und sie daran zu hindern, deine heutige Lebensführung negativ zu beeinflussen. Du hast das Recht auf eine gute Beziehung zu einem Mann oder einer Frau deiner Wahl, auch wenn du kein Recht hattest auf eine Liebesbeziehung zu Vater oder Mutter. Vergangenes gehört der Vergangenheit an. Dein jetziges Liebesleben hat seinen Platz in der Gegenwart.

Das Schuldgefühl, jemanden zurückzulassen

Es kann sein, dass du dich unbehaglich fühlst, wenn es dir gut geht und du meinst, jemand Wichtigem in deinem Leben gehe es schlecht. Es fällt dir vielleicht schwer, dich vorwärts zu bewegen, wenn dieser andere still steht oder sogar rückwärts geht. Und du kannst dich schuldig fühlen, wenn du glaubst, dass dein Weg ins Glück eine andere Person unglücklich macht.

Laura entdeckte während der Therapie, dass jeder Schritt, den sie in Richtung auf ein besseres Leben machte, von dem Gefühl begleitet war, dass sie irgendwie ihre Eltern verletzte. Der Alkoholismus ihres Vaters hatte nicht nur einen inkonsequenten und oft Schrecken einflößenden Vater aus ihm gemacht; er war auch ein einschüchternder, unzuverlässiger und oft brutaler Ehemann. Lauras Mutter saß in der Falle; sie schien hilflos und unfähig, ihrem Mann etwas entgegenzusetzen. Als Teenager hatte Laura die Mutter oft gefragt: «Wie hältst du das aus? Warum verlässt du ihn nicht?» Ihre Mutter antwortete dann müde: «Das ist leichter gesagt als getan.» Laura begriff, dass ihre Mutter hoffnungslos gefangen war in ihrer Rolle als Märtyrerin und beschloss, sich selbst zu retten. Sie verließ das Haus bei jeder sich bietenden Gelegenheit. Wenn sie übers Wochenende ins Ferienhaus einer Freundin eingeladen wurde, seufzte ihre Mutter und sagte: «Du hast es gut», in einem Ton, der zu bedeuten schien: «Du kannst gehen und deinen Spaß haben, während ich hier an diesem unglücklichen Ort festgenagelt bin.» Als Laura auf der Highschool war, eröffnete sie ihren Eltern, sie wolle in einer anderen Stadt zum College gehen. Ihr Vater wand ein, sie hätten dafür nicht genug Geld, aber Laura bekam Stipendien, arbeitete hart in Ferienjobs und auch nebenher während der Schulzeit. Mit etwas Hilfe von Seiten der Eltern schaffte sie es. Bei ihrem ersten Besuch zu Hause erzählte sie ihrer Mutter von den aufregenden Dingen, die sie tat, und ihre Mutter antwortete: «Das muss schön sein.» Laura sagte zu mir: «Es waren nicht die Worte, sondern die Art, wie sie das sagte – teils neidisch, teils wehmütig – jedenfalls klang es wie ein Vorwurf. Die Mutter bedauerte, dass es in ihrem eigenen, unglücklichen Leben keinen Platz gab für solche Dinge.»

Bald lernte Laura, ihrer Mutter nur noch von der harten Arbeit zu erzählen, von den Schwierigkeiten, ihren gelegentlichen Krankheiten und den Missgeschicken, die sie hatte. Doch bei jedem positiven Ereignis in Lauras Leben wiederholte die Mutter ihren doppelbödigen Kommentar «Das muss aber schön sein.» Bei ihrem Eintritt ins Jurastudium und dem Abschluss, als sie ihre Stelle in der Anwaltskanzlei antrat, sich eine geräumige Wohnung kaufte, Urlaub auf den Karibischen Inseln oder in Europa machte. Und während Laura dem missgünstigen Märtyrertum ihrer Mutter nie erlaubte, sie davon abzuhalten, Erfolg zu haben oder gut zu leben, gab es da doch immer einen Schatten von Schuld, der den Glanz ihrer Erfolge verdunkelte.

Ich wies Laura darauf hin, dass wir zu ihren Motiven, eine gute Beziehung zu vermeiden, ihre Schuldgefühle gegenüber ihrer Mutter hinzufügen sollten, weil sie ein besseres Leben hatte als diese. Laura protestierte: «Aber ich ließ mich nicht davon abhalten, aufs College zu gehen oder Jura zu studieren, oder Partner zu haben, oder zu reisen, oder gut zu leben – weshalb sollten meine Schuldgefühle dann mit meinem Liebesleben in Konflikt kommen?» Ich sagte nichts, und Laura schwieg lange Zeit. Dann sagte sie: «Es ist wahr, die Vorstellung ist mir unerträglich – eine glückliche Ehe zu führen, während ihre so schrecklich ist. Das würde wirklich bedeuten, dass ich sie im Stich lasse, um mit einem guten Partner ein gutes Leben zu führen.» Laura fing an zu weinen: «Wir wären dann in zwei verschiedenen Welten. Bisher sind meine Mutter und ich, trotz allem, was ich erreicht habe und was ich an Komfort besitze, doch Gefährtinnen im Elend, was die Männer betrifft.»

Für viele Menschen erzeugt die Tatsache, dass sie jemanden in einer unglücklichen, unerfüllten, einsamen Situation zurücklassen, während sie selbst sich auf ein erfüllteres, glücklicheres Leben zu bewegen, Schuldgefühle und die Angst, dann «in einer anderen Welt» zu leben. Oft ist die zurückgelassene Person ein Elternteil, manchmal aber auch Bruder oder Schwester oder ein guter Freund/eine gute Freundin. Erinnere dich zum Beispiel an David, den neunundzwanzigjährigen Naturwissenschaftler, der mit traumwandlerischer Sicherheit immer wieder lebenslustige, verführerische Frauen aufstöberte, die sich alle ohne Unterschied als untreu erwiesen. Abgesehen davon, dass diese Frauen ihn anzogen, ihm Energie gaben und er durch sie weniger abseits stand, war er unbewusst darauf eingestellt, keinen Erfolg bei ihnen zu haben, und zwar, weil er Schuldgefühle gegenüber seinem älteren Bruder hatte, der teilweise gelähmt und seit dem zehnten Lebensjahr an den Rollstuhl gefesselt war. Und Mia, die junge Frau, die sich in ihren Chef und andere unerreichbare Männer verliebte, fand heraus, dass ein Teil ihrer verborgenen Motivation, eine gute Beziehung zu vermeiden, damit zu tun hatte, dass sie Nan nicht überflügeln wollte, eine chronisch kranke und depressive Freundin, die seit ihren Kindertagen ihre engste Vertraute gewesen war.

Frage dich also Folgendes: «Wenn ich eine glückliche und dauerhafte Bindung einginge, gäbe es dann jemanden, bei dem ich das Empfinden hätte, ihn zu verletzen, indem ich ihn dadurch zurücklasse bzw. mich von ihm trenne?» Entdeckst du Gefühle von Unbehagen und Schuld bei dir? Bedenke dann, welch hohen Preis du zahlst, nur um dieser Person in ihrem Elend Gesellschaft zu leisten. Bedenke außerdem, dass diese andere Person in ihrem Elend deine Gesellschaft vielleicht gar nicht wünscht und dass sich das Drama hauptsächlich in deinem Kopf abspielt.

Die Angst, erwachsen zu werden

Schon kleine Kinder können sich verlieben. Teenager werden oft von Liebe und Begehren heftig erfasst. Menschen jeden Alters können Leidenschaft fühlen, sich verlieben, von jemandem besessen oder abhängig sein. Aber nur Erwachsene können eine wirkliche Liebesbeziehung haben. Manchen gelingt das nicht, weil sie noch nicht wirklich erwachsen sind. Manche vermeiden es (selbst wenn sie sagen, dass sie es sich wünschen), weil sie eigentlich nicht erwachsen werden wollen.

Nachdem Mia sich der Schuldgefühle und Skrupel darüber, ihre unglückliche Freundin Nan zurückzulassen, bewusst geworden war, begriff sie, dass sie ihre Bindung an Nan auch dazu benutzte, ein kleines Mädchen zu bleiben und das zu vermeiden, was sie als die wenig einladenden, Angst auslösenden Verantwortlichkeiten des Erwachsenseins ansah. Sie sah ein, dass ihre Tendenz, sich mit älteren, verheirateten Männern einzulassen, ihr dazu diente, sich immer wieder in die Rolle des Kindes gegenüber den «Großen» zu begeben, wie etwa ihr Chef und seine Frau es waren, die Kinder hatten, in einem komfortablen Haus wohnten, Reisen zusammen machten, wichtige Entscheidungen trafen und in ihrer Gemeinde eingebunden waren. Sie dagegen blieb in ihrer kleinen Junggesellenwohnung und verbrachte oft die Wochenenden dort, zurückgezogen und besessen von dem Gedanken an das, was die Großen – ihr geliebter Chef und seine Frau – wohl tun mochten. Wenn sie nicht zu Hause blieb, ging sie vielleicht in einen Club oder eine Bar, tanzte und trank bis spät in die Nacht, oder sie suchte Nan auf, mit der sie Videos ansah und Eiscreme aß. Sie hatte diese Wochenenden immer als unangenehme Begleiterscheinung der Tatsache angesehen, dass sie in einen verheirateten Mann verliebt war. Doch plötzlich erkannte sie, dass sie sich dieses Leben aussuchte, weil sie ein kleines Mädchen bleiben wollte. Sie meinte nun: «Es ist schlimm genug, mit dreißig noch wie eine Halbwüchsige zu leben, aber was für eine Horrorvorstellung, ich könnte mit vierzig und darüber noch in dieser Lage sein.»

Auch Warren analysierte seine Tendenz, von einer chaotischen Affäre zur anderen zu gehen, als seine Methode, der ewige Jugendliche zu bleiben. Er sah ein, dass die schönen Models, die er sich aussuchte, gewöhnlich selbst sehr unreif waren und ihn nicht anregten, zu wachsen und stabiler, nachdenklicher oder verantwortungsvoller zu werden. «Ich hatte eine Reihe kindischer Gespielinnen», erzählte er mir. «Wir spielen und kämpfen wie Kinder im Sandkasten, bis einer von uns genug hat und sagt: ‹Ich will nicht mehr mit dir befreundet sein.› Dann mache ich mich auf und suche die nächste Spielgefährtin.» Und er fügte hinzu: «Ich bin nicht einmal sicher, dass ich das ändern will, auch wenn es anfängt, mir sinnlos zu erscheinen. Nach allem, was ich bei meinen Eltern und den Ehen einiger Freunde gesehen habe, weiß ich nicht, warum es so großartig sein soll, ein verantwortungsbewusster Erwachsener zu sein.»

Es gibt viele Gründe, weshalb Menschen sich keine erwachsene Beziehung wünschen – wie Warrens negative Sicht der Ehe oder der Spaß, den er oft mit seinen Gespielinnen hatte; Mias Angst, jemanden allein zurückzulassen, oder die Furcht vieler Männer und Frauen bezüglich der Verantwortung, die mit einer Beziehung verbunden ist; auch die Tatsache, dass aus dem Spiel plötzlich Ernst werden könnte, ängstigt sie. Es kann dir nützen, herauszufinden, ob diese Abneigung, erwachsen zu werden, auch bei dir wirksam ist. Stell dir vor, du lässt dich mit jemandem ein, den du liebst, der für dich erreichbar, liebevoll und reif ist. Stell dir vor, ihr wärt beide bemüht, alles zu tun, um diese Beziehung eng und befriedigend zu gestalten. Spüre deinen Gefühlen bezüglich dieser Vorstellung nach. Nimmst du das kleine Mädchen oder den kleinen Jungen in dir wahr, die Widerstand und Angst spüren und am liebsten ins Niemals-Land entfliehen möchten? Wenn dem so ist, musst du, um die Liebesbeziehung zu haben, von der du sagst, dass du sie willst, dich zuerst mit deinen Ängsten vor dem Erwachsensein auseinandersetzen.

Der Hang zum Selbstmitleid

Lauras Wahrnehmung ihrer Schuldgefühle darüber, dass sie es besser hatte als ihre ewig leidende Mutter, war eine bahnbrechende Erkenntnis für sie. Sie arbeitete hart daran, um zu begreifen, dass ihre Mutter die unglückliche Wahl, die sie getroffen hatte, allein zu verantworten hatte; dass es nicht ihre Aufgabe war, ihrer Mutter Kummer zu ersparen, indem sie sich selbst davon abhielt, eine glückliche Liebesbeziehung zu finden. Sie spürte, wie sie sich für neue Möglichkeiten öffnete. Dennoch war sie weiterhin beunruhigt durch Verlustängste. Ich bat sie, diese Gefühle so genau wie möglich zu beschreiben. «Ich habe nicht länger das Gefühl, meine Mutter zurückzulassen», sagte sie, «sondern ich lasse einen Teil von mir selbst zurück. Vielleicht lasse ich das unglückliche kleine Mädchen im Stich, oder den Teil von mir, der in der gespannten und freudlosen Atmosphäre zu Hause kämpfen musste, um zu überleben und den Mut nicht zu verlieren.» – Dieser Gedanke tauchte später noch einmal auf, als sie mir von Bob erzählte, ein warmherziger und aufgeschlossener Mann, mit dem sie sich jetzt öfter traf. «Trotz allem, was ich geschafft habe, ist da in mir noch ein Kern von Unglück und Härte, die ein fester Bestandteil von mir zu sein scheinen. Gefühle von Trauer und Bedürftigkeit aufgrund der wenigen Zuneigung und Fürsorge, die ich bekam, sind mir so vertraut, dass es mir schwerfällt, sie für etwas Fremdes, Neues loszulassen. Immer, wenn es mit Bob gut läuft, spüre ich mein altes, trauriges Ich, das mich bremst. Ich lasse nicht nur meine Mutter hinter mir zurück, sondern auch die Laura, die ich einmal war, und ihre ganze lieblose Welt.»

Die magnetische Kraft der Person, die du einmal warst, und der Gefühle, die du einmal hattest, können intensiv sein. Menschen, die irgendwann in der glücklichen Lage waren, sich geliebt zu wissen, bewahren Gefühle auf, die es ihnen ermöglichen, später in harten Zeiten hoffnungsfroh und optimistisch zu bleiben. Anderen, wie Laura, die schlecht versorgt wurden und sich zu müden Pessimisten entwickelt hatten, bleiben Gefühle, die wie ein schwarzes Loch wirken können, das sie wieder in das vertraute Unglück hinabzieht, wann immer sie sich auf etwas Leichteres, Helleres und Befriedigenderes zu bewegen.

Du solltest darauf achten, ob diese Aussagen, vor allem die von Laura, dir bekannt vorkommen. Frag dich: «Wenn ich die Möglichkeit von Glück spüre, vor allem das Glück in einer Beziehung, spüre ich dann ein Unbehagen wie beim Eintritt in ein neues, fremdes Territorium; wie beim Verlassen einer emotionalen Atmosphäre, die nicht glücklich war, und doch anheimelnd vertraut bleibt? Wie stark ist der Sog dieser alten, unglücklichen Gefühle, die ich immer noch in mir herumtrage?»

Es ist wichtig, zu verstehen, was du vor dir hast, und zu begreifen, dass es Mut braucht, diese unglückliche Zeit hinter dir zu lassen. Vielleicht wird dich der Gedanke trösten, dass du dein altes, trauriges oder zynisches Ich nicht vollständig zurücklassen wirst. Es wird, in gewissem Grad, immer ein Teil von dir bleiben. Du wirst immer einen Teil dieser grauen Landschaft mit dir herumschleppen. Doch indem du den Einfluss verringerst, den dieser Teil auf deine Entscheidungen und Handlungen hat, wirst du in der Lage sein, ein erfüllteres Leben anzusteuern. Die graue Landschaft wird dann nur noch ein dunkler Fleck in einer bunten Welt sein.

Sexuelle Ängste

Kims Eltern gaben ihr das Gefühl, Sex sei schlecht, schmutzig und ekelerregend. Zum größten Teil wurde diese Einstellung vermittelt durch das, was *nicht* gesagt oder getan wurde – durch das fast vollständige Ausklammern von Dingen, die nur im entferntesten mit Sex zu tun hatten, und durch das Fehlen jeder körperlichen Zärtlichkeit oder Verspieltheit zwischen ihren Eltern. Kim erinnerte sich an das offensichtliche Unbehagen ihrer Mutter, als sie sie nach der Schwangerschaft ihrer Tante fragte. Sie erinnerte sich an das allgemeine Gefühl von Abscheu, das ihre Mutter ihr in Bezug auf alles vermittelte, was mit dem Körper und seinen Funktionen zu tun hatte. Gelegentlich wurde diese Einstellung auch direkt ausgedrückt. Als Kim ihre erste Menstruation hatte, sagte sie es ihrer Mutter mit einer Mischung aus Angst, etwas könne mit ihr nicht in Ordnung sein, und dem Stolz, nun erwachsen zu werden. (Ein paar Freundinnen – nicht ihre Mutter – hatten sie auf das Ganze vorbereitet.) Die erste Reaktion ihrer Mutter war: «Verdammt, als hätte ich nicht schon genug Probleme.» Dann fügte sie hinzu: «Was für ein Schlamassel. Du kannst ein paar Binden aus dem Badezimmer haben.» Kim sagte: «Ich habe es meinem Vater gegenüber nicht erwähnt, merkte aber, dass sie es getan hatte. Wenn er guter Laune war, hatte er manchmal mit mir rumgealbert und mich auf den Schoß genommen. Das hörte damals plötzlich auf, ohne Erklärung.»

Als Kim anfing, sich mit Jungen zu treffen, warnte ihre Mutter sie: Jungen wollten «immer nur das eine». Wenn sie das Haus zu einem Rendezvous verließ, rief ihre Mutter ihr jedes Mal ein düsteres «Sei vorsichtig!» nach. Mit Vater oder Mutter über ihre sexuellen Gefühle und Fragen zu sprechen, war undenkbar. Bei ihren ersten Erfahrungen im Küssen und den Knutschereien im Auto war Kim immer verspannt und ängstlich gewesen. Die sexuellen Gefühle, die dabei geweckt wurden, schienen ihr schmutzig. «Da gab es einen sehr netten Jungen, mit dem ich auf der Highschool zusammen war; er gab sich große Mühe, behutsam zu sein und auf meine Ängste Rücksicht zu nehmen, aber ich machte es ihm so schwer, dass er schließlich aufgab. Ich war verletzt, aber auch erleichtert. Dann fing ich an, mich mit Ben zu treffen, einem Kerl, von dem jeder wusste, dass er ein egoistisches Ekel war, der Mädchen nur zu seinem Vergnügen benutzte. Er machte gleich klar, dass er nichts davon hielt, wenn ich mich zugeknöpft gab. Er war grob und aggressiv, und ich ließ mich mit ihm ein und fing Feuer. Danach fühlte ich mich jedes Mal schmutzig, aber das war mir egal, weil ich das Gefühl hatte, ich sei verrückt nach ihm. Je übler Ben mich behandelte, desto mehr versuchte ich, ihm sexuell zu gefallen, und umso zügelloser wurde ich. Ich glaube, er war der erste Kerl, nach dem ich süchtig war.»

Kim begriff, dass sie sexuelle Befriedigung bei egoistischen und emotional unerreichbaren Männern finden konnte, weil sie dann ihre Sexualität nicht selbt kontrollieren musste, sondern nur den männlichen Wünschen zur Verfügung stand. «Ich hatte das Gefühl, nicht ich tue das, sondern meine Sucht ist es, die mich dazu treibt – nur nannte ich es damals noch nicht Sucht. Sogar heute habe ich in abhängigen Beziehungen Vergnügen am Sex, weil ich mich hilflos ausgeliefert fühle. So kann ich mir all diese verbotenen Dinge verzeihen.» Als Kim dann ein sexuelles Verhältnis mit jemandem begann, der sie wirklich zu lieben schien und eine Beziehung mit ihr haben wollte, starben ihre sexuellen Gefühle ab, und sie trocknete buchstäblich ein. «Da ich nicht süchtig war, fühlte ich mich für meine Sexualität selbst verantwortlich, und meine alten Gefühle lebten wieder auf, dass meine sexuellen Wünsche und Handlungen schlecht und schmutzig seien. Bei diesen netten Männern war ich sicher, dass sie mich abstoßend finden würden, wenn ich leidenschaftlich wäre.»

Dieses Muster blieb viele Jahre unverändert. Zu dem Zeitpunkt, als Kim David kennenlernte, war jedoch ihre Angst vor Nähe schon geringer geworden, und sie hatte weitgehend ihren Drang besiegt, die Liebe ihres mürrischen und unerreichbaren Vaters gewinnen zu wollen; auch ihr Gefühl, sich ihrer Sexualität schämen zu müssen, war deutlich schwächer geworden. Diese Veränderungen machten es ihr möglich, Sex mit einem Mann zu genießen, den sie liebte, und der auch sie liebte. «Es wird immer freier und schöner, weil ich bei David nicht von dem süchtigen Bedürfnis, ihm zu gefallen, getrieben werde, sondern ich kann mich selbst dabei genießen und ich genieße es, dass er mich genießt.»

Viele Menschen mit sexuellen Ängsten sind durchaus in der Lage, in einer abhängigen Beziehung Leidenschaft zu empfinden, oft in einer Beziehung, in der sie schlecht behandelt werden. Wenn sie sexuelle Gefühle in einer mehr partnerschaftlichen und liebenden Beziehung zu entwickeln versuchen, verschwinden ihre Gefühle oder sind weniger leidenschaftlich als in einer Abhängigkeit. Einer der Hauptgründe dafür ist, wie bei Kim, dass die Abhängigkeit ihnen erlaubt, ihren sexuellen Wünschen nachzugehen. Aber es gibt auch andere Gründe. Einige davon haben mit dem Ödipuskonflikt zu tun, über den wir weiter oben gesprochen haben, wo das Objekt der Abhängigkeit für den verbotenen Elternteil steht. Was unmöglich und verboten gewesen war, ist dann symbolisch plötzlich verfügbar, und die daraus resultierende Erregung und Befriedigung verursacht eine überwältigende Welle der Leidenschaft. Gleichzeitig ist die Tatsache, dass die Person nicht für eine wirkliche Beziehung zur Verfügung steht, eine Absicherung gegen die tiefe Furcht, den verbotenen Elternteil ganz zu besitzen. Es schützt auch gegen die Ängste vor dem Risiko dauernder Nähe, möglichen Selbstverlusts, vor der Angst, jemanden zurückzulassen usw. Die Abwesenheit dieser Ängste erlaubt der Sexualität, sich unbehindert zu entfalten. Kim fasste dies alles mit den Worten zusammen: «Seine Unerreichbarkeit ist mein Aphrodisiakum.» (In Wirklichkeit ist es für Kim, wie für andere, nicht nur die Unerreichbarkeit des Liebesobjekts, die ihre Leidenschaft anfacht, sondern auch die schlechte Behandlung, die Missachtung, die Kapitulation des Kindes in ihr vor dem kontrollierenden Elternteil.) Wir könnten Kims Aussage wie folgt ergänzen: «Seine Erreichbarkeit ist mein Schrecken und das Aus für meine Gefühle.»

Das Gefühl, Sex sei schlecht oder tabu, ist nicht der einzige Grund für sexuelle Ängste. Viele Menschen befürchten, sie seien sexuell nicht tauglich, und diese Gefühle bewirken manchmal, dass sie in einer schlechten Beziehung bleiben, entweder, weil sie sich dort sexuell akzeptiert fühlen oder weil sie so damit beschäftigt sind, ihre sexuelle Attraktivität zu beweisen, dass sie die Frage aus dem Blick verlieren, ob die Beziehung gut für sie ist. Frauen fragen sich oft, ob ihr Körper schön genug ist. Die Ängste der Männer beziehen sich auf ihre sexuelle Leistungsfähigkeit. Beide Geschlechter machen sich Sorgen darüber, wie attraktiv sie wirken und wie sie im Wettbewerb mit anderen abschneiden.

Laura zum Beispiel betonte zwar, dass sie unabhängig sei und dass das Urteil von Männern sie nicht berühre; sie fühlte sich sexuell aber wenig attraktiv, sobald sie zwei oder drei Pfund über dem Gewicht war, das sie für ideal hielt. Sie konnte kaum Leidenschaft empfinden, solange sie sich «dick» und damit nicht begehrenswert fühlte. Das verstärkte ihre Vorliebe für unverbindliche und nicht klar definierte Beziehungen, weil sie in einer solchen Beziehung dem Partner ausweichen konnte, wann immer sie sich unattraktiv fühlte.

Der Grund, weshalb Peter, der medizinische Biologe, sich immer wieder heftig in jüngere Frauen verliebte, die zu ihm aufschauten, lag, wie wir herausfanden, teilweise daran, dass er bezweifelte, ob er den sexuellen Wünschen einer reifen Frau genügen und sie auf Dauer befriedigen könnte. Er blieb eher zu lange mit Frauen zusammen, mit denen ihn wenig verband, als die Beziehung zu beenden und seine Sexualität in einer anderen Verbindung neu zu beweisen. Für ihn barg jede neue Beziehung das Risiko des Versagens und der Zurückweisung. Je mehr von ihm hochgeschätzte Attribute die neue Frau besaß, desto vernichtender konnte die mögliche Zurückweisung sein. So fand er es besser, in einer unbefriedigenden Beziehung mit einer unreifen Frau zu sein, die ihn vergötterte, weil er auf diese Weise «weniger zu verlieren» hatte.

Es ist wichtig für dich zu prüfen, ob es sexuelle Ängste gibt, die dich davon abhalten, eine gute Beziehung zu entwickeln. Schleppst du – vielleicht unbewusst – Gefühle mit dir herum, dass deine sexuellen Wünsche schmutzig, sündig oder abstoßend wären? Ist es leichter für dich, sexuelle Erregung zu spüren, wenn deine Sucht dich antreibt, sodass du deine Hemmungen beiseite schieben kannst? Hast du das Empfinden, dass es ein verbotener Sieg wäre, deine sexuellen Wünsche mit einer guten Beziehung zu verbinden? Hegst du Zweifel, sexuell tauglich und attraktiv zu sein, und veranlasst dich das, in einer bestehenden Beziehung zu bleiben, ganz gleich, wie unglücklich du darin bist – statt zu riskieren, von einem neuen Partner für untauglich befunden zu werden?

Weil diese Ängste sehr selbstzerstörerisch sein können, ist es wichtig, die verqueren Vorstellungen, auf denen sie basieren, zu verstehen und dich von ihnen zu befreien. Du musst daran arbeiten, dass du deine Sexualität als eine Quelle von Freude und Intimität genießen kannst, auf die du ein Recht hast; und dass du die tiefe Befriedigung und Lebensfreude genießen darfst, die eine gute Beziehung mit sich bringen kann. Wenn es dir Freude bringt, sexuelles Vergnügen zu bereiten und zu empfangen, dann bist du höchstwahrscheinlich ein angemessener und liebenswerter Partner für jemanden, der dich schätzt als das, was du bist.

Der Verzicht auf den Kick einer schlechten Beziehung

In der Periode unmittelbar nach Kevin versuchte Kim vergeblich, ein Interesse für Männer aufzubringen, die nicht beziehungsscheu waren und sie nicht schlecht behandelten. Sie vermisste die Hochstimmung, den Schmerz und die fast unerträgliche Angst, die sie in ihren abhängigen Beziehungen gequält hatten. Sie hatte den Eindruck, ihre Gefühle seien verflacht und ihre Seele ausgedörrt. Kim entdeckte eine wichtige Wahrheit über sich selbst – nämlich dass sie die Intensität ihrer süchtigen Beziehungen benutzt hatte, um Gefühle von Öde, Leblosigkeit und Sinnlosigkeit abzuwehren, die sie zu verschlingen drohten. Als sie aufhörte, die Kevins in ihrem Leben zu verfolgen und etwas von dem Grau entdeckte, das wie ein Nebel über den Niederungen ihre Seele lag, wurde ihr klar, dass Männer, die sich wirklich für sie interessierten und ihr das Leben nicht schwer machten, nicht genug Turbulenzen in ihrem Leben erzeugten, um den Nebel zu vertreiben. So lag einer der Hauptgründe, weshalb Kim es schwer fand, sich mit einem Mann einzulassen, der für sie erreichbar und liebevoll war, darin, dass sie noch keine nicht-süchtigen Möglichkeiten kennengelernt hatte, um mit ihrer latenten Depression umzugehen, und noch nicht erfahren hatte, dass eine gute Beziehung herrliche Kicks bieten kann.

Warren machte einige ähnliche Entdeckungen über sich, als er anfing zu begreifen, dass seine Beziehung zu Pamela anders war als alle die zahllosen anderen Beziehungen, die er davor gehabt hatte. Er verliebte sich immer stärker in sie und entdeckte, dass er oft vor sich hin träumte, wie wohl eine Zukunft mit ihr aussehen könnte. An diesem Punkt wurden ihm nicht nur seine Ängste, er könne in der Rivalität mit seinem Vater siegen, bewusst (dem, der oben am Tisch saß); er nahm auch seine eindeutige Abneigung wahr, die Jagd nach anderen Frauen aufzugeben. Dies überraschte ihn ein wenig. Er wusste, dass er viele Liebesaffären gehabt hatte und dass er Verführung und Eroberung genossen hatte. Aber er hatte die lange Liste seiner Geliebten vor allem als Folge der Tatsache betrachtet, dass er noch nicht die Richtige gefunden hätte. Nun, da er darüber nachdachte, Pamela eines Tages zu heiraten, war ihm klar, dass das für ihn auch eine Verpflichtung zur Treue bedeuten würde, und er war etwas verstört bei dem Gedanken, dass er dann nie mehr eine andere Frau haben würde. Als er nun diese Gefühle genauer anschaute, wurde ihm klar, dass er die Liebesverstrickungen benutzt hatte, um sich dadurch von Anfällen seines schwarzen Pessimismus abzulenken, die ihn sein Leben lang begleitet hatten. Als Kind war er der Düsternis in seiner Familie und in sich selbst begegnet, indem er sich immer irgendetwas gesucht hatte, das sein Interesse fesselte und ihn von seiner Verzweiflung ablenkte. Er war immer von irgendeinem Ziel besessen gewesen – er sammelte Baseballkarten, baute Modellflugzeuge, lernte Klarinette und Basketball spielen. Jedes dieser Ziele hatte sein Leben eine gewisse Zeit lang beherrscht; dann ließ er es fallen und tauschte es gegen ein anderes ein. Seit er vier Jahre alt war, hatte er wie unter einem Zwang regelmäßig masturbiert, und mit vierzehn begann er sich aktiv für Sex zu interessieren. So gab es immer eine Tätigkeit oder eine Person, die ihm Zerstreuung und Stimmungsaufheller waren. Sobald sie diese antidepressive Funktion verloren, ging er zu etwas anderem über. Dieses Muster bestimmte sein sexuelles und erotisches Leben. Er spürte Panik bei dem Gedanken, sich an Pamela zu binden und dann vielleicht früher oder später in ein tiefes Loch der Langeweile und Leblosigkeit zu fallen.

Für manche Menschen bringt die Intensität einer gestörten Beziehung oder die Aufregung von Eroberungen einen Kick mit sich, den aufzugeben genau so schwer sein kann wie für einen Drogenabhängigen, auf Entzug zu gehen. Erregung und Faszination können sich unter sehr vielen verschiedenen Formen präsentieren: als Verfolgung des Unerreichbaren; als sich wiederholende Enttäuschungen, die mit gelegentlichen Ekstasen abwechseln; sogar als emotionaler oder körperlicher Missbrauch. Sie können jedoch auch aus immer neuen Eroberungen erwachsen, aus aufregenden Tricks, mit denen man vermeidet, erwischt zu werden; aus den Lügen und Täuschungen eines Lebens am Abgrund. Die Muster sind unzählbar.

Folgendes ist wichtig für dich zu erkennen: Solange diese Bedürfnisse in dir die Oberhand haben, wirst du nicht zu einer guten Beziehung fähig sein, egal, wie heftig du sie ersehnst. Um das zu verändern, musst du zuerst verstehen, was du da tust und warum. Du wirst dann deine Aufgabe neu für dich formulieren müssen. Statt deine Aufmerksamkeit darauf zu richten, eine bestimmte Person dazu zu bringen, dich zu lieben, oder einmal mehr zu beweisen, dass du zu Verführung und Eroberung fähig bist, musst du diese Schachzüge durchschauen als nur kurzfristig wirkende Betäubungsmittel für die dauerhaften Beeinträchtigungen deines Selbstbewusstseins und für seit langem bestehende Ängste, Konflikte, Obsessionen und unterdrückte Neigungen. Wie wir in Kapitel 9 und 10 sehen werden, gibt es bessere Möglichkeiten, Schmerz und Leblosigkeit erträglicher zu machen und schließlich zu überwinden.

Die verschiedenen Schichten der Motivation

Selten ist es ein einziges Motiv, das, verborgen oder offen, die Menschen dazu bringt, eine gute Beziehung zu vermeiden oder zu torpedieren. Wenn es nur ein Motiv gäbe, wäre es relativ einfach, es zu finden, zu verstehen und seine zerstörerische Wirkung zu reduzieren. Leider sind wir etwas komplizierter. Wie wir bei Kim, Warren, Laura und anderen gesehen haben, gibt es viele psychologische Gründe, warum wir uns in der Liebe oft selbst im Wege stehen. Die Psychoanalyse würde von unserem «multikausalen» Verhalten sprechen. Wenn wir denken, wir hätten das zugrunde liegende Motiv gefunden und könnten nun seinen Einfluss reduzieren, müssen wir oftmals enttäuscht feststellen, dass dies uns nur einen Schritt weit dabei hilft, eine abhängige Beziehung abzubrechen und eine gute zu beginnen. Wir stecken immer noch fest und müssen weiter nach der Einsicht suchen, die uns befreit.

Einige der Motive, weshalb wir an schlechten Beziehungen festhalten, statt sie gegen gute einzutauschen, sind unserem Verständnis eher zugänglich als andere. So wie die Schichten von Sedimentgestein, die sich über unzählige Epochen der geologischen Zeitalter hinweg entwickelt haben, liegen unsere Motive in verschiedenen Schichten unseres Bewusstseins und wurden zu verschiedenen Epochen unseres Lebens herausgebildet. Schauen wir uns diese Schichten an, beginnend bei denen, die unserem wachen Bewusstsein am nächsten sind, um dann zu denen zu gelangen, die tiefer, früher und primitiver sind. Schauen wir uns an, wie diese Schichten bei Kim funktionieren.

Schicht 1 – Das ist die oberste Schicht, die der Verstandeseinsichten, der Rationalisierungen, der Selbsttäuschungen, die wir benutzen, um an etwas Schlechtem festzuhalten und das Gute zu vermeiden. Kim würde etwa sagen:

- «Nicht, dass Kevin mich nicht lieben würde – er will sich nur nicht binden.»
- «Die Typen, die nett sind und mir zeigen, dass sie an mir interessiert sind, kommen mir mittelmäßig, langweilig und unmännlich vor.»

Schicht 2 – Das ist die Schicht, in der die unerledigten Aufgaben liegen, die das Ringen um die elterliche Liebe betreffen. Der Antrieb kommt aus dem Wunsch, alte Verletzungen, Entbehrungen und Mängel zu heilen. Wenn Kim diese Motive in Worte fassen sollte, würde sie vielleicht sagen:

- «Ich muss meine kalte und abweisende Mutter in eine warme, liebevolle Frau verwandeln, und Kevin stellt meine Mutter dar. Ich muss es schaffen.»

- «Ich muss meinen launischen, überkritischen, emotional unzuverlässigen Vater in jemanden verwandeln, mit dem es Spaß macht, zusammen zu sein und der mich vergöttert. Kevin stellt meinen Vater dar. Ich muss es schaffen.»
- «Männer, die warmherzig und liebevoll sind und mich verehren und die nicht launisch oder schwierig sind, können mich nicht faszinieren, weil sie mir nicht gestatten, mich dem frustrierenden Ringen um mein lebenslanges Ziel zu widmen.»

Schicht 3 – Das ist die Schicht der Wünsche und Befürchtungen, die aus der ödipalen Dreieckssituation der Kindheit entstehen. Kim würde ihre konfliktreichen Gefühle so darstellen:

- «Eine gute Beziehung zu einem Mann zu haben, der mir offen seine beständige Liebe entgegenbringt, wäre, als hätte sich mein Kindheitstraum verwirklicht, in dem ich meinen Vater für mich haben wollte. Dann wäre meine Mutter zornig. Das wäre eine tödliche Feindschaft. Sie könnte mich töten oder ich sie. Oder sie könnte mich für immer verstoßen. Das wäre zu schrecklich.»
- «Es ist sicherer, wenn ich mir Männer wie Kevin aussuche, bei denen mir das kaum passieren wird. Ich muss Männer vermeiden, die liebevoll und erreichbar für mich wären und die mich dadurch in Gefahr bringen könnten.»

Schicht 4 – Das ist die Schicht der ersten Lebensjahre, vor dem Aufkommen des ödipalen Themas, wenn unsere Welt noch hauptsächlich aus unseren Eltern und der tröstlichen Sicherheit besteht, ihr kleines Mädchen oder ihr kleiner Junge zu sein. Das Kind in Kim würde sagen:

- «Ich muss für immer bei Mama und Papa bleiben. Wenn ich erwachsen werde und eine reife und befriedigende Beziehung zu einem realen und liebevollen Mann habe, werden sie sich nicht mehr um mich kleines Mädchen kümmern. Ich wäre erwachsen und getrennt von ihnen.»

Schicht 5a – Diese Schicht ist der vorhergehenden ähnlich. Sie führt noch etwas tiefer zu den Gefühlsschichten, die auf die frühe Kindheit zurückgehen, vielleicht sogar auf unsere vergessenen Tage im Mutterleib. Sie spiegeln Gefühle von Wohlbehagen und Sicherheit, die der warmen

Geborgenheit dieser Periode entstammen. Kim als Säugling könnte dazu sagen:

- «Ich möchte den warmen Leib und die schützenden Arme von der Person, die mir so vertraut ist, nicht verlassen, um in eine Welt hinauszugehen, die unbekannt ist und so gefährlich und furchterregend scheint. Ich möchte mich nicht verändern, sondern mit meiner Mutter verschmolzen bleiben.»
- «Mit Männern wie Kevin kann ich vielleicht kurze Ausflüge in die Erwachsenenwelt unternehmen, doch ich kann mich darauf verlassen, dass ich meinen sicheren Kinderplatz wiederfinde.»
- «Männer, die mir eine erwachsene Beziehung anbieten, machen mir Angst. Ich will sie vermeiden, ihnen widerstehen, sie abweisen.»

Schicht 5b – In derselben Schicht der frühesten Kindheit und der vorgeburtlichen Phase befinden sich auch die Gefühle, die aufgrund früher Erfahrungen entstehen, wenn unsere Bedürfnisse nach liebevoller Geborgenheit, Bestätigung und emotionalem Genährtwerden schlecht oder nur gelegentlich erfüllt werden. Dieser Mangel hinterlässt in uns einen Bodensatz an Gefühlen der Leere, Schalheit oder Depression, die wir zu vertreiben suchen durch die Spannung und die Turbulenzen von gestörten Liebesbeziehungen. Kim drückte Gefühle aus dieser Schicht aus, wenn sie sagte:

- «Wenn ich mich wegen Kevin quälte, fühlte ich mich wenigstens lebendig. Ich spürte: Ich habe Schmerzen, also bin ich.»
- «Wenn ich mich mit einem Mann einlasse, bei dem es keinen Schmerz und keinen Kampf gibt, dann überfallen mich Gefühle von Langeweile und Leblosigkeit.»

Wenn du siehst, dass die Motive so vielschichtig sind, die es verhindern, dass du dich zu einem geeigneten Partner hingezogen fühlst, dann kannst du das Gefühl bekommen, das alles sei viel zu kompliziert und verlange zu viel Einsicht. Aber verzweifle nicht. Du musst nicht sämtliche Motivationsschichten aufdecken, um eine Veränderung zu bewirken. Einige von ihnen sind möglicherweise wesentlich einflussreicher als andere, und manchmal kann sogar eine recht subjektive Sicht der Dinge ausreichen, um den zerstörerischen Magnetismus deiner geheimen Ziele zu schwächen.

Als Kim zum ersten Mal klar wurde, dass sie sich mit Kevin und Männern seiner Art einließ, weil sie vom verzweifelten Wunsch getrieben war, ihren schwierigen Vater in einen liebevollen zu verwandeln, meinte sie, es sei wohl ihr Schicksal, dieses Muster endlos zu wiederholen: «Das ist so ungeheuer tief in mir verwurzelt.» Ich antwortete ihr: «Es mag Ihr Schicksal gewesen sein, bevor Sie die Verbindung zwischen Ihres Vaters Zurückweisung und der Anziehungskraft ungeeigneter Männer auf Sie

verstanden hatten, jetzt aber sind Sie in der Lage, das Skript zu ändern, wenn Sie das wollen.» Nach einer Weile musste ich jedoch zugeben, dass die neue Einsicht ihr zwar half, mit Kevin Schluss zu machen, dass sie ihr jedoch nicht den Weg zu weisen schien, um neue und befriedigendere Beziehungen anzuknüpfen. Ich fragte mich, ob es lediglich eine Frage der Zeit sei, bevor sie die neue Einsicht nutzen könnte – manchmal braucht es eine Weile, bevor das möglich ist – oder ob sie durch Einflüsse blockiert wurde, die wir noch nicht verstanden. Dann wurde sich Kim einer kindlichen Sperre bewusst, die sie davon abhielt, ihrer grimmigen und ziemlich mächtigen Mutter den Vater auszuspannen. Indem sie sich eine gute Beziehung auch heute noch nicht gestattete, vermied sie immer noch die Gefahren der Rivalität. Mit dieser neuen Einsicht schien sich ein weiteres Puzzlestück dem Ganzen hinzuzufügen. Kim konnte nun sagen: «Ich will etwas wirklich Gutes mit einem Mann, und ich werde aufhören, Typen, die völlig in Ordnung sind, zu disqualifizieren, weil ich sonst bei keinem besseren Partner enden würde, als meine Mutter ihn hatte.» Diese innere Entscheidung, die nicht auf vagen Hoffnungen basierte, sondern auf Selbsterkenntnis und dem Beschluss, diese auch einzusetzen, war ein entscheidender Schritt auf dem Weg, der schließlich zu Kims Liebesbeziehung mit David führte.

Bei der Arbeit an den verschiedenen Motivationsschichten muss es daher für dich darum gehen, dir so weit als möglich auf die Schliche zu kommen, sodass du dir nicht unbewusst ständig selbst Fallen stellst. Indem du der unbewusst wirkenden Faktoren gewahr wirst, kannst du deiner Aufmerksamkeit eine neue Richtung geben: sie weglenken von der hektischen Suche nach dem «richtigen» Partner, hin zu mehr Verständnis deiner selbst und zu deiner inneren Wandlung. So wichtig es sein mag, aktiv einen geeigneten Partner zu suchen, kann dieses Bemühen doch umsonst sein, wenn du dich nicht anstrengst, deine Neigung zum Selbstboykott zu verstehen und langsam abzubauen. Das Aufdecken deiner verborgenen Motive und deine Befreiung von ihrem Einfluss kann allein schon dazu führen, dass du freier, mutiger und liebesfähiger wirst.

9

Sich dem passenden Liebespartner zuwenden

Nehmen wir nun an, dass Personen, die schlecht für dich sind, dich nicht länger anziehen; dass du deine Liebesfähigkeit vergrößert hast; dass du dir deiner Reise und ihrer Ziele sicherer bist und dass du begonnen hast, darüber nachzudenken, welchen Reisegefährten du dir für diese Reise wünschst. Doch hier kann es sein, dass du auf ein Hindernis triffst, das erst einmal jedes Vorankommen blockiert. Die Person, die du als geeigneten Reisebegleiter erkannt hast, zieht dich nicht an! In der Tat mag manchen Menschen die Idee, eine liebende Begleitung für ihre Reise zu finden, als unromantisches und wenig verlockendes Vorhaben erscheinen. Sie verhalten sich wie jemand, der sich Stellenanzeigen anschaut, die ihn nicht reizen, weil zu viel Sicherheit geboten wird. Der rein pragmatische Aspekt kann Leidenschaft gänzlich vertreiben.

Aber das muss nicht so sein. Denn nichts vertreibt Leidenschaft und Romantik sicherer als der Versuch, mit jemandem zu leben, der mit deinen Bedürfnissen und deinen Reisezielen nichts anfangen kann. Und trotz deiner unzähligen Fehlleistungen auf diesem Sektor ist es durchaus möglich, dass du dich plötzlich leidenschaftlich von jemandem angezogen fühlst, der auch ein guter Reisebegleiter für dich wäre. Das kommt immer wieder vor. Aber wenn dir das noch nicht passiert ist, trotz der Veränderungen, die du bisher erreicht hast, so gibt es eine zusätzliche Möglichkeit, die hilfreich sein kann. Du musst zunächst genau definieren, was dich an der Person, die nicht gut für dich war, so unwiderstehlich angezogen hat, um dann diese Züge in nicht toxischer, nicht destruktiver Form in einer Person zu suchen, die gut für dich sein könnte. Schauen wir, wie das funktioniert.

Ein Ekel sein ist keine Stärke

Als Kim den Punkt erreichte, wo sie abgestoßen wurde durch die Überheblichkeit der Kevins dieser Welt, zwang sie sich eine Zeit lang, mit Männern der anderen Sorte auszugehen; das waren Männer, die ihr zu viel verziehen und ihr erlaubten, sie ihrerseits schlecht zu behandeln. Zu ihrem Erstaunen entdeckte sie eine Arroganz und Grausamkeit in sich, die sie nie vermutet hätte. Sie brach Verabredungen im letzten Augenblick. Sie entdeckte die verletzlichen Seiten dieser Männer und zog sie damit auf. Oder sie ließ sie glauben, dass sie interessiert sei, um ihnen plötzlich zu sagen, sie wolle sie nicht mehr treffen. «Ich muss zugeben», sagte Kim zu mir, «dass das manchmal Spaß macht. Das hat mit Macht zu tun, und ich kann nun ahnen, wie Kevin sich gefühlt haben muss. Aber dann hasse ich mich dafür. Ich mag mich so nicht. Und mit Sicherheit führt das zu nichts Gutem. Was läuft da eigentlich?»

Als wir versuchten, das herauszufinden, konnten wir sehen, wie viel versteckte Wut sich ihr Leben lang in Kim angestaut hatte, Wut, die daher rührte, dass sie abhängig gewesen war von der mütterlichen Kälte und der Unzuverlässigkeit des Vaters. Als sie älter wurde, begab sie sich Männern gegenüber in die unterwürfige Haltung ihrer Mutter, was ihre Wut noch schürte. Teilweise erlaubte sie Kevin und anderen, ihre Wut für sie auszuagieren, und identifizierte sich dabei mit ihnen, obwohl sie das Opfer war. Wenn sie dann mit Männern ausging, die sich schlecht behandeln ließen, kamen ihre Wut und ihre Grausamkeit an die Oberfläche. Zuerst war sie erschreckt und beunruhigt, doch schnell wurde sie müde, diese Gefühle auszuleben. Sie konnte auch sehen, dass ein Mann, der sich so behandeln ließ, ihr niemals gefallen könnte. An diesem Punkt verließ sie ihre Sicherheit, denn bisher hatte sie in ihrem Kopf die Welt eingeteilt in solche, die andere fallen lassen und solche, die fallen gelassen werden. Plötzlich konnte sie es nicht mehr ertragen, wenn man sie fallen ließ, und sie konnte auch keine Achtung empfinden für Männer, die sich von ihr herumschubsen ließen. Wen aber gab es sonst noch? Ich versicherte ihr, dass ihre Art, Menschen in zwei Kategorien aufzuteilen, falsch sei und dass sie das in ihrer Familie gelernt hätte, wo Macht missbraucht wurde. Ich sagte ihr, dass es Alternativen gäbe.

Als Kim David auf einer Party begegnete, fand sie ihn attraktiv, locker und humorvoll. Er notierte sich ihre Telefonnummer und sagte: «Ich werde Sie vielleicht nicht so bald anrufen können, weil mein Terminkalender in den nächsten zwei Wochen sehr voll ist – aber anrufen werde ich.» Sie wusste nicht, was sie davon halten sollte – das klang wie das altbekannte Fluchtverhalten, das jedes Mal bei ihr gewirkt hatte, weil es ihre süchtige Schwachstelle ansprach. Während die Tage vergingen, wechselte ihre Stimmung von der alten Besessenheit («Warum ruft er nicht an?») zu Abneigung, weil sie fürchtete, er könne wie Kevin sein. Doch dann rief er wirklich an, und sie verabredeten sich für die folgende Woche. Sie hatten einen angenehmen Abend miteinander und sahen sich danach öfter.

Kim wurde klar, dass David weder sie schlecht behandeln, noch ihr gestatten würde, dies mit ihm zu tun. Doch er hatte einige Eigenschaften, die, obwohl positiv und in Ordnung, an ihre alte Unsicherheit rührten, die noch von ihrem Vater stammte. Dies bedeutete einen kleinen Kick für die Beziehung, ohne sie wirklich zu gefährden. Obwohl er sie nie hängen ließ oder ihre Bedürfnisse und Gefühle missachtete, war er beispielsweise vielbeschäftigt und hatte gute Freunde, die er mochte, ernst nahm und mit denen er gelegentlich zum Zelten oder Klettern fuhr. Kims Unfähigkeit, diese Aspekte seines Lebens unter ihre Kontrolle zu bekommen, hatte etwas von der alten Unsicherheit, die für sie erregend war. Und obwohl er nicht an ihr herumnörgelte oder sie ständig kritisierte, wie ihr Vater, Kevin und andere das getan hatten, so reagierte er doch auf das, was sie tat, nicht immer mit bedingungsloser Zustimmung – er hatte bestimmte Vorstellungen und konnte ziemlich ärgerlich werden, wenn sie gedankenlos mit ihm umging oder eine Sache nicht durchzog, die sie zuvor zu tun versprochen hatte. Ihr war es wichtig, ihn weder zu enttäuschen noch zu ärgern, und zwar weil sie ihn liebte, nicht, weil sie fürchtete, von ihm bestraft oder zurückgewiesen zu werden.

Was hatte sich für Kim geändert? Früher war ein Mann für sie anziehend gewesen, wenn seine Bindungsscheu sie in ihrer zwanghaften

Bedürftigkeit dazu brachte, sich zu demütigen, indem sie ihm nachlief. Hatte sie den Punkt erreicht, wo das nie mehr so zu sein brauchte? War der dämonische Auslöser ihres leidenschaftlichen Bedürfnisses, sich auf solche entwürdigenden Beziehungen einzulassen, ihr ausgetrieben worden wie ein böser Spuk? Größtenteils war das so. Die wachsende Liebe und gegenseitige Wertschätzung in der Beziehung zu David verringerte jenes Bedürfnis und verringerte damit auch die ihm zugrunde liegende Wut. Doch diese Seite in Kim konnte durch einen Rest von Unsicherheit immer noch in ihr aufflackern; sie wurde genährt, wie wir gesehen haben, durch Davids nicht vollständige Verfügbarkeit und durch seine ärgerliche Weigerung, sich schlechte Behandlung gefallen zu lassen.

Darüber hinaus eröffnete sich Kim einen weiteren, emotional sicheren Weg, wie einige ihrer alten, leidenschaftlichen Gefühle sich wieder entfachen ließen. Sie entdeckte, dass sie im Bett spielerisch einige milde Phantasien von Dominanz und Unterwerfung ausprobieren konnten, die sehr erregend für sie waren, ohne gefährlich zu sein, da sie sich eindeutig innerhalb der spielerischen Grenzen bewegten, durch ihre Liebe geschützt waren und nicht auf ihre Alltagsbeziehung übergriffen.

Viele Menschen bemerken, dass es selbstzerstörerische und schädliche Skripts aus der Vergangenheit in ihnen gibt – ganz gleich, ob diese eine dominante, unterwürfige, sie selbst verleugnende, kämpferische oder andere Rolle für sie vorsehen –, für die sie in ihrer Sexualität oder anderweitig unschädliche und für beide Seiten befriedigende Wege finden, um spielerisch damit umzugehen. Diese Lösung ist sehr viel besser, als alte Muster in das Gewebe der neuen Partnerschaft hineinzubringen; sie kann für viele Paare die Beziehung intensivieren und ihre Verbindung festigen.

Mürrisch ist nicht attraktiv

Nachdem Warren seine frustrierende Beziehung zu Diane abgebrochen hatte, machte er sich Gedanken darüber, weshalb er mehrfach von der gleichen Art egozentrischer, kalter Frauen angezogen worden war. Was hatten die an sich?

Er schaute Hunderte von Fotos an, die er in seinem Studio gemacht hatte und bemerkte, dass die Models, die er am attraktivsten fand – abgesehen davon, dass sie sehr schön waren –, auch gewisse gemeinsame Züge hatten. Sie alle hatten hohe Backenknochen, und ihre Augen spiegelten eine gewisse Energie. Aber was Warren noch mehr auffiel, war, dass sie alle einen ähnlichen Gesichtsausdruck hatten – mürrisch, schlecht gelaunt, unfreundlich. Warren hatte sogar bei Reklameagenturen den Ruf, diesen Ausdruck besonders gut auf seinen Fotos einzufangen.

Er fühlte sich unrettbar zu Frauen hingezogen, die seinen verweigernden Eltern in der Kindheit ähnelten. Die Ähnlichkeit lag in der Abweisung, die ihr Ausdruck spiegelte, und doch konnten weder seine Einsicht in die Ursachen noch sein Wunsch, die Vergangenheit nicht zu wiederholen, ihn dazu bringen, diese Neigung aufzulösen. Er konnte sich einfach nicht für Frauen erwärmen, die das sonnige Aussehen und die Einstellung von jungen Mädchen hatten, die bei Sportveranstaltungen die Wettkämpfer anfeuern. Wie sollte er eine Frau finden, die ihm gefiel und die ihm auch eine gute Partnerin wäre? Gab es unter allem, was ihn bisher angezogen hatte, nichts, was ungefährlich war?

Es war klar, dass Warren sein Faible für Frauen mit hohen Backenknochen und Feuer in den Augen nicht aufzugeben brauchte. Nichts an diesen Attributen selbst war für ihn schädlich. Er hoffte, es könne vielleicht Frauen mit diesen besonderen Merkmalen geben, die ihn anzogen und die nicht launisch und gemein waren. Er zog auch den Schluss, dass es gut für ihn sei, sich an Frauen zu halten, die, obwohl fähig zu Nähe und Fürsorge, gleichzeitig nicht allzu leicht erreichbar sein würden.

Warren fand eine solche Frau in Pamela, die früher als Model gearbeitet hatte und jetzt ein Studio für Models leitete. Pamela hatte Ecken und Kanten, war aber auch sanft, fürsorglich und sehr reif. Manchmal nörgelte sie ein bisschen, aber das war eine Laune, die schnell verging. Außerdem hatte sie die hohen Backenknochen, die ihm so gut gefielen. Anders als in seinen vorherigen Beziehungen, spielten sich zwischen ihnen keine Kämpfe ab. Es gab nur wenige Szenen mit Schreien, Türenschlagen und tränenreicher Versöhnung. Mit Pamela zusammen zu sein, war die meiste Zeit wirklich gut.

Und, ähnlich wie Kim mit David, konnte Warren einige seiner verbliebenen Bedürfnisse nach Kampf, Konflikt und Eifersucht in sexuellen

Phantasien ausleben, die er mit Pamela teilte, ebenso wie in gelegentlichem, verbalem Schlagabtausch, der mehr dazu bestimmt war zu amüsieren als zu verletzen. Anders als bei Diane machte sich Warren bei Pamela, wenn sie stritten, niemals Sorgen, dass sie die Nerven verlieren oder ihn verlassen würde. So konnte er bei Pamela die Eigenschaften finden, die seine Gefühle und seine Leidenschaft ansprachen, doch ohne den Schmerz, der bis dahin immer dazugehört hatte.

Pfeffer an die Suppe geben

Als Laura ihre Haltung aufgab, in der sie ihren Therapeuten gebeten hatte, er möge sie mit dem Gerede von der persönlichen Reise in Ruhe lassen, durchlebte sie eine Zeit der Selbstentdeckung, die sie zu der Erkenntnis führte: «Ich brauche jemanden, dessen Reise gut zu meiner passt». Damit hatte sie eine entscheidende Wende vollzogen in ihrer Einstellung gegenüber Beziehungen. Doch sie war noch weit entfernt davon, sich mit einem Reisegefährten der neuen Art zu verbinden. Tatsächlich machte Laura zu diesem Zeitpunkt die Bemerkung, die in Kapitel 1 wiedergegeben ist: «Der Typ egozentrischer Charmeur, der mich früher anzog, widert mich jetzt an, und dafür bin ich dankbar: zu viele Tränen und Jahre habe ich hier verschwendet. Dennoch finde ich Männer, die mir eine solide, gute Beziehung bieten könnten, immer noch so aufregend wie salzlose vegetarische Kost…»

Ich bat Laura, genau zu beschreiben, welche Züge sie an Les und den anderen Männern, mit denen sie intensive, aber begrenzte Beziehungen gehabt hatte, besonders attraktiv gefunden hatte. Sie antwortete: «In gewisser Weise waren sie alle Power-Männer. Die meisten vermittelten den Eindruck, weder mich noch irgendeinen anderen Menschen wirklich zu brauchen. Ich hatte immer das Gefühl, wenn ich vom Erdboden verschwände, würden sie es kaum bemerken.»

«Und war das so anziehend daran, nicht wichtig zu sein?», fragte ich sie, «und weshalb war das so?» Als Laura darüber nachdachte, wurde ihr klar, dass ihre Antwort mehrere Dimensionen hatte. «Zuerst einmal ist es mir vertraut. Mein Vater beherrschte mich und den Rest der Familie so, als seien wir sein Besitz, besonders wenn er seine Quartalsäuferanfälle hatte, die schrecklich waren. Ich erinnere mich an kein einziges Gespräch mit meinem Vater, in dem er mir nicht einen Befehl erteilt oder mich zusammengestaucht hat, weil ich wieder etwas falsch gemacht hatte. Ich erinnere mich an kein Gespräch, in dem ich ihm meine Gefühle offenbart oder ihn um Rat gebeten hätte. Was ich, mein Bruder oder meine Mutter fühlten, kümmerte ihn nicht. Meine Mutter war völlig inkompetent, und die wenigen Male, wo ich zu ihr ging, weil ich in heller Aufregung war, benahm sie sich völlig hilflos. So vergrub ich mich in meinen Schularbeiten und wurde zur Überfliegerin. Ich war bei den Besten, durfte in der Highschool für meine Klasse die Abschiedsrede halten und hatte die ganze Zeit noch nebenher einen Job, um mein eigenes Geld zu verdienen. Ich war entschlossen, niemanden zu brauchen. Als ich älter wurde, lernte ich mehr und mehr, mit mir und meinem Leben allein zurechtzukommen.»

Indem Laura sich das klarmachte, verstand sie, dass sie sich Männer wie Les aussuchte, nicht nur, weil sie ihr vertraut waren und ihr erlaubten, in ihrer alten Bemühung, die Liebe ihres Vaters zu erringen, fortzufahren, sondern auch, weil das Desinteresse und die Beziehungsscheu dieser Männer ihr in gewisser Weise Sicherheit gaben. «Sicherheit wovor?» fragte ich sie. Wir entdeckten gemeinsam, dass Laura Männer gewählt hatte, die sie aufgrund ihrer eigenen, gut geschützten Grenzen und ihrer beschränkten Fähigkeit zu fürsorglichem Verhalten niemals in Versuchung gebracht hatten, ihre lang begrabenen Wünsche nach Nähe und Intimität an die Oberfläche kommen zu lassen. Sie hatte sich niemals mit einem Mann zusammengetan, der sie spüren ließ, es sei in Ordnung, dass sie ihm ihre Ängste, ihre Sorgen, ihre Sehnsüchte zeigte, oder ihren Wunsch, er möge sich ihre Gefühle anhören und sie bestätigen. Bei Männern wie Les konnte sie sich auch nicht vorstellen, dass es möglich wäre, ihren Zorn zu zeigen, weil sie nicht für sie da waren. Die Art von Beziehung, die sie mit diesen Männern hatte, bestärkte sie darin, die Gefühle, die sie vor langer Zeit als beschämend und unerwünscht erkannt hatte, für sich zu behalten. Bei Les und anderen war von Anfang an klar gewesen, dass sie ihre Erwartungen und Bedürfnisse fest verschlossen hielt. Das bedeutete Sicherheit, kalte Sicherheit.

Laura begriff nun auch, wie ihre Handlungen und Entscheidungen die Entbehrung aufrechterhielten, unter der sie in ihrer Kindheit gelitten hatte. Und sie tat jetzt, was Kim, Warren und viele andere tun, wenn sie entdecken, dass sie von Merkmalen angezogen wurden, die schädlich für sie sind – sie verfiel ins andere Extrem. Sie traf sich nun mit Männern, die in vielerlei Hinsicht das Gegenteil von Les waren, gutmütige Typen, die jedoch dazu tendierten, labil und sozial unsicher zu sein, und die nur allzu erpicht darauf waren, eine intime Verbindung einzugehen. So sehr sie sich auch bemühte, sie konnte sich für diese Männer nicht begeistern. In der Tat hatte sie während dieser Begegnungen Gefühle der Beklemmung bis hin zu der Angst zu ersticken. Diese Männer waren nicht eigentlich unattraktiv; andere Frauen mochten sich zu ihnen hingezogen fühlen und sich bei dieser sensiblen und beziehungshungrigen Art Mann geborgen wissen. Doch Laura konnten sie kein Feuer entlocken. Sie fand, ihnen fehle es an Pep. Sie fürchtete, dass die Kombination ihrer eigenen Bedürftigkeit mit der eines bedürftigen Mannes zu einer erstickenden Abhängigkeit führen würde. Und sie fürchtete außerdem, dass ihre eigene Dynamik und ihre Neigung, die Dinge in die Hand zu nehmen, einen solchen Mann leicht überfordern könnte. Da Laura diese Männer so sah, fiel es ihr schwer, leidenschaftliche Gefühle für sie zu entwickeln.

Während dieser Zeit, wo sie nicht mehr in der Lage war, zu Männern wie Les zurückzukehren, und wo die anderen, emotional erreichbaren Männer sie eher abstießen, verlor Laura fast die Hoffnung, sie könne irgendwann eine Liebesbeziehung finden. Langsam begann sie zu begreifen, dass sie von einem Extrem ins andere gefallen war, indem sie versucht hatte, sich für Männer zu begeistern, die dazu einfach nicht geeignet waren. Dann bemerkte sie plötzlich, dass es Männer gab, die in sich ruhten, ohne sich zu scheuen, ihre Bedürftigkeit oder Verletzlichkeit zu zeigen; die klare Grenzen setzen konnten, ohne sich einzumauern; die für sich selbst sorgen konnten, ohne es anderen gegenüber an Fürsorge mangeln zu lassen; und die für sich sein konnten, ohne wegzulaufen oder ganz zu verschwinden. Sie erkannte, dass es Männer gab, die offen, liebevoll und zur Nähe fähig sein konnten, ohne die Beziehung in gegenseitiger Abhängigkeit zu ertränken. Was Laura suchte, war weder Les noch sein Gegenteil, sondern ein Mann, der selbstsicher genug war, um ohne Angst kontinuierliche Nähe zulassen zu können, selbstsicher genug, um Lauras Stärken oder ihre Bedürftigkeit nicht zu fürchten. Diese Männer schienen ihr nicht lediglich «gesund wie ein vegetarisches Essen», sondern durchaus interessant und aufregend. Mit neuem Optimismus schaute sie sich nun um und stellte fest, dass es Männer gab, die aufregend und interessant und trotzdem praktisch und emotional erreichbar waren. Und wie es häufig vorkommt, wenn Menschen etwas wahrnehmen, was sie bisher übersehen haben, so tauchten immer mehr solcher Männer in Lauras Leben auf. Einer von ihnen war Bob.

Laura und Bob waren von ihren jeweiligen Firmen abgeordnet worden, um sich mit den Möglichkeiten für eine zukünftige Zusammenarbeit zu beschäftigen. Sie hatten eindeutig Spaß am Zusammensein und lachten viel miteinander, auch wenn das Projekt oft schwierig und anstrengend war. Sie mochte seine Art, kreativ und mit Hingabe zu arbeiten, ohne sich oder die Sache allzu ernst zu nehmen. Sie hörte ihn gern über seine vielfältigen Interessen reden und mochte, wie er eine Antenne zu haben schien für die Dinge, die sie von sich erzählte. Als die Arbeit beendet war, lud er sie zum Essen ein. «Dank Ihnen haben mir die letzten paar Wochen viel Spaß gemacht», sagte er zu ihr, «aber ich habe Sie nicht eingeladen, nur um mich zu bedanken oder zu verabschieden. Eigentlich soll es mehr ein Willkommen sein. Ich fühle mich sehr zu Ihnen hingezogen. Das sollten Sie wissen. Aber ich wollte die Sache nicht in diese Richtung lenken, bevor das Projekt zu Ende war. Ich denke, ich habe besonders hart gearbeitet, damit es schnell beendet wäre und ich Sie einladen könnte!» Er lächelte offen. «Ich habe jeden Abend, wenn ich mein Büro verließ, daran gedacht, wie viel Freude es macht, mit Ihnen zusammen zu sein, und dass Sie eine besondere Frau sind. Ich habe das Gefühl, wir beide könnten gut zusammenpassen. Ich stelle mir vor, Sie könnten ähnlich empfinden. Oder bilde ich mir das nur ein?»

Laura war von seiner Direktheit überrumpelt. War es eine Masche? Wenn ja, so könnte sie darauf eingehen. Aber als sie ihn anschaute, hatte sie keine Zweifel an seiner Ernsthaftigkeit. Sie lächelte so offenherzig wie er. Sie spürte auch eine vertraute Erregung in einem emotionalen Austausch, der neu für sie war. «Ob wir gut zusammenpassen könnten? Nun, ich denke, es wird Spaß machen, das herauszufinden.»

Ein Gegenmittel gegen seine Allergie

Daniel ist der neunundzwanzigjährige Naturwissenschaftler, den ich in Kapitel 2 zitiert habe. Dort sagte er: «Ich bin jetzt allergisch gegen die Art Frau, die mich früher anzog und mir das Leben zur Hölle machte. Aber nun fühle ich mich zu gar niemandem mehr hingezogen. Ich lebe in einer Art Vakuum.» Er hatte zwei ernsthaftere Affären gehabt mit Frauen, die lebenslustig waren, verführerisch und voller Energie. «Ich liebe diese Eigenschaften – sie verjagen Langeweile und Traurigkeit und machen das Leben zum Vergnügen. Ich fühlte mich zu beiden Frauen sehr hingezogen und war dann ziemlich am Boden zerstört, als ich entdecken musste, dass beide mir nicht treu waren, obwohl wir vereinbart hatten, monogam zu leben.»

Auch Daniel verfiel ins andere Extrem, indem er sich unterwürfigen und ernsthaften Frauen zuwandte. Er versuchte, sich für sie zu begeistern, doch vergeblich. Zwei Dinge musste Daniel an dieser Stelle ändern. Zuerst musste er dafür sorgen, dass sein Leben weniger langweilig wäre, sodass er nicht länger solche flatterhaften Superfrauen brauchte, um Glanz und Farbe hineinzubringen. Zweitens musste er sich darüber klar werden, dass er seine Vorliebe für dynamische, lebenslustige und sexuell aktive Frauen nicht unbedingt aufzugeben brauchte, wenn er eine Beziehung wollte. Viele dynamische und sexuell aktive Frauen sind durchaus in der Lage, sich auf eine monogame Beziehung einzulassen. Daniel musste lernen, den Unterschied zu erkennen zwischen einer Frau, die gern flirtet, und einer, die gern verführt und zur Promiskuität neigt; zwischen einer Frau, die Spaß an der Liebe hat, und einer, die unverantwortlich handelt; zwischen einer Frau, die unbesorgt ist, und einer, die rücksichtslos ist. Er begann sich zu fragen, weshalb er sich nicht Frauen aussuchte, mit denen gut auszukommen war, und statt dessen immer solche wählte, die ihn verletzten. So wurde es ihm möglich, die Eigenschaften zu suchen, die ihn immer entzückt hatten, jedoch in einer gutartigen und positiven Form, die ihm keine Schmerzen bereitete.

Ein Eisblock ist kein Felsen

Carlas Einsamkeit in ihrer Ehe mit Jack hatte zu ihrer Trennung von ihm geführt. Zu ihrem Erstaunen vermisste sie ihn oft. Das überraschte sie, denn sie fand, dass es sehr wenig emotionalen Kontakt zwischen ihnen gegeben hatte. Ihr wurde jedoch klar, dass es zum großen Teil ausgerechnet Jacks zurückhaltende, schweigsame, wenig mitteilsame Art gewesen war, die ihr von Anfang an gefallen hatte. Er hatte etwas von einem soliden Felsen an sich gehabt. Weil Carla in einem Haus aufgewachsen war, wo es oft chaotisch zuging, wo häufig Übergriffe und Missachtung der Privatsphäre den Umgang bestimmten und sie sich oft als unsicher und nicht gefestigt erlebte, hatte seine scheinbare «ruhige Stärke» sie sehr angezogen. Doch während die Jahre dahingingen und ihre Frustration immer tiefer wurde, begann sie, diese Haltung weniger als Stärke, sondern eher als die verzweifelte Abwehr eines Mannes zu sehen, dem seine Gefühle und die Möglichkeit von Nähe Angst machten. Nachdem sie sich getrennt hatten, sagte sie ihm einmal während eines heftigen Streits: «Ich glaubte, du seiest stark – in Wirklichkeit bist du versteinert.»

Eine Zeit lang versuchte Carla es mit Männern, die das Gegenteil von Jack waren – sie waren sehr emotional, hatten keinerlei Mühe, ihre Gefühle in allen Einzelheiten mitzuteilen, und interessierten sich für jedes Detail von Carlas Gefühlen. Sie fand diese Männer interessant, aber sie lösten keinerlei Erregung oder Leidenschaft in ihr aus, und sie fühlte sich unbehaglich mit ihnen. Laura sah ein, dass «ruhige Stärke» sie immer noch anzog. Deshalb beschloss sie, statt das Gegenteil von Jack zu suchen, sich auf den Unterschied zu konzentrieren zwischen Männern, die stark schienen, weil sie sich eisern gegen ihre Gefühle wehrten, und jenen, die sich ihrer selbst sicher genug waren und sich selbst gut genug kannten, um auf Lauras Gefühlsäußerungen zu reagieren und ihre eigenen zu offenbaren.

Während dieser Periode der Entdeckungen und der Entwicklung bei Carla machte auch Jack einige drastische Veränderungen durch. Es zeigte sich, dass seine steinerne Fassade doch nicht aus unzerstörbarem Granit bestand. Er war völlig am Boden zerstört durch Carlas Weggang. Gefühle von Schmerz, Wut und intensiver Liebe zu Carla brachen aus einer Art unterirdischem Reservoir mit solcher Wucht an die Oberfläche, dass er eine Zeit lang fast unfähig war, normal zu funktionieren. Dieser Mann, der sich über Psychotherapie lustig gemacht und auf Leute, die sich zu sehr mit sich selbst beschäftigten, herabgeschaut hatte, fing nun eine Einzel- und eine Gruppentherapie an. Er konfrontierte sich mit Gefühlen, die er lange unterdrückt hatte, und erlebte höchste Beglückung, weil er in Kontakt mit sich selber kam und weil es ihm gelang, sich anderen gegenüber auszudrücken. Er hatte sich möglicherweise Carla als Partnerin ausgesucht, weil er davon ausgegangen war, dass sie seine Art, zurückhaltend und ernst mit seinen Gefühlen umzugehen, irgendwie brauchte und ihn deshalb nicht unter Druck setzen würde. Jetzt plötzlich brauchte auch er etwas anderes. Bei seinen Begegnungen mit Carla konnte er seiner Liebe zu ihr Ausdruck geben und ihr von der Veränderung sprechen, die er durchmachte. Er konfrontierte sie mit der Tatsache, dass sie in unbewusstem Einverständnis mit ihm dafür gesorgt hatte, dass er «versteinert» blieb, weil sie einen Fels brauchte, an den sie sich anlehnen konnte. Er sagte ihr, dass nun auch er sich eine reichere, tiefere Beziehung wünschte. Carla entdeckte, dass sie sich wieder zu ihm hingezogen fühlte und geneigt war, der Ehe eine neue Chance zu geben.

Offenheit ist nicht Bedürftigkeit

Als Peter, der medizinische Biologe, die Beziehung zu seiner letzten Freundin Elly abbrach, hatte sie unter Tränen an ihm gehangen, und er hatte sie fortgestoßen mit den Worten: «Du erstickst mich!» Peter begriff bald, dass Elly und die anderen Frauen, zu denen er sich hingezogen fühlte, unreif und unselbstständig waren. Er brauchte Zeit, um sich ganz seiner Forschung widmen zu können, und sah, dass die Unselbstständigkeit dieser Frauen dabei eine kaum zu ertragende Last war. Er begriff auch, dass sie ihn anzogen, weil Zweifel an seiner Attraktivität und seiner Tauglichkeit ihn befürchten ließen, dass unabhängigere Frauen sich nicht für ihn interessieren oder ihn vielleicht verlassen würden. Diese Einsichten brachten ihn zu der Äußerung, die in Kapitel 6 zitiert ist: «Ich bin nicht sicher, ob ich etwas daran ändern kann, zu wem ich mich hingezogen fühle. Auf jeden Fall bin ich aber entschlossen, mich nicht länger mit den gleichen unselbstständigen Frauen einzulassen, die ich enttäusche und die mich enttäuschen.»

Peter traf sich nun mit Frauen, die ihm im Alter näherstanden. Manchmal waren das Kolleginnen und andere Frauen mit gehobenen Berufen. Aber diese Frauen schienen so klug, erfahren und in sich selbst ruhend, dass es ihm nicht möglich war, sich vorzustellen, was sie von ihm wollen könnten. In der Therapie lernte er, dass sein geringes Selbstwertgefühl ihn seine Anziehungskraft auf Frauen unterschätzen ließ. Als er wahrhaben konnte, dass viele Frauen sich zu ihm hingezogen fühlten, begann er, sich mit intelligenten Frauen wohler zu fühlen. Dennoch stellte er fest, dass diese Beziehungen für ihn immer noch an Aufregung entbehrten. Er vermisste den Kick, den Frauen ihm vermittelten, die ihn offen bewunderten für alles, was er wusste, und die gerne von ihm lernten. Er fragte sich, ob er darauf würde verzichten müssen, wenn er eine Beziehung zu einer selbstständigeren Frau suchte.

Als er Marilyn traf, eine Frau, die vor zehn Jahren eine kleine Werbefirma aufgemacht und zu einer großen Agentur ausgebaut hatte, konnte er zum ersten Mal Erregung und leidenschaftliche Gefühle spüren für jemanden, der seinen beiden Bedürfnisrichtungen entsprach. Sie war eine starke, erfolgreiche, unabhängige Frau, und er fand das sehr attraktiv. Weil sie sehr durch ihr eigenes Geschäft und andere Aktivitäten besetzt war, hatte Peter jede Menge Zeit, um sich ohne Druck seiner eigenen Arbeit widmen zu können. Gleichzeitig war Marilyn beeindruckt von seiner medizinischen Forschungsarbeit. Sie liebte es außerdem, mit ihm in Museen und Konzerte zu gehen, und hörte gern, wie klug und begeisterungsfähig er sein konnte. Sie sagte ihm, nicht mit Augenklimpern, sondern mit echter Zuneigung und Wertschätzung: «Wenn ich mit dir ein Museum besuche, habe ich das Gefühl, meinen eigenen Führer zu haben.» Peter sagte mir: «Ich habe nie gedacht, dass ich beides haben könnte. Ich glaube aber, weil ich auf meine beiden Wünsche gehört habe, statt zu unterdrücken, dass ich bei einer Frau, die ich liebe, gern in der Lehrerrolle bin, konnte ich herausfinden, dass beides nicht unvereinbar ist. Marilyn ist wirklich erwachsen, und das mag ich. Und doch schaut sie in bestimmten Dingen zu mir auf in einer Weise, die wir beide mögen.»

Schwer, es ihm/ihr recht zu machen, doch nicht unmöglich

Als Harry schließlich mit Ruth Schluss gemacht hatte, entschlossen, sich mit Frauen, die ihn schlecht behandelten, nie mehr einzulassen, fragte er sich, was er an dieser Station seiner Reise brauchte. Sein Schluss, der in Kapitel 6 zitiert ist, lautete: «Die mir verbleibenden Jahre sollen so werden, wie mein Leben bisher nie war – heiter, mit viel Spaß, leicht und voll Liebe… Ich will nicht mehr darum kämpfen müssen, dass jemand nett zu mir ist.» Harry fand heraus, dass es viele Frauen gab, die gern nett zu ihm waren, weil er ein interessanter und gut aussehender Mann war, und weil diese Frauen eben nett waren. Ihre Aufmerksamkeiten und Zärtlichkeitsbeweise gefielen ihm, aber es fiel ihm schwer, mit Gefühlen von Liebe und sexueller Erregung auf sie zu reagieren.

Manchmal ertappte er sich dabei, wie er sich nach Ruth sehnte, trotz der herablassenden Art, mit der sie ihn behandelt hatte, oder vielleicht gerade deshalb. «Vielleicht kann man einfach einem alten Hund keine neuen Tricks beibringen», meinte er zu mir. «Ich werde nicht zu Ruth oder irgendeiner anderen Frau wie sie zurückkehren, weil ich dann meine Selbstachtung verlöre und mich das umbringen würde. Die Frau, mit der ich jetzt ausgehe, ist so lieb und zugewandt wie irgend möglich, nur das Feuer fehlt, und das brauche ich immer noch. Vielleicht muss ich akzeptieren, dass ich mich mit einer Partnerschaft ohne Feuer begnügen muss. Aber ich weiß nicht, ob ich dazu schon bereit bin.»

Dann begegnete Harry Elaine, als sie der Reinigungsfirma, die ihm gehörte, einen Prozess wegen zweier beschädigter Kleider machte. Er erschien zur Verhandlung und merkte sehr schnell zwei Dinge: Ihre Klage war berechtigt, und er fühlte sich sehr zu ihr hingezogen. Er bedeutete seinem Rechtsanwalt, dass er die Sache regeln solle und fragte sie, ob er sie zum Essen einladen könne. «Ich mochte die Art, wie Sie für sich eintraten», sagte er im Restaurant zu ihr, und er fragte sich, ob er nicht wieder angezogen wurde von derselben Art aggressiver und schwieriger Frau, die ihm sein Leben lang verfolgt hatte. Doch er spürte, dass sie anders war. «Sie kann zäh sein und für sich selbst einstehen. Sie kann auch anspruchsvoll sein. Aber ich denke nicht, dass sie bösartig ist», sagte er zu mir. Ich drängte ihn, auf der Hut zu sein vor Anzeichen von unfairem Verhalten, aber weder er noch ich konnten so etwas bei ihr finden. Manchmal war sie schwierig und bestand darauf, dass es nach ihrem Kopf ging, aber sie drückte das offen aus und setzte Harry nicht herab. Und sie konnte auch sehr warmherzig, zärtlich und beschützend mit ihm umgehen.

Harry lachte, als er mir sagte: «Ich denke, ein Fräulein Sonnenschein könnte mich nie für sich gewinnen. Aber ich habe etwas Wichtiges entdeckt: Wenn eine Frau schwierig ist, heißt das noch nicht, dass sie unmöglich ist; wenn sie anspruchsvoll ist, ist sie noch nicht hochnäsig.»

Narzissmus ist kein Selbstvertrauen

In fast allen Beispielen, die hier erörtert wurden, ist den Menschen, die unter Abhängigkeit leiden, ein wichtiges Merkmal gemeinsam: Sie sind ungewöhnlich egozentrisch und narzisstisch. Die verschiedenen Typen erotisch Abhängiger werden von verschiedenen Formen des Narzissmus angezogen (der eine von Personen, die ihn schlecht behandeln, der andere von Personen, die nicht verfügbar sind, usw.). Daneben hat der Narzissmus aber etwas an sich, was, wenigstens anfänglich, aus sich heraus für manche Menschen attraktiv zu sein scheint und nicht nur für den erotisch Abhängigen. Vor langer Zeit spekulierte Sigmund Freud in seinem Aufsatz «Über den Narzissmus», dass der Reiz egozentrischer Menschen davon ausgehen könne, dass wir ihre Art, sich in Szene zu setzen, als Zeichen beneidenswerten Selbstvertrauens ansehen. In dem Maße, wie unser eigenes Selbstvertrauen geringer ist, als wir es uns wünschen, bewundern wir die Anspruchshaltung des Narzissten und fühlen uns von ihr angezogen.

Das wurde von einem Kommentar Lauras erläutert. Ich hatte ihr gegenüber bemerkt, dass sie und Les scheinbar ein gemeinsames Ziel gehabt hatten, nämlich die Befriedigung seiner Bedürfnisse. Sie sagte: «Les und die anderen, von denen ich abhängig war, machten sich jeweils zur Nummer eins. Sie hatten es nicht nötig, sich anzustrengen, um meine Anerkennung zu gewinnen, da ich immer um die ihre bemüht war. Sie hatten es auch nicht nötig, mich glücklich zu machen, da ich immer versucht habe, sie glücklich zu machen. Das bewundere ich, selbst wenn es auf meine Kosten geht. Ich wünschte, ich hätte etwas mehr davon.» Dann fügte sie hinzu: «Schließlich ist es ein Zeichen von Stärke, nicht wahr? Spiegelt es nicht ein gesundes Ego?»

Was ich Laura gern sagen würde, ebenso den vielen anderen, die diese falsche Auffassung teilen, ist: «Nein, dieses Verhalten spiegelt kein gesundes Ego – nicht bei Narzissten wie Les, Kevin, Diane, Ruth und unzähligen anderen. Ihr haltet fälschlicherweise eine Schwäche für eine Stärke.» Ich sage dies, weil ein genauer Blick auf narzisstische Menschen zeigt, dass ihr ständiges Kreisen um sich selbst, ebenso wie ihre Ansprüche eine Reaktion auf verborgene Gefühle von Scham, Untauglichkeit und Wertlosigkeit sind. Psychotherapeuten müssen narzisstische Patienten oft wie rohe Eier behandeln, weil sie so empfindlich sind gegenüber allem, was sie als Kritik oder als eine Anspielung auf ihre Unvollkommenheit ansehen. Schon ein Hinweis darauf, dass sie möglicherweise in einem Konflikt im Unrecht sind, kann sie verletzen oder in Wut versetzen. Menschen mit echtem Selbstbewusstsein sind nicht so leicht verwundbar. Sie können Kritik vertragen und eigene Unzulänglichkeiten eingestehen. Und sie können Beziehungen schaffen, die liebevoll sind und auf Gegenseitigkeit beruhen.

Wenn du also von narzisstischen Menschen angezogen wirst, überprüfe kritisch deinen Eindruck, ihr Verhalten spiegele gesunde und nachahmenswerte Selbstbehauptung. Dieser Perspektivwechsel kann dich auf zwei Veränderungen vorbereiten, die du vornehmen solltest. Die erste wäre, dass du selbst daran arbeitest, dein Selbstwertgefühl zu stärken, statt zu versuchen, durch die Bindung an einen anderen Menschen an Selbstvertrauen zu gewinnen. Denn wenn du deine eigenen Interessen völlig hinter die eines anderen stellst, kann das dein Selbstbewusstsein nur schmälern oder ganz auslöschen. Die zweite Veränderung wäre, Menschen zu suchen, deren Selbstachtung gut genug verankert ist, sodass sie es nicht nötig haben, sich über dich zu erheben.

Die Kunst des Möglichen

Die Politik wird manchmal die «Kunst des Möglichen» genannt. In mancher Hinsicht könnte dieser Ausdruck auch auf den Prozess einer sich entwickelnden Beziehung angewandt werden. Es stimmt, dass einige Bindungssüchtige sich so vollständig von ihrer Sucht befreien, dass sie danach in der Lage sind, sich in Menschen zu verlieben, die keine sichtbare Spur der schädlichen Eigenschaften aufweisen, die einmal solche Macht auf sie ausübten. Andere wiederum werden, wie wir gesehen haben, glücklich mit Menschen, die noch einen Hauch der einst schädlichen Faszination besitzen, doch in einer so milden, abgeschwächten Form, dass da wenig oder gar kein zerstörerisches Potenzial mehr vorhanden ist. Wenn du in schlechten Beziehungen süchtig gefangen warst und dich Menschen nicht interessieren, die von denen, die dich früher anzogen, diametral verschieden sind, dann versuche herauszufinden, welche ehemals faszinierenden Züge dir gefährlich waren, und überlege, welches eine weniger schädliche Ausdrucksform dieser Eigenschaften sein könnte. Zum Beispiel:

- Wenn dich Menschen anziehen, die «gefährlich» leben, ***schau aus nach jemandem, der*** Bungeejumping macht, statt sich in ein wildes Sexleben zu stürzen; oder jemanden, der ehrgeizige Karrierepläne hat, statt seinen Lohn zu verwetten.

- Wenn dich Menschen anziehen, die viel Raum brauchen, weil sie Nähe und Enge fürchten, ***schau aus nach jemandem, der*** zwar mit vielen Interessen und Aktivitäten beschäftigt ist, aber der dennoch Raum und Zeit findet für Zusammensein und Intimität. Suche dir jemanden, der gerade so schwer zu erreichen ist, dass es dich anregt, ohne dass du dich im Stich gelassen fühlst.

- Wenn es dich stimuliert, von Menschen eingeschüchtert oder verängstigt zu werden, ***schau aus nach jemandem, der*** sehr ärgerlich werden kann, wenn du ihm oder ihr einen Grund dafür gegeben hast, der/die jedoch nicht unfair, sadistisch oder gewalttätig sein wird.

- Wenn dich Beziehungen anziehen, die von Beherrschung und Unterwerfung geprägt werden, ***schau aus nach jemandem, der*** sich darauf in milder Form im alltäglichen Leben einlässt oder der dieses Bedürfnis in sexuellen oder anderen Spielen mit dir ausleben kann.

- Wenn dich Leute anziehen, deren Beschäftigung mit der eigenen Erscheinung eine narzisstische Neigung spiegelt, ***schau aus nach jemandem, der*** Geschmack hat und sich gern elegant anzieht, doch daraus keine Ideologie macht.

- Wenn dich Leute anziehen, deren scheinbar unerschütterliche Selbstsicherheit sich als grandiose Egozentrik erweist, die für dich und deine Bedürfnisse wenig Raum lässt, ***schau aus nach jemandem, der*** ein gesundes Selbstbewusstsein hat – eine solide Basis, von der aus er dir die Hand reichen kann.

- Wenn dich Menschen anziehen, die lieblos und geizig mit ihrer Zuwendung sind – vielleicht weil du dich unbewusst immer noch bemühst, von einem wenig fürsorglichen Elternteil mehr Wärme zu erlangen – dann ***schau aus nach jemandem, der*** zurückhaltend und schweigsam ist, vielleicht auch Schwierigkeiten hat, seine Liebe zum Ausdruck zu bringen, der jedoch Liebe empfinden und für dich da sein kann.

- Wenn dein Mitgefühl leidenschaftlich angezogen wird von Menschen, die «einen gebrochenen Flügel» haben (weil sie z. B. drogensüchtig sind oder unter Zwängen, Depression, Misserfolg im Beruf oder anderem leiden) und wenn du dabei herausgefunden hast, dass deine Anstrengungen nur zu einer endlosen, dich schwächenden Rettungsaktion führen, dann ***schau aus nach jemandem, der*** neben einigen sympathischen Schwächen die Fähigkeit besitzt, diese offen zuzugeben. Er sollte jedoch grundsätzlich in der Lage sein, mit seinem Leben fertig zu werden und nicht alles daran setzen, um als Loser zu enden.

- Wenn du wiederholt fasziniert, doch letztendlich im Stich gelassen wirst von Menschen, die kindisch und impulsiv sind und dabei ständig nach sofortiger Bedürfnisbefriedigung jagen, ***schau aus nach jemandem, der*** Freude an Spaß, Spiel und Spontaneität hat, dabei jedoch ein verantwortungsbewusster Erwachsener bleibt.

- Wenn dich arrogante und anspruchsvolle Typen anziehen, bei denen immer alles nach dem eigenen Kopf gehen muss, ***schau aus nach jemandem, der*** stark und entscheidungsfreudig ist, der sich jedoch gegenüber deinen Bedürfnissen und Ansichten flexibel, fair und respektvoll verhalten kann.

- Wenn du dich häufig in Beziehungen hast verwickeln lassen mit Menschen, die dich herumschubsten, du aber jemand brauchtest, der Stärke und Kraft ausstrahlt, dann ***schau aus nach jemandem, der*** dich nicht herumzuschubsen braucht, der dir jedoch auch nicht gestattet, das mit ihm zu tun.

- Wenn du von zwanghaften Menschen angezogen warst, die so darauf erpicht sind, ihr Leben in perfekter Ordnung zu halten, sodass da wenig Raum war für Flexibilität, Spontaneität oder für dich, dann ***schau aus nach jemandem, der*** sein Leben kompetent und effektiv gestaltet, ohne starr zu sein, damit es weder sein/ihr Leben noch deines einengt.

Du kannst ein Künstler des Möglichen werden. Dein Ziel ist es, jemanden zu finden, der dich wirklich anzieht *und* mit dem eine gute Beziehung möglich ist, und zwar gut nicht im Sinne von gesund, aber fad, oder von einer langweiligen, aber deiner Fitness dienenden Übung. Etwas Erregung sollte schon vorhanden sein, wozu es vielleicht etwas von dem bedarf, was der früheren, zerstörerischen Droge ähnelt, jedoch in harmloser oder sogar wohltuender Form. Dies muss nicht garantieren, dass du dich augenblicklich sexuell stark angesprochen fühlst. Wahrscheinlich fällt es dir nicht leicht, dich auf jemanden einzustellen, der eigentlich nicht dein «Typ» ist. Selbstverständlich hilft dabei, wenn da möglichst viele gutartige Ähnlichkeiten vorhanden sind mit den «bösartigen» Objekten, die dich urspünglich sexuell anzogen. Es kann sein, dass du eine bewusste Anstrengung machen musst, um dich auf die anziehendsten Eigenschaften deines neuen Partners zu konzentrieren. Ganz am Anfang seiner Beziehung zu Pamela sagte Warren einmal: «Ich muss lernen, ihr gegenüber Leidenschaft zu empfinden, *obwohl* sie nett ist und mir das Leben durchaus nicht schwer macht. Sie ist zweifellos attraktiv, aber um mich zu stimulieren, muss ich mich auf ihre hohen Backenknochen konzentrieren und auf diesen schmollenden Ausdruck, den sie manchmal bekommt. Dies sind immer noch die alten Aphrodisiaka.» Doch als seine Gefühle für Pamela stärker wurden, konnte er sagen: «Es sind nicht nur diese Merkmale, die mich anziehen. Sie selbst ist es! Die Erregung geht nun von ihrer ganzen Person aus. Jetzt kann ich kaum noch erwarten, mit ihr zusammen zu sein, sie zu berühren. Sie ist sehr sexy.»

Auf diese Weise wird Leidenschaft, die ursprünglich von ein oder zwei Eigenschaften ausgelöst wurde, nun von der ganzen Person wachgerufen. Die sich entwickelnden Gefühle von Liebe und Fürsorge selbst werden zum erotischen Stimulans. Das heißt nicht, dass sich sexuelle Leidenschaft aus dem Nichts hervorzaubern ließe. Doch wenn da jemand ist, den du magst und der dir guttut, konzentriere dich auf die Merkmale, die dich anziehen, und gib deiner Leidenschaft Zeit, sich zu entzünden.

10
Sich bereit machen für eine echte Liebesbeziehung

Als Kim sich in der Phase zwischen Kevin und David befand, sagte sie einmal zu mir: «Ich bin doch ein liebevoller Mensch und wirklich reif für eine gute Beziehung.» Ich antwortete ihr, sie habe sicherlich einen großen Schritt in diese Richtung getan, indem sie die Beziehung zu Kevin beendete. Doch es sei vielleicht an der Zeit zu untersuchen, ob es auch bei ihr selbst Defizite hinsichtlich ihrer Eignung für eine gute Beziehung gäbe.

Kim war verletzt und ärgerlich. «Wollen Sie sagen, dass ich nicht das Zeug hätte für eine Beziehung? Ich war wirklich in Kevin verliebt. Sogar Kevin würde zugeben, dass ich zuvorkommend und rücksichtsvoll war. An meiner Eignung für eine Beziehung kann es doch keinen Zweifel geben – das Defizit lag bei Kevin.»

Auch Harry ging unter ähnlichen Umständen in die Defensive: «Ich war sehr liebevoll zu Ruth. Wenn sie nur annähernd so rücksichtsvoll und zärtlich zu mir gewesen wäre, wie ich zu ihr, hätten wir auf Wolke sieben schweben können. Leider war ich zu liebevoll.»

Kims und Harrys Ärger auf mich ist verständlich. Was sie sagten, stimmte ja. Sie waren beide sehr verliebt gewesen und hatten viel Zeit und Mühe auf ihre Beziehungen verwendet. Doch wie wir immer wieder gesehen haben, reicht das Gefühl der Verliebtheit, auch wenn es ein wichtiger Bestandteil einer Beziehung ist, nicht aus. Auch viel Zeit und Mühe aufzuwenden, genügt nicht. Viele andere Zutaten sind nötig. Wenn du in einen Partner verliebt warst, mit dem es jedoch nicht funktioniert hat, dann ist es möglich, dass gerade die Intensität deiner Liebesgefühle (wie auch deine Neigung, dir den falschen Partner auszusuchen) Mängel in deiner Beziehungsfähigkeit verdeckt haben.

Hier einige entscheidende Faktoren, die deine Beziehungsfähigkeit bestimmen:

1. die Fähigkeit zu lieben,
2. die Fähigkeit, deinen Partner so zu sehen, wie er wirklich ist,
3. die Fähigkeit, deinen Partner so zu akzeptieren, wie er wirklich ist,
4. die Fähigkeit, deine Liebe in Worten und Taten auszudrücken,
5. die Fähigkeit, Liebe anzunehmen,
6. die Fähigkeit, Ausgewogenheit und Gegenseitigkeit herzustellen,
7. der Mut, um der Liebe willen Risiken einzugehen,
8. die fortlaufende Bemühung, dein Ich und deine Welt zu erweitern.

Wir werden alle diese Faktoren der Reihe nach betrachten – uns den Ist-Zustand anschauen, inwieweit er geschwächt oder geschädigt ist, und was du tun kannst, ihn zu stärken und zu entwickeln. Um aus dieser Untersuchung das Maximum zu gewinnen, ist es wichtig, dass du dich nicht auf die Unzulänglichkeiten deines Partners konzentrierst, was bisher oft im Zentrum unserer Aufmerksamkeit stand. Jetzt ist es Zeit, einen unerschrockenen Blick auf deine eigenen Stärken und Schwächen als Liebespartner zu werfen. Das wird weder leicht noch bequem sein. Hermann Hesse sagt in seinem Buch «Demian»: «Ach, das weiß ich heute: nichts auf der Welt ist dem Menschen mehr zuwider, als den Weg zu gehen, der ihn zu sich selber führt.» Obwohl ehrliche Selbsteinschätzung nicht immer angenehm ist, solltest du dir darüber klar sein, dass der Pfad, der zu dir selbst führt, auch der beste Pfad zu einer guten Liebesbeziehung ist.

1. Die Fähigkeit zu lieben

Liebe – was ist das eigentlich? Sicherlich gehören emotionale Intensität, Erregung und Leidenschaft zu ihren Merkmalen. Doch wie wir gesehen haben, machen diese Gefühle, ganz gleich, wie stürmisch, lustvoll und leidenschaftlich sie sind, nicht allein die erfüllende Liebesbeziehung aus – diese erfordert viele zusätzlich Beigaben von Fürsorge, Gemeinschaftssinn und bewusstem Engagement. Doch ein ausreichender Grad von Leidenschaft und emotionaler Intensität gehört dazu – sonst erleben wir die Beziehung nicht als Liebe. Ich unterstütze Nathaniel Brandens Beschreibung der Liebe als «eine leidenschaftliche, spirituelle, emotionale und sexuelle Bindung zwischen zwei Menschen, die eine hohe Wertschätzung für die andere Person spiegelt.» Branden fährt fort:

> *Ich würde eine Beziehung nicht Liebe nennen, wenn das Paar sie nicht als leidenschaftlich und intensiv erlebte; wenn die beiden nicht das Gefühl haben, sie seien seelenverwandt; wenn sie nicht emotional tief engagiert sind; wenn es keine starke sexuelle Anziehung ... und wenn es keine gegenseitige Bewunderung gibt.*

Wenn deine Fähigkeit zu lieben dich hat leiden lassen, magst du den Schluss gezogen haben, die liebesunfähigen Kevins seien die Glückskinder auf dieser Welt. Ein junger Mann, mit dem ich gearbeitet habe, drückte es so aus: «Menschen, die keinen anderen brauchen, sind am glücklichsten dran.»

Obwohl die Liebe manchmal höchst irrationale, bedürftige, kindische Aspekte in uns wachruft, und trotz der Gefahr, dass sie uns anfällig macht für Verletzung, Enttäuschung und Autonomieverlust, so ist die Liebe dennoch der wesentliche Bestandteil einer Paarbeziehung und kann diese durch alle Anfechtungen, Konflikte und Härten hindurch zusammenhalten, der sie im Laufe der Zeit ausgesetzt ist. Liebe kann Gewöhnliches in Außergewöhnliches, Banales in Schönheit verwandeln, in unseren Augen und in den Augen der von uns Geliebten. Die Schönheit, die wir dann aneinander finden, hat ihre eigene Wirklichkeit.

Liebe kann unsere schlimmsten, aber auch unsere besten Eigenschaften zu Tage fördern. Sie kann unser sexuelles Leben veredeln und mit Leidenschaft erfüllen, indem sie ihm das Element von Besonderheit und Freude, Intimität und Zeitlosigkeit verleiht. Sie kann sogar eine zeitweilige Verschmelzung bewirken, die oft außerordentlich erfrischend wirkt. Im Interesse und aus Fürsorge für die, die wir lieben, kann sie uns über uns selbst hinausführen. Sie kann uns von unserer Selbstverliebtheit erlösen oder kann uns zumindest dazu bringen, den geliebten Menschen zu einem Teil von uns zu machen. Ethel Person sah es so:

Liebe, subjektiv erfahren, ist ein Gefühl von außerordentlicher Intensität. Sie kann die Zeit stillstehen lassen und uns somit die seltene Chance geben, im Jetzt zu leben... Liebe kann ein Gefühl von innerer Ordnung, Frieden und Reichtum vermitteln. Sie kann auch eine Möglichkeit sein, das Ich zu erweitern und zu verändern. Von daher ist sie ein Modus der Transzendenz.

Unsere Liebesfähigkeit kann allerdings durch Bindungssucht vergiftet werden. Wenn sich deine Liebesgefühle mit dieser Bindungssucht verbinden, werden sie drängend und verzweifelt und führen deshalb, statt zu einer Erweiterung und Veränderung des Ich, zu seiner Verbiegung und Verengung. Dieser Unterschied – dass die Liebe uns weiter macht, während uns eine Abhängigkeit unweigerlich einengt – ist wesentlich, auch wenn beide Zustände als Liebe erlebt werden mögen. Menschen in den Klauen einer Abhängigkeit – jener tödlichen Mischung aus Liebe und Bindungssucht – sehen in den Handlungen, die dieser Abhängigkeit entspringen, oft nur Liebe. Deshalb waren Kim und Harry zornig, als ich die Vermutung äußerte, ihre Liebesfähigkeit sei mangelhaft. Doch ihre Handlungen, die von Unterwürfigkeit und mangelnder Selbstachtung zeugten, waren eher Masochismus als wirkliche Liebe. Ihre Liebesfähigkeit, wie wir sie definiert haben, war beschädigt, doch sie wussten es nicht.

Wenn ihr eure Liebesfähigkeit stärken wollt, dann müsst ihr eure reife Liebesfähigkeit von der kindlichen Bindungssucht lösen, die eure Liebe zu etwas Einengendem und Masochistischen degradiert. Einige von euch mögen das andere Problem haben, dass ihre Liebesfähigkeit schwach und schwankend ist. Vielleicht tut ihr vielversprechende Beziehungen leichtfertig ab, nur weil sie Durchhaltevermögen und intensiven Einsatz verlangen. Aber vielleicht ist es auch nur eure Bindungssucht, die euch bei eurem Partner hält, ohne dass ihr die erhebende Leidenschaft und transzendierende Erregung wirklicher Liebe erlebt.

Ein großer Teil dieses Buches hat sich damit beschäftigt, was du tun kannst, um deine Bindungssucht zu erkennen und zu kontrollieren. Wenn du glaubst, an einem Defizit deiner Liebesfähigkeit zu leiden, solltest du deine persönliche Geschichte von den frühesten Jahren an genau betrachten, um herauszufinden, was deine Gefühle hat abstumpfen lassen. Die folgenden Fragen solltet ihr in diesem Zusammenhang prüfen:

- War ich je verliebt? Was passierte in dieser Situation?
- Habe ich erlebt, wie Liebesgefühle in meiner Familie ausgedrückt wurden?
- Gab es zwischen mir und einem anderen Familienmitglied sexuelle Handlungen?
- Wurde ich wegen meiner Liebesgefühle ausgelacht, schämte ich mich ihrer?
- Versuche ich mich von Liebesgefühlen zu befreien, oder unterdrücke ich sie, weil sie mir töricht oder gefährlich scheinen oder mich verwundbar machen?
- Habe ich den heimlichen Glauben, Liebe sei irrational, unreif und neurotisch?
- Wenn ich mich in jemanden verliebte – was würde wohl geschehen?

Generell können wir von der Vermutung ausgehen, dass zwei wichtige Faktoren dafür verantwortlich sind, wenn du Probleme hast, dich zu verlieben: (1) in deiner Kindheit und Jugend fehlten dir Vorbilder für diese Art von Gefühlen und Verhaltensweisen; (2) du hattest früher und hast noch heute Angst vor möglichen traumatischen oder beschämenden Folgen, wenn du Gefühle von Liebe empfinden oder ausdrücken würdest. Das heißt nicht, dass du keine liebevolle und mitfühlende Beziehung haben kannst, ohne dich stark verliebt zu fühlen. Viele Menschen begnügen sich damit. Wenn du jedoch eine weitergehende Erfahrung suchst oder wenn du glaubst, dass dir ohne sie der Impuls fehlt, um eine befriedigende Beziehung aufzubauen, dann wirst du diese Selbstprüfung sinnvoll finden. Unterziehe dich ihr mit dem Ziel, deine Ängste zu erkennen und dich davon frei zu machen, oder sie zumindest so weit zu lindern, dass du neue Muster in der Liebe wahrnehmen kannst, und lerne deine eigenen Liebesgefühle und -gedanken zu akzeptieren.

2. Die Fähigkeit, deinen Partner zu sehen, wie er wirklich ist

Liebessüchtige sehen ihre Partner gewöhnlich nicht, wie sie wirklich sind. Wenn du zu dieser Gruppe gehört hast, dann kann es sein, dass du die schlechten Seiten deines Partners übertüncht oder ausgeblendet hast, so wie Kim, die in Kevin einen netten Kerl sah, der eben nur bindungsscheu war, oder wie Harry, der Ruth für stolz hielt, ihre Feindseligkeit und Lieblosigkeit aber nicht wahrhaben wollte.

Vielleicht bist du sogar noch weiter gegangen, als nur die Augen vor den Unzulänglichkeiten deines Partners zu verschließen. Wenn dein bedürftiges inneres Kind die Führung übernimmt, kann es die Wahrnehmung deines Partners so umgestalten, dass er deinen Bedürfnissen entspricht. Im Film «Goldrausch» gibt es eine lustige, aber erschreckende Szene: Charlie Chaplin ist mit einem anderen Goldsucher vom Schneesturm für lange Zeit in einer Hütte eingeschlossen; die Nahrungsmittel sind ihnen ausgegangen. Die beiden sind kurz vorm Verhungern, als sein Gefährte in Charlie plötzlich ein Riesenhuhn sieht und Jagd auf ihn macht, um so zu dem ersehnten Mahl zu kommen. Genau so, wie der Hunger seines Gefährten Charlie plötzlich in ein gackerndes Huhn verwandelt, so kann deine Bindungssucht deinen Partner in jemanden verwandeln, der so mächtige Bedürfnisse in dir befriedigt, dass du unfähig bist, ihn als den zu sehen, der er wirklich ist.*

Eine derartige Verzerrung kann eine Beziehung in dreifacher Weise bedrohen. Erstens kann sie zu wiederholten Enttäuschungen deinerseits führen. Manchmal wird es sich um Kleinigkeiten handeln. Zum Beispiel magst du es für selbstverständlich halten, dass dein Partner gern zu einem Konzert mitkommt, für das du die Karten besorgt hast; wenn du ihn besser kennen würdest, wüsstest du jedoch, dass er dazu keine Lust hat. Es kann sich auch um wichtige Dinge drehen. Du kannst dir zum Beispiel einbilden, dass dein Partner deine Ansichten und Wünsche teilt; dass er das gleiche Leben führen möchte wie du oder dass du genau weißt, was ihm oder ihr sexuell am meisten Spaß macht. – Die zweite Gefahr, wenn du das Bild deines Partners derart verzerrst, besteht darin, dass diese unvermeidlichen Enttäuschungen wahrscheinlich zu häufigem Ärger oder zu ständigem Streit führen werden. – Und hier die letzte Gefahr: Dein Partner wird, wenn er sieht, dass du ihn nicht so siehst, wie er wirklich ist, vermutlich genau das tun, was Charlie Chaplin tut, als er seinem Freund als Huhn erscheint – er rennt um sein Leben. Es ist frustrierend und kann zornig machen, nicht wirklich wahrgenommen zu werden. Während wir uns große Mühe geben, bestimmte Details unseres Innenlebens und unseres Verhaltens verborgen zu halten, möchten wir dennoch von denen, mit denen wir am engsten verbunden sind, wirklich erkannt werden. Wenn wir das Gefühl haben, dass wir nicht wirklich gesehen werden, kann dieser Mangel so tief enttäuschen, dass er das Gefüge unserer Beziehung auflöst.

*Viele Jahrhunderte vor Charlie Chaplin hat schon Plato Sokrates zitiert, der zu Phaedrus sagte: «In der Freundschaft des Liebenden gibt es keine wirkliche Freundlichkeit; der Liebende ist hungrig und strebt danach, sich durch dich zu ernähren. So, wie Wölfe Lämmer lieben, lieben Liebende ihre Geliebten.» Klar impliziert ist hier nicht nur die Verzerrung des geliebten Partners, sondern auch der Versuch des Liebenden, diesen zu verschlingen und seine Identität zu vernichten und so das eigene Bedürfnis zu befriedigen. Dies ist natürlich das genaue Gegenteil von Liebe, denn wer liebt, erkennt, akzeptiert und genießt die geliebte Person als das, was sie aus sich heraus ist.

Wie kannst du deine Fähigkeit verbessern, deinen Partner zu verstehen? Fang damit an, dass du alle Klagen darüber, dass er sich nicht gesehen oder missverstanden fühlt, ernst nimmst. Wir haben bisher nur über Verzerrungen gesprochen, die die Wirklichkeit «verbessern», deine Verzerrungen können aber auch ein Bild zeichnen, das unrealistisch finster ist. Du solltest auf drei Verzerrungsmechanismen achten:

- Deine Bindungssucht kann dazu führen, dass du deinem Partner all die Charakteristika zuschreibst, die du von ihm brauchst. Du siehst ihn z. B. als stark und sicher und übersiehst dabei seine Gefühle von Verletzlichkeit und Unsicherheit. Oder du nimmst an, dein Partner teile mit dir positive Eigenschaften: Du siehst ihn als großzügig an, was du bist, aber er nicht.
- Es kann auch sein, dass du auf deinen Partner negative Aspekte überträgst, die du bei Menschen in deiner Vergangenheit erlebt hast. Das geschieht, wenn du gewisse Handlungen deines Partners als lieblos oder schäbig deutest, weil sie dich an jemanden aus deiner Kindheit erinnern.
- Und es kann auch geschehen, dass du gewisse negative Aspekte deiner selbst, die du nicht wahrhaben willst, auf deinen Partner projizierst. So siehst du ihn z. B. vielleicht als kontrollierend und manipulierend an, statt diese Tendenz bei dir selbst wahrzunehmen.

Dein Hang, Eigenschaften zuzuschreiben, zu übertragen und zu projizieren ist meist wirksam, ohne dass du dir dessen bewusst bist. Sobald du aber einmal erkannt hast, dass du durch eine verzerrte Linse schaust, kannst du anfangen, deine Wahrnehmungsfähigkeit zu schärfen. Dazu gehört, dass du aufhörst zu meinen, du wüsstest, was dein Partner denkt und fühlt, um es statt dessen herauszufinden. Ich erinnere mich an ein entsprechendes Beispiel von Laura und Bob, dem Mann, mit dem sie eine vielversprechende Beziehung begonnen hatte. Bob mochte Laura offensichtlich sehr, wurde jedoch immer ärgerlicher über ihre Neigung, ihn herumzukommandieren und zu kontrollieren. Sie beschlossen, mich aufzusuchen. Als sie im Begriff waren, sich zu setzen, sagte Laura zu Bob: «Bevor ich es vergesse, Hal und Judy haben gefragt, ob wir kommen und ihnen helfen können, ihr Sommerhaus herzurichten. Sie meinten, es sei eine Menge Arbeit, aber ich habe ihnen gesagt, wir kämen gern.» Bobs Gesichtsausdruck zeigte mehr als Bestürzung – er schien regelrecht angewidert. Das entging Laura völlig, sie redete weiter darüber, wie viel Spaß die Sache machen würde. So fragte ich sie, was ihrer Meinung nach Bob davon hielte. «O, so was macht er gerne», antwortete sie. «Frag ihn», schlug ich vor. Das tat sie, und Bob meinte: «Um ehrlich zu sein, nach der harten Woche, die ich hatte, ist das Letzte, wozu ich Lust habe, anderer Leute Haus auszufegen und die Fenster in Ordnung bringen.» Laura war erstaunt. Sie war sich so sicher gewesen, dass Bob gern tun würde, was sie gern tat, sodass sie den offenen Widerwillen auf seinem Gesicht völlig übersah. Die Grenzen zwischen ihrem und seinem Innenleben hatten sich für sie verwischt. Als wir uns die Sache näher ansahen, wurde klar, dass die meisten ihrer Konflikte nicht daher kamen, dass Laura Bob herumkommandieren wollte, sondern einfach daher, dass die Tendenz, ihre eigenen Wünsche und Vorlieben ihm zuzuschreiben sie blind machte für das, was wirklich in ihm vorging. Allmählich wurde Laura immer stärker bewusst, dass sie Bob verzerrt wahrnahm und auch, weshalb das so war. So war sie in der Lage, ihn immer klarer zu sehen.

Wenn du deine Fähigkeit verbessern willst, eine gute Beziehung zu leben, solltest dir also bewusst machen, dass deine Wünsche, Erwartungen und früheren Erfahrungen deine Sicht auf den Partner verzerren können. Gib dir Mühe, dich auf die Worte und die Melodie, die dein Partner sendet, einzustellen. Bilde dir nicht ein, du wüsstest instinktiv, nur weil du verliebt bist, was dein Partner wünscht. Ermutige ihn, klar zu sagen, wer er ist. Und wenn du nur den geringsten Zweifel hast bezüglich der Botschaften, die du erhältst, dann frage nach.

3. Die Fähigkeit, deinen Partner zu akzeptieren, wie er wirklich ist

Manchmal kann es enttäuschend sein, den Partner so zu sehen, wie er ist. Es kann sogar zum Ende der Beziehung führen. Das ist verständlich, wenn das, was du siehst, dich wenig reizt, dir zuwider ist oder dich verstört. Doch oft ist das, was du siehst, eine Mischung aus Eigenschaften,

Meinungen, Zielen, Werten, Vorlieben und Abneigungen, Einstellungen und Lebensweisen; einige davon werden dir sympathisch sein, andere vielleicht störend auf dich wirken, aber nicht unerträglich. Zweifellos wäre diese Person anders, wenn du ihn oder sie selbst erfunden hättest, oder wenn du jetzt noch Änderungen anbringen könntest. Doch dein Partner ist, der er ist. Und wenn du nun, wo du ihn klar siehst, immer noch eine Beziehung zu ihm wünschst, dann musst du ernsthaft daran arbeiten, ihn liebevoll so anzunehmen, wie er ist.

Vor vielen Jahren nahm ich an einem Bankett teil, das zu Ehren des bekannten Psychologen Carl Rogers an seinem siebzigsten Geburtstag gegeben wurde. Ich habe zwar den Text seiner Rede nicht mehr wörtlich im Kopf, jedoch erinnere ich mich sehr gut an das Wesentliche seiner Worte. Er sprach darüber, dass die zentrale Aufgabe seiner Entwicklung darin bestanden hätte, seine Fähigkeit zu erweitern, die Menschen in seinem Leben positiv anzunehmen. Je mehr ihm das gelang, desto interessanter und aufregender wurde sein Leben. Dann benutzte er einen Vergleich, den ich nicht vergessen habe. Er bemerkte, dass Menschen auf der ganzen Welt Sonnenuntergänge mögen und fragte sich, weshalb das so sei. Sonnenuntergänge bestechen uns mit ihrer Farbenpracht, aber wir lieben sie wohl vor allem, weil dieser Vorgang sich völlig unserer Kontrolle entzieht. Wenn wir den Sonnenuntergang beeinflussen könnten – ein bisschen mehr Rot hier, ein bisschen Blau dort –, würde er uns wahrscheinlich langweilen. Er unterläge dann unserer eigenen Beschränkung und hätte nicht länger die Macht, uns mit Staunen und Entzücken zu erfüllen. Genauso, glaubt Rogers, ist es mit den Menschen um uns. Wir müssen unsere Fähigkeit steigern, ihre ungesteuerte Entfaltung zu akzeptieren und zu genießen.

Das ist ein ungewöhnlicher Vergleich, aber er macht uns eine schwer zu erfüllende Aufgabe deutlich. Wie schwer fällt es uns, andere Menschen nicht beeinflussen, manipulieren oder gar zwingen zu wollen, so zu sein, wie wir sie uns wünschen! Wir dürfen diese Mahnung jedoch nicht falsch verstehen. Sie kann, ähnlich der Vorstellung, dass wir in Beziehungen bedingungslos lieben lernen müssen, leicht falsch interpretiert werden. Kim hatte das Buch «Die Macht der bedingungslosen Liebe» von Ken Keyes gelesen und sagte eines Tages zu mir: «Das Buch zeigt, dass nichts falsch ist an der Art, wie ich Kevin geliebt habe. Vielleicht hätte ich noch bedingungsloser lieben müssen, trotz der Tatsache, dass er mich schlecht behandelte und auch andere Frauen hatte. So ist er eben.» Dies ist ein ziemlich weit verbreitetes Missverständnis von bedingungsloser Liebe. Ich wies sie darauf hin, dass Keyes, wenn er eine Person liebt, sehr wohl das, was diese Person sagt oder tut, gänzlich ablehnen und aktiv bekämpfen kann. Es ist sicher gut, wenn wir unsere Fähigkeit zur bedingungslosen Liebe ausbauen, das heißt jedoch nicht, dass wir zu jedem eine Beziehung haben können, ganz gleich, was er/sie ist und wie er/sie uns behandelt.

Wie wertvoll die Konzepte des «liebenden Annehmens» und der «bedingungslosen Liebe» auch sein mögen, man muss sich hüten, damit eine Beziehung zu Menschen rechtfertigen, die uns missbrauchen und ausbeuten, wie Kim es tat. Dadurch werden diese konstruktiven Konzepte zu Rationalisierungen, die masochistisches Verhalten rechtfertigen. Kim wandte diese Konzepte später jedoch sehr sinnvoll an, als sie David lieben lernte. Auch wenn sie ihn noch so sehr verehrte, blieb ihr immer klar, dass sie nicht alles, was er tat, schätzte oder akzeptierte. «Ich hasse es, wenn er diese Phasen der beruflichen Unsicherheit durchmacht. Dann wird er unglaublich reizbar und grüblerisch. Aber alles in allem akzeptiere ich diese Stimmungen als einen Teil von ihm, auch weil sie nicht allzu oft auftreten und ich mich nicht zu sehr darüber aufrege. Manchmal gehe ich ihm dann aus dem Weg, manchmal verwöhne ich ihn ein bisschen, und manchmal sage ich ihm, dass mir seine schlechte Laune jetzt reicht und er damit aufhören soll. Manchmal streiten wir dann auch. Aber ich habe nie das Gefühl, dass ich mich da auf etwas einlasse, was mir schadet, wie das in dem zermürbenden Verhältnis mit Kevin der Fall war. Es ist aber auch keine leidenschaftslose Beziehung. Ich akzeptiere, wer David ist, weil ich ihn liebe, weil es meistens wunderbar mit ihm ist und weil die Dinge, die ich an ihm nicht mag, mir nicht so viel bedeuten.»

Obwohl die Gefahr besteht, dass wir unser bedingungslos liebendes Selbst zu unserem Schaden einsetzen, ist es dennoch nötig, diese Fähigkeit zu entwickeln, wenn wir uns auf eine Beziehung vorbereiten. Dabei geschehen mehrere positive Dinge:

- Das Wachsen deiner Liebesfähigkeit bedeutet, dass du zu immer mehr Menschen liebevoll sein kannst. So wächst die Zahl derer, mit denen du möglicherweise eine Beziehung eingehen könntest.
- Wenn deine Liebe nicht länger davon abhängt, ob andere Menschen dir deine Bedürfnisse erfüllen, wird es weniger Konflikte und Enttäuschungen geben, die eine Beziehung verkümmern lassen oder töten können. Du und die andere Person, Ihr habt beide mehr Freiheit, Ihr selbst zu sein.
- Deine wachsende Fähigkeit zu lieben macht dich liebenswerter. Du weckst Liebe in anderen. (Wenn dagegen der andere Mensch mit Angst reagiert, oder indem er dich manipuliert oder ausbeutet, dann wirst du wissen, dass er für eine Liebesbeziehung nicht in Frage kommt.)
- Die Fähigkeit zu lieben ist eine allgemeine Grundfähigkeit, die sich nicht nur auf andere zu richten braucht, sondern auch nach innen, in Form einer gesunden Selbstachtung. Das ermöglicht dir, jemanden tief zu lieben, ohne die Sorge um dich selbst aufzugeben. Das kann dir die Achtung anderer einbringen, was wiederum deine Liebesfähigkeit steigern kann.
- Liebevoller zu werden, ist ein gutes Gefühl. Deine Beziehung zu dir selbst und zu deinen Mitmenschen verbessert sich. Sogar deine frühere Abhängigkeit in der Liebe hatte Elemente von Liebe und Fürsorge, darauf kannst du aufbauen. So kann deine Sucht ein bedeutender Schritt sein in der Entwicklung deiner Liebesfähigkeit.

Wir vertiefen unser Liebesfähigkeit, wenn wir uns gestatten, unsere Partner klar zu sehen und zu akzeptieren als die, die sie sind, unabhängig von unseren Bedürfnissen und Forderungen. Dann können wir entscheiden, ob genügend Elemente für eine gute Beziehung vorhanden sind, um gemeinsam daran zu arbeiten.

4. Die Fähigkeit, deine Liebe in Worten und Taten auszudrücken

Es genügt nicht, einem Menschen gegenüber Liebe zu empfinden. Damit die Beziehung Wurzeln schlägt und wächst, muss diese Liebe einen Ausdruck finden, den der andere verstehen kann. Wie es in «My Fair Lady» heißt: «Wenn du mich liebst, dann zeig es mir.» Zu oft ist da ein Damm zwischen dem Gefühl der Liebe und ihrem Ausdruck, sodass der Mensch, der geliebt wird, Durst leidet, obwohl sich unsichtbar neben ihm ein Reservoir von Liebe staut.

Wenn du in einer Beziehung mit jemandem gelebt hast, der seine Liebe nicht so ausdrücken konnte oder wollte, dass du etwas damit anfangen konntest, dann weißt du, wie frustrierend das sein kann. Vielleicht gehörst du zu den vielen, denen es wie Carla geht, wenn sie Jack fragte, ob er sie liebe, und er gewöhnlich antwortete: «Ich bin doch bei dir, oder etwa nicht?» Wenn der Sprecher wirklich Liebe empfindet, dann ist diese dürftige Antwort keine adäquate Vermittlung seiner Gefühle. Wer sie hört, fragt sich, ob es sich hier um ein Kommunikationsproblem handelt oder um Mangel an Gefühl. Doch statt einfach deinen Partner zu beschuldigen, solltest du dich fragen, ob du deinerseits vielleicht deine Liebesgefühle in einer Form übermittelst, die er oder sie nicht empfangen kann. Jeder von uns hat seine eigene verbale und nonverbale Liebessprache – unsere eigene Weise, Liebe zu senden und zu empfangen. Wenn Partner eine ähnliche Liebessprache haben, dann stellen sich Wohlbehagen, lebendiger Austausch und tiefe Zufriedenheit auf beiden Seiten mühelos ein. Wenn die beiden jedoch sehr verschiedene Sprachen sprechen, können sie sich verwirrt und frustriert fühlen. In der Periode, in der du deine Fähigkeit für eine gute Beziehung entwickeln willst, ist es wichtig, dass du dich auf die Kommunikationsform in der Liebe einstimmst, die dein Partner versteht; und du solltest empfänglicher werden für die Art, wie er oder sie seine Liebe zeigt.

Jack zum Beispiel liebte Carla wirklich, aber er musste zur Kenntnis nehmen, dass es sie verletzte und dass die Beziehung Schaden nahm, weil er seine Liebe nicht so ausdrücken konnte, dass Carla es verstand.

Er musste daran arbeiten, seine Gefühle besser und einfühlsamer in Worte zu fassen. Gleichzeitig musste Carla daran arbeiten, die vielen Zeichen zu erkennen, in denen Jack seine Liebe ausdrückte. Sie musste seine Fürsorge sehen lernen in der Art, wie er sie von der Arbeit abholte, wenn sie einen harten Tag gehabt hatte; wie er dafür sorgte, dass sie, wenn sie miteinander essen gingen, an einem Tisch saßen, der nicht von Zugluft beeinträchtigt war, weil er wusste, dass sie das störte; wie er sich um ihr Auto kümmerte; und, etwas romantischer, wie er ihr in einem unerwarteten Moment ein Geschenk machte (auch wenn er dafür ihren Geburtstag vergaß). Carla musste auch lernen, Jack wissen zu lassen, dass solche liebevollen Gesten sie für ihn einnahmen.

Und wenn es Jack guttat, wenn Carla in diesen Fällen ihre Wertschätzung ausdrückte, so musste er lernen, dass sie vielleicht auch von ihm gerne so etwas hörte.

Es genügt nicht, wenn du deine Liebesgefühle in Worten ausdrückst, sie sollten auch in deinen Handlungen deutlich werden. Schließlich bedeuten Worte wenig, wenn sie nur dazu dienen, liebevolles Handeln zu ersetzen oder liebloses Verhalten zu beschönigen. Genau wie bei den Worten musst du lernen, durch welche Handlungen dein Partner sich geliebt fühlt. Das kann von dem abweichen, was du selbst empfindest, und auch davon, was in deiner letzten Beziehung oder bei deinen Eltern passend war.

Ich könnte eine lange Liste machen mit den Klagen, die ich in meiner Praxis von Leuten hörte, die das Gefühl hatten, das Verhalten ihres Partners sei lieblos. Mir scheint es jedoch nützlicher zu sein, einige Bemerkungen von Menschen wiederzugeben, die sich durch das, was ihre Partner taten, geliebt fühlten.

> «Mein letzter Partner verplante immer unsere Wochenenden, obwohl er wusste, dass ich Zeit brauchte, um mit ihm einmal in Ruhe allein zu sein. Nun ist es wunderbar mit jemandem zu sein, der dieses Bedürfnis versteht und dafür sorgt, dass wir diese Zeit für uns haben.»

> «Wenn er hört, dass ich einen harten Arbeitstag hinter mir habe, verspricht er mir mein Lieblingsessen zu kochen – und er tut es auch.»

«Er weiß, dass ich manchmal viel Kuscheln und Zärtlichkeit brauche, bevor ich sexuell ansprechbar bin. Dann lässt er es langsam und behutsam angehen.»

«Er hilft mir im Haus, ohne dass ich darum bitten und betteln muss, wie früher manchmal.»

«Sie weiß, dass ich nicht gerne vor einem Kino anstehe, so wartet sie mit mir, bis die meisten schon drin und die Schlangen kürzer sind.» Oder das Gegenteil: «Sie wusste, dass ich diesen Film unbedingt sehen wollte, so schlug sie vor, ihn anzusehen, obwohl ihr Schlangestehen zuwider ist.»

«Sie weiß, dass ich auf gewisse Dinge sexuell heftig reagiere; und sie denkt daran, ohne dass ich sie jedes Mal erinnern muss.»

«Er weiß, dass ich immer geladen bin, wenn ich einen Tag bei meiner Mutter verbracht habe. Dann nimmt er mich in den Arm oder lässt mich in Ruhe – je nachdem, was ihm passend scheint. So fühle ich mich verstanden und umsorgt.»

«Sie weiß, dass ich manchmal etwas jähzornig bin, aber sie lässt das vorübergehen, statt es zu einen Krieg kommen zu lassen. So habe ich das Gefühl, dass sie mich versteht und sich um mich sorgt.» Oder, im Gegenteil: «Er weiß, dass es mich ziemlich mitnimmt, wenn er ausrastet; so versucht er, das zu vermeiden.»

«Er weiß, dass ich unruhig werde, wenn er abends lange arbeiten muss, deshalb ruft er mich jedes Mal an.» Oder, im Gegenteil: «Sie weiß, dass ich es hasse, kontrolliert zu werden, und sie verlangt nicht von mir, dass ich mich ständig bei ihr melde. Das schätze ich sehr.»

Wenn ein früherer Partner dir zu verstehen gab, dass er sich nicht einfühlsam behandelt, verstanden und geliebt fühlte, nimm diese Behauptungen ernst genug, um ein wenig ehrliche Selbsterforschung zu betreiben. Wenn du spürst, dass du unfähig bist, deine Liebe mit Worten oder Gesten so auszudrücken, dass dein Partner dich versteht, dann solltest du dich fragen, was diese Fähigkeit in dir beeinträchtigt.

Mehrere Faktoren können dabei eine Rolle spielen: der einfachste ist, dass du einfach nicht weißt, wie du es anstellen sollst. Vielleicht bist du in einer Familie groß geworden, wo bitterer Mangel herrschte, was den Ausdruck von Liebe und Empathie für Gefühle und Bedürfnisse betraf. In diesem Fall musst du eine neue Fähigkeit entwickeln, eine neue Sprache lernen. Ein zweiter Faktor ist, dass du vielleicht nicht merkst, dass die Sprache, in der dein Partner Liebe ausdrückt, sich von deiner unterscheidet. Du magst von der falschen Voraussetzung ausgehen, jeder spreche dieselbe Sprache wie du, und deshalb versäumen, dich auf die individuellen Bedürfnisse deines Partners einzustellen oder seine Liebesbotschaften zu verstehen. Ein dritter Faktor kann sein, dass du fürchtest, dir eine Blöße zu geben, wenn du deine Gefühle in offenen, leicht verständlichen Worten ausdrückst. In der Tat entblößt du dich und machst dich angreifbar, wenn du offen von deiner Liebe sprichst. Besonders leicht wirst du dich verwundbar fühlen, wenn du in der Kindheit erfahren hast, dass Liebe zu zeigen dir Verlegenheit, Ablehnung oder Ausbeutung einbrachte. Aber in Wirklichkeit bist du in deiner Beziehung viel stärker gefährdet, wenn du deine Gefühle nicht offen und angemessen übermitteln kannst. Schließlich kann es sein, dass du aus Selbstschutz und Unfähigkeit meinst, deine Liebe zu zeigen sei unnötig, wie das in Jacks Frage «Ich bin doch bei dir, oder etwa nicht?» deutlich wurde, oder durch das oft gehörte: «Wenn du es nicht weißt – ich werde es dir nicht sagen.» Und doch ist gerade das nötig – und je direkter und einfühlsamer du dich ausdrücken kannst, umso besser. Wenn du also Anlass hast zu vermuten, dass deine Ausdrucksfähigkeit hier beeinträchtigt ist, dann übe dich darin gegenüber denen, die dir lieb sind – deinen Freunden, deiner Familie und deinem Partner.

5. Die Fähigkeit, Liebe anzunehmen

Du musst nicht nur lernen, deine Liebe in der Sprache deines Partners auszudrücken, genauso wichtig ist es, die Liebe, die er in seiner Sprache ausdrückt, zu verstehen und anzunehmen. Carla und Jack waren in der Lage, Liebe und Leidenschaft in ihrer Ehe neu anzufachen. Das konnte zum einen geschehen, weil Jack durch Carlas Weggang so erschüttert war, dass er mutige Anstrengungen machte, mit seinen Gefühlen in Kontakt zu kommen und sie auszudrücken, zum anderen, weil es Carla gelang, die Liebe, die sich in Jacks Beständigkeit und Verlässlichkeit ausdrückte, zu erkennen und sich von ihr tragen zu lassen. Carla sagte zu mir: «Ich verstand plötzlich, dass seine Verlässlichkeit und die Art, wie er sich um die Dinge kümmerte, kein Zeichen von emotionaler Armut oder Zwanghaftigkeit waren, sondern es war der Ausdruck seiner Liebe. Und auch seine Art, mich zu umsorgen und mich zu halten, wenn ich einen hysterischen Ausbruch hatte. Ich fing an, die Liebe darin zu spüren, und begriff, dass es nicht zuletzt diese Eigenschaften gewesen waren, die mich ursprünglich angezogen hatten. Ich bin mir nicht sicher, ob ich mich wieder in ihn verliebt hätte, wenn er sich nicht bemüht hätte, lockerer zu werden und mehr von seinen Gefühlen zu zeigen, aber ich weiß, dass es genauso wichtig war, dass ich sensibler und aufgeschlossener wurde gegenüber seiner persönlichen Art, seine Liebe zu zeigen.»

Manchmal liegt das Problem nicht darin, dass du taub oder nicht auf der gleichen Wellenlänge mit deinem Partners wärst, sondern vielleicht eher darin, dass du in deiner Fähigkeit, Liebe anzunehmen, behindert bist. Es gibt zwei Gründe, weshalb manche Menschen Schwierigkeiten haben, Liebe zuzulassen: Sie fürchten sie oder sie haben das Gefühl, sie nicht zu verdienen. Viele dieser Ängste sind die gleichen wie die in Kapitel 8 beschriebenen verborgenen Gründe, aus denen heraus wir eine Beziehung vermeiden. Es kann also sein, dass du gegen die Liebe deines Partners Schranken aufgerichtet hast, wenn du Nähe, Selbstverlust, Verlassenwerden, Zurückweisung oder einen verbotenen Sieg fürchtest. Wenn du dich unsicher fühlst, beraubst du dich selbst des Geschenks der

Liebe. Das Gefühl, Liebe nicht zu verdienen, kann darauf zurückgehen, dass du dich irgendwann einmal dafür geschämt hast, dass du dich nach Liebe sehntest – oder einfach auf einen Mangel an Selbstachtung. Doch was immer der Grund sein mag – wenn du die Liebe eines Menschen nicht von ganzem Herzen annehmen kannst, ist das für die Beziehung schädlich. Als Laura sich noch heftig gegen ihren Wunsch nach Liebe wehrte, bekam sie einmal von einem Mann, der gerade die Beziehung zu ihr beendet hatte, gesagt: «Jedes Mal, wenn ich dir meine Liebe durch ein Wort, ein Geschenk oder eine Geste gezeigt hatte, fühlte ich mich irgendwie leer. Nicht nur, dass du mir deinerseits keine Liebe zeigtest, sondern meine eigene Liebe glitt an dir ab, oder sie verschwand in dir, ohne eine Spur zu hinterlassen.» Laura brauchte lange, um zu verstehen, wovon er sprach.

Wenn du Schwierigkeiten hast, Liebe anzunehmen, solltest du dir verschiedene Fragen stellen:

- Fürchte ich mich davor, Liebe an mich heranzulassen? Warum? Worin sehe ich die Gefahr?
- Welche Kindheitserfahrungen mit der Liebe ließen diese gefährlich scheinen? Wurde mein Bedürfnis nach Liebe nicht zur Kenntnis genommen? Wurden meine Anstrengungen, Liebe zu bekommen, auf irgendeine Weise bestraft? Wurde mir vermittelt, dass ich zu viel verlangte? Dass ich überflüssig war? Fühlten sich meine Eltern durch meine Bedürfnisse überfordert?
- Waren spätere Erfahrungen mit der Liebe so enttäuschend oder traumatisch, dass ich meine Empfänglichkeit, meine Antennen für die Liebe anderer Menschen abgeschaltet habe?
- Haben die Erfahrungen aus Kindheit und Erwachsenenleben mich skeptisch und zynisch werden lassen?
- Schäme ich mich, jemandem zu zeigen, dass ich mich nach seiner oder ihrer Liebe sehne? Schäme ich mich, dieses Bedürfnis in mir selber wahrzunehmen? Fühle ich mich dann allzu bedürftig? Allzu verletzlich? Sehe ich darin eine Schwäche, durch die ich mich lächerlich machen könnte? Fürchte ich, ausgebeutet, zurückgewiesen, schmerzlich enttäuscht zu werden?

- Habe ich das Gefühl, keine Liebe zu verdienen? Und woher kommt das? Glaube ich, nicht gut, nicht attraktiv genug zu sein, oder sonstwie nicht wert, dass jemand mich liebt und mir seine Liebe zeigt?

Es ist auch wichtig, dass du dir der verschiedenen Methoden, wie du die Liebe von dir fernhältst, bewusst wirst. Das stellt dich vor neue Fragen:

- Bemühe ich mich, dass alles unverbindlich und oberflächlich bleibt? Gebrauche – oder missbrauche – ich Humor, um mich über romantische Situationen lustig zu machen?
- Gelingt es mir nicht, meine Bedürfnisse nach Liebe deutlich zu machen? Stehe ich vielleicht auf dem Standpunkt: «Wenn er (sie) mich wirklich liebte, würde er (sie) wissen, was ich will – wenn ich das erst sagen muss, taugt die Sache sowieso nicht.» (Diese Haltung stammt von frühkindlichen Erfahrungen, wo du entweder Eltern hattest, die auf deine nonverbalen Bedürfnisse so eingestimmt waren, dass du heute noch von anderen erwartest, dass sie wissen, was du brauchst; oder aber die Eltern gingen so wenig auf dich ein, dass du ständig die damalige Frustration und Enttäuschung zu wiederholen suchst. Dein Partner ist jedoch weder deine Mutter noch dein Vater, und du bist kein sprachunfähiges Kind mehr. Als Erwachsener musst du den anderen deine Wünsche wissen lassen, wenn du so behandelt werden willst, dass du dich geliebt fühlst.)
- Habe ich so große Angst, mich der Liebe zu öffnen, dass ich auf Äußerungen von Liebe mit Kälte, Zorn oder Gleichgültigkeit reagiere? (Versuche dich in die andere Person zu versetzen, und frage dich, ob ihre Reaktion hierauf wirklich das ist, was du willst.)
- Entwerte ich die Liebe des anderen Menschen, indem ich denke: «Wenn er mich liebt, kann seine Liebe nicht viel wert sein»?

Versuche, deiner beziehungsschädigenden Art, die Liebe des anderen abzuwehren, auf die Spur zu kommen und herauszufinden, weshalb du dir selbst so übel mitspielst. Um dieser Neigung entgegenzuwirken, probiere die folgende Übung: Geh davon aus, dass du (und dein inneres Kind) sich danach sehnen und es wert sind, geliebt zu werden. Dann halte schriftlich fest:

- für welche Eigenschaften du geliebt und geschätzt werden möchtest;
- wie sich diese Liebe zeigen soll;
- welche Liebesbeweise dir das Gefühl geben würden, glücklich, bestätigt und geschätzt zu werden;
- welche Gefühle von Angst, Scham oder Unbehagen du auch immer spürst, blockiere sie nicht, wehre sie nicht ab. Indem du sie niederschreibst, versuche ihre Herkunft zu verstehen – so werden sie sich auflösen.
- Wenn du all dies getan hast, geh weiter und erkläre schriftlich deinen Wunsch, geliebt zu werden, und steh zu ihm. Beschreibe so genau wie möglich, wie diese Liebe aussehen soll.
- Halte schließlich schriftlich fest, wie du der anderen Person zeigen willst, dass du ihre Liebe annimmst.

Warum ist es so wichtig, dass du an deiner Fähigkeit, Liebe anzunehmen, arbeitest? Wenn es auch stimmt, dass niemand jemals deine alten Wunden heilen oder dich für frühere Entbehrungen entschädigen kann, so solltest du dir dennoch klar sein, dass das Zulassen von Liebe in einer Beziehung zwischen Erwachsenen große Heilkraft besitzt. Wenn du erwartest, dass die Liebe wie ein Allheilmittel wirkt, wirst du unweigerlich enttäuscht werden. Doch wenn du eine mögliche Enttäuschung so sehr fürchtest, dass du dich für die Liebe verschließt, dann verschließt du dich auch vor der Heilkraft der Liebe. Es kann hilfreich sein, wenn du deine Offenheit für die Liebe eines anderen als deine aktive Zuwendung zu dem Kind in dir betrachtest. Auf diese Weise umhegst du dieses Kind, statt es weiteren Entbehrungen auszusetzen; diese Fürsorge kann zumindest einige alte Wunden und blaue Flecken heilen.

Sei dir auch bewusst, dass es zwar richtig heißt, Geben sei «seliger denn Nehmen» – doch offenes und wertschätzendes Nehmen ist auch eine Form des großherzigen Gebens.

6. Die Fähigkeit, Ausgewogenheit und Gegenseitigkeit herzustellen

In einem Song heißt es: «Das Schönste, was ich je gelernt habe, ist, zu lieben und geliebt zu werden.» Wenn eine Beziehung Glück und Erfüllung für beide bringen soll, muss es eine gewisse Ausgewogenheit geben in dem, was die Partner einbringen. Das braucht nicht notwendigerweise eine perfekte Symmetrie zu sein. Selten gibt es eine genaue Gleichheit im Geben und Nehmen oder in der Intensität und Qualität von Liebesgefühlen. Sogar in den besten Beziehungen mag ein Partner mehr, anders oder mit mehr Nachdruck lieben als der andere. Und zu einer bestimmten Zeit ist vielleicht der eine stärker engagiert als der andere.

Ausgewogenheit heißt nicht «wie du mir, so ich dir». Es handelt sich eher darum, den Fluss in beiden Richtungen zu fördern, einen gemeinsamen Kurs und ein beachtliches Maß an Fairness und Gegenseitigkeit zu beachten sowie die beiderseitige Entwicklung sowohl als Paar als auch als Individuen. Dazu müssen zwei Extreme vermieden werden, die beide eine Beziehung zerstören können: (1) dass ein Partner wesentlich mehr tut bzw. (2) widerstandslos zulässt, dass der Beitrag einer Seite ein nicht zuträgliches Übermaß annimmt.

Das Gleichgewicht in der Beziehung kann gestört werden, wenn einer der Partner weniger investiert, sparsamer in seinen Zuwendungen ist oder den anderen sogar ausbeutet, oder wenn der bedürftigere Partner diese Unausgewogenheit und Ausbeutung erträgt oder gar dazu einlädt. Störungen können auch auftreten, wenn ein Partner immer in der Rolle des gebenden oder des kontrollierenden Elternteils ist, der andere in der des abhängigen und gefügigen Kindes. Es ist wichtig, dass du darauf achtest, ob du irgendwie zu dieser Unausgewogenheit beiträgst. Neigst du zu Kontrolle und Verweigerung oder zu Abhängigkeit? Bist du nicht imstande, den anderen deine Bedürfnisse wissen zu lassen? Nutzt du aus, dass dein Partner Angst hat vor deinem Zorn oder davor, dich zu verlieren? Lässt dich deine Angst vor seinem Zorn oder vorm Verlassenwerden Ungleichheit akzeptieren? Und auch hier musst du dich wieder fragen, woher deine Unfähigkeit zur Ausgewogenheit stammt.

In Bezug auf Gleichgewicht und Gegenseitigkeit musst du dich mit einem weiteren Punkt auseinandersetzen. Wenn es stimmt, dass in keiner Beziehung Liebe und Fürsorge ganz gleichmäßig verteilt sind, dann musst du dich fragen: «Welchen Grad von Unausgewogenheit kann ich akzeptieren und mich dabei noch wohlfühlen?» Als sich Carla entschloss, ihre Ehe wieder aufzunehmen, sagte sie: «Jack wird nie so offen über seine Liebe oder seine anderen Gefühle reden können wie ich, und sicher werde ich es sein, die für die kleinen fürsorglichen Gesten sorgt, die eine Beziehung ernähren können. Doch vor unserer Trennung und vor seiner Therapie war er emotional so verhalten, dass es unerträglich für mich war. Jetzt ist er gelöster, das ist gut – selbst wenn es immer noch kein Gleichgewicht gibt in unserer Art, Gefühle zu zeigen. Seit ich gelernt habe, dass ich seine Beständigkeit brauche und schätze, funktioniert es, und ich bin zunehmend glücklich damit.»

Wenn deine früheren Beziehungen unausgewogen waren und dies der Grund war, warum sie nicht funktionierten, so achte in der nächsten Beziehung auf Gleichgewicht und Gegenseitigkeit. Dabei solltest du dich weder über jede kleine Ungleichheit aufregen, noch sie ertragen, ohne zu merken, dass du darunter leidest. Wenn du am Anfang einer Beziehung solche störenden Mängel feststellst, kannst du überprüfen, ob sie wirklich bestehen und dann entweder an deiner Überreaktion oder an der Herstellung des Gleichgewichts arbeiten.

Du kannst an den Gründen für deine Beteiligung an solch zerstörerischem Ungleichgewicht arbeiten, indem du deine vergangenen und gegenwärtigen Beziehungen untersuchst, auch die zu Freunden, Familienangehörigen und Kollegen. In welchem Maß ist da Gegenseitigkeit vorhanden? Wo nicht? Welche Muster kannst du erkennen? Wenn du eine gute Beziehung haben willst, musst du an ihrer Ausgewogenheit und Gegenseitigkeit arbeiten. Das bringt Zufriedenheit.

7. Der Mut, um der Liebe willen Risiken einzugehen

Skifahren, an der Börse handeln, Bungeejumping treiben, ein neues Geschäft eröffnen, auf ein Pferd wetten, bei einer polizeilichen Gegenüberstellung die Person identifizieren, die dich überfallen hat – alle diese Dinge bergen eindeutige Risiken verschiedener Art und Konsequenz. Eine Liebesbeziehung einzugehen, birgt ebenfalls große Risiken, wenn diese auch weniger deutlich wahrgenommen werden, weil alle Menschen Beziehungen eingehen. Dennoch bedarf es hierzu einer besonderen Art von Mut. Welches sind die Risiken und wie können wir uns ihnen gewachsen zeigen?

Das Risiko, zurückgewiesen zu werden

Vom dem Augenblick an, wo du jemanden triffst, zu dem du dich hingezogen fühlst und dich für ihn interessierst, besteht die Möglichkeit, dass er deine Gefühle nicht erwidert. Diese Zurückweisung kann zu einer relativ schwachen Enttäuschung führen, wenn sie früh passiert; sie kann tiefen Schmerz und Niedergeschlagenheit auslösen, wenn du schon längere Zeit ernsthaft engagiert warst. Manchen flößt das Risiko, zurückgewiesen zu werden, so viel Angst ein, dass Bungeejumping dagegen wie ein Kinderspiel erscheint. Diese Angst veranlasst manche Menschen, Liebesbeziehungen ganz zu vermeiden. Sie finden jeweils Ausreden, um sich nicht auf jemanden einzulassen oder um Personen zu disqualifizieren, bei denen sie sich engagieren könnten. Andere unterlassen es, sich um Menschen zu bemühen, die sie wirklich mögen; nur bei Personen, die sich selbst sehr um sie bemühen und ihnen dadurch eine gewisse Sicherheit vermitteln, wagen sie ein paar vorsichtige Schritte. Manchmal funktioniert das. Manchmal jedoch erkennen sie dann mit Bedauern, dass sie sich mit jemandem eingelassen haben, den sie nicht gewählt hätten, hätte ihre Angst sie nicht blind gemacht.

Paradoxerweise kann die Angst, abgelehnt zu werden, manchmal sogar dazu führen, dass ein Mensch jemanden wählt, der ihn mit Sicherheit zurückweisen wird. Harry hatte sich immer zu kritischen und widerspenstigen Frauen wie Ruth hingezogen gefühlt; das Elend und die Verzweiflung, die aus solch einer Beziehung entstehen, waren ihm wohlvertraut. Mit Elaine jedoch, die zärtlich und aufgeschlossen war, erlebte er Gefühle, die er bisher nicht gekannt hatte – nämlich Panik und Schrecken. Das verstörte ihn, und er fragte sich, was es bedeuten könnte. Eines Nachts wachte er verstört auf und hatte eine Einsicht: «Bei meiner Frau, bei Ruth und all den Ruths in meinem Leben brauchte ich Zurückweisung nicht zu fürchten, weil ich mich gar nicht angenommen fühlte! Bei Elaine spüre ich, dass sie mich wirklich mag; und während ich anfange, mich zu entspannen und dies zu genießen, erfasst mich plötzlich Panik, sie könnte mich zurückweisen. Das wäre verheerend.»

In unserem Gespräch konnte Harry seine Einsicht dann erweitern. «Ich dachte, der einzige Grund, weshalb ich mir Frauen wie Ruth auswählte, liege darin, dass mein Unbewusstes mich immer wieder zwang, um die Liebe meiner verbitterten und abweisenden Mutter zu ringen. Das stimmt sicher auch. Doch jetzt sehe ich, dass der Schmerz, den es mir bereitet hat, die Mutter nach dem Weggang meines Vaters von einer liebevollen, zärtlichen Frau in eine zornige Hexe verwandelt zu sehen, so furchtbar war, dass ich in der Panik lebte, dies könne sich wiederholen. So suchte ich mir Frauen, die nicht liebevoll und zärtlich waren, sodass mir das nicht wieder passieren konnte. Wie verrückt – und wie überflüssig! Es hat mein Leben bestimmt, und erst jetzt, wo ich schon über sechzig bin, kann ich das sehen.»

Wenn man liebt, ist die Furcht vor Zurückweisung nicht ungewöhnlich oder in sich selbst pathologisch. Ethel Person hat dies wie folgt formuliert: «Das Gespenst, das über der Liebe schwebt, ist die Angst, dass sie irgendwann zu Ende sein könnte.» Doch Harrys Geschichte illustriert eine wichtige Hypothese: Wenn die Angst vor Zurückweisung Anfälle von Furcht und Panik erzeugt, die so schlimm sind, dass sie den Betroffenen veranlassen, eine Beziehung zu vermeiden oder sie zu behindern, dann ist das immer ein Hinweis darauf, dass es eine frühere, traumatische Zurückweisung – meist in der Kindheit – gab und dass die Furcht vor der Wiederholung dieses Traumas die Panik verursacht. – Wenn Angst vor Zurückweisung dein Liebesleben bedroht, dann suche nach frühen Erfahrungen mit dieser Zurückweisung, sodass du ihr unbefugtes Eindringen in dein jetziges Verhalten begrenzen kannst. Harry war in der Lage, diese

Einsicht zu nutzen, um sich mit seiner Angst zu konfrontieren. Sobald er einmal erkannt hatte, dass es der kleine Junge in ihm war, der sich so sehr fürchtete, konnte er diesen trösten und gleichzeitig erkennen, dass er jetzt erwachsen war und eine Zurückweisung überstehen würde. Daraus ergab sich, dass er vor der Beziehung zu Elaine weder floh noch sie untergrub.

Wenn es auch stimmt, dass es besser ist, «zu lieben und zu verlieren, statt niemals geliebt zu haben», so solltest du doch, wenn du Grund hast zu der Annahme, dass eine Zurückweisung so schmerzlich und niederschmetternd sein könnte, dass sie dich verstört oder vielleicht sogar an Selbstmord denken lässt, an deiner Verwundbarkeit durch eine Zurückweisung arbeiten, bevor du dieses große Risiko eingehst. Es kann sein, dass du dabei professionelle Hilfe brauchst. Doch du kannst auch selbst daran arbeiten, dass du die Ängste, die vergangene Zurückweisungen in dir erzeugt haben, nicht auf die Gegenwart überträgst. Dazu gehört, dass du begreifen musst, dass du vergangenen Ereignissen gestattest, dich als jemanden zu stempeln, bei dem eine Zurückweisung wahrscheinlich ist. Wenn die ursprüngliche, traumatische Zurückweisung in deiner Kindheit stattfand, dann musst du dies eher als eine Aussage über die Person ansehen, die dich zurückwies – über ihre Grenzen, ihre Lebensumstände, ihre Einstellung – und nicht als Hinweis darauf, dass du Zurückweisung verdienst. Wenn die traumatische Zurückweisung in einer späteren Liebesbeziehung stattfand, musst du dir mehrere Fragen stellen:

- Haben mich Zurückweisungen in der Kindheit geschwächt, sodass ich auf eine spätere Zurückweisung allzu heftig reagierte?
- Habe ich mich in einer Weise verhalten, die die Zurückweisung verursachte, oder hätte das jedem passieren können?
- Wenn ich zu meiner Zurückweisung beitrug, indem ich eine schlechte Wahl traf, oder durch negatives oder selbstzerstörerisches Verhalten, wie kann ich mich verändern, sodass die Wahrscheinlichkeit einer Wiederholung geringer wird?

In seinem Buch «Risking» schreibt David Viscott: «Die Menschen haben Angst davor, als nicht liebenswert zurückgewiesen, als ohnmächtig entlarvt und als wertlos verworfen zu werden. Sie vermeiden Risiken, die sie bloßstellen könnten. Unglücklicherweise wird ein Mensch nie eine(n) Geliebte(n) finden, dem/der er trauen kann, wenn er nicht das Risiko eingeht, zurückgewiesen zu werden.» Wenn du also eine Beziehung eingehen willst, musst du dasselbe Risiko eingehen wie jedermann, doch du solltest nicht das zusätzliche Risiko auf dich nehmen, dass eine mögliche Zurückweisung dich überwältigen und vernichten könnte. Deshalb musst du, wie hier beschrieben, daran arbeiten, dich zu stärken; denn wenn dein nächster Versuch in Sachen Liebe nicht erfolgreich sein sollte, dann wird das schmerzhaft sein, aber du solltest es nicht als Katastrophe empfinden. Die Tatsache, dass du die Zurückweisungen der Vergangenheit – wenn auch mit einigen Narben – überlebt hast, kannst du als Beweis deiner Zähigkeit und nicht deiner Schwäche sehen.

Das Risiko der Demütigung

Zurückgewiesen werden kann schmerzhaft sein, doch manche Menschen erleben sie besonders quälend, und zwar als Demütigung. Während die Reaktion auf Zurückweisung Verletztheit ist, ist die Reaktion auf Demütigung Scham. Es ist die Scham, bedauernswert, unreif, ungeeignet oder mangelhaft zu erscheinen. Für manche Menschen kann die Aussicht, auf diese Weise gedemütigt zu werden, so schrecklich sein, dass sie sie jeder Initiative beraubt; sie werden so vorsichtig, dass sie sich wenig Engagement und Intimität erlauben, oder sie lassen sich nur mit Menschen ein, die ihnen so unselbstständig oder unattraktiv scheinen, dass das Risiko klein ist.

Peter, der Biologe, hatte sich wiederholt unselbstständige Frauen ausgesucht. Er entdeckte, dass er das tat, weil er die Guru-Rolle liebte und auch aus der Furcht heraus, dass Frauen, die er als ebenbürtig ansah, ihn verlassen könnten, was unerträgliche Gefühle von Demütigung in ihm auslösen würde. Dies wurde ihm in einer Sitzung bewusst, in der er von einem Abend berichtete, an dem er mit einer Gruppe von Freunden aus gewesen war; jemand hatte einen Witz erzählt, der ihm Unbehagen bereitete. Es ging um einen Jungen und ein Mädchen im Kindergartenalter. Der Junge versuchte, das Mädchen zu beeindrucken, indem er ihr all die Dinge aufzählte, die er konnte, wie Ball werfen, Dreirad fahren und so weiter. Das kleine Mädchen antwortete ihm immer mit: «Das kann ich auch.» In seiner Verzweiflung ließ der kleine Junge schließlich seine Hosen fallen und sagte stolz: «Und ich habe den hier.» Das kleine Mädchen ließ nun ihrerseits ihr Höschen herunter und sagte: «Und ich hab die da – und damit kann ich von denen alle kriegen, die ich will.»

Peter sagte: «Alle lachten herzlich, vor allem die Frauen, aber mein Lachen war gezwungen. Ich war ärgerlich, und aus irgendeinem Grund überkam mich ein Gefühl der Scham.» Während wir die Ursachen für Peters Gefühle der Demütigung zu ergründen suchten, erinnerte er sich an seine erste ernsthaftere Beziehung – mit Wendy, einem Mädchen in der Highschool, die schön und sehr intelligent war. «Wir arbeiteten gemeinsam für die Schule, dann ‹gingen wir zusammen›, und dann verliebten wir uns mit einer Heftigkeit, wie sie wohl typisch ist für die erste Liebe. Aber wir schliefen nie miteinander, weil ich meinte, ihre Jungfräulichkeit respektieren zu müssen. Dann sagte sie mir, sie brauche eine Pause in unserer Beziehung, was mich verletzte und verwirrte. Durch meinen besten Freund, der mit ihrer besten Freundin zusammen war, hörte ich, dass Wendy eine sexuelle Beziehung mit einem Kraftprotz in unserer Klasse angefangen hatte. Das war für mich wie ein Schlag in die Magengrube. Ich musste mich sogar übergeben. Ich fühlte mich so gedemütigt, so klein und unfähig.»

Peter erzählte, dass er anschließend durch eine Phase des sozialen Rückzugs gegangen sei. Wann immer er Wendy oder ihrem Freund in den Fluren der Schule begegnete, wurde er rot vor Scham. «Vorher hatte ich das Gefühl gehabt, wenigstens Wendy ebenbürtig zu sein; nun meinte ich, sie sei allmächtig und ich sei ein Nichts. Es war, als habe sie alle Kraft von mir abgezogen. Ich bildete mir ein, die beiden lachten über mich und sprächen von mir als minderwertigem Schwächling. Ich stellte mir vor, wie sie wilden Sex miteinander hatten und hysterisch darüber lachten, dass ich sie nicht anzurühren gewagt hatte. Sogar heute, viele Jahre später, bin ich verlegen, wenn ich daran denke.»

Peter und ich untersuchten dieses Gefühl der Demütigung und fanden heraus, dass es, wie oft in solchen Fällen, schon früher in seinem Leben solche Gefühle gegeben hatte. «Ich glaube, ich war der brave, kleine Junge für meine Mutter – so behandelte sie mich, so benahm ich mich. Doch mein Vater machte sich deswegen über mich lustig. Er pflegte mich ‹Muttersöhnchen› zu nennen, lachte über mich, weil ich zu viel für die

Schule tat, und überhaupt brachte er es fertig, dass ich mich oft schämte. In seiner Nähe fühlte ich mich immer unfähig.»

Obwohl diese Furcht vor Demütigung häufiger von Männern geschildert wird als von Frauen, erleben auch Frauen sie. Laura sagte: «Meine Freunde waren immer emotional unerreichbare Powermänner, weil ich die Demütigung fürchtete, von einem Mann, an dem ich hing, verlassen zu werden. Deshalb suchte ich mir gerade solche Männer aus, bei denen ich mir sicher war, dass sie sich nicht wirklich mit mir einlassen würden. So konnte ich mir sagen, dass ich alles unter meiner Kontrolle hatte, und dass es mich nicht kränken würde, wenn sie mich verließen. Doch selbst dann fürchtete ich, dass ich mir mehr wünschen könnte – mehr gemeinsame Zeit, mehr Nähe, mehr Sex, mehr Austausch, mehr Zärtlichkeit – und dass der jeweilige Mann sich einfach anziehen und gehen würde. Und ich bildete mir immer ein, er würde mich verlassen, weil er eigentlich lieber mit einer schlanken Blondine zusammen wäre als mit einer kleinen Brünetten wie mir.» Lauras Angst vor Demütigung stammte ebenfalls aus der Kindheit mit ihrem Mangel an Wärme und Bestätigung zu Hause und dem Vater, der sie dauernd hänselte, wie klein und pummelig sie wäre.

Aus Peters und Lauras Beschreibungen geht hervor, dass ihre Schamgefühle in einem frühen Empfinden von sexueller Untauglichkeit und mangelnder Attraktivität wurzelten. Das ist nicht verwunderlich, denn wenn man das Risiko einer Beziehung eingeht, hat man das Gefühl, die eigene Attraktivität stehe auf dem Prüfstand. Der italienische Psychotheratpeut Giovanni Salonia sagte es so:

> *Ich begehre den anderen, sicherlich, doch vor allem möchte ich vom anderen begehrt werden. Nur dann fühle ich meinen Wert anerkannt und bestätigt. Am Ende ist das das Einzige, was der Liebende sich wünscht, seine höchste Hoffnung: «Nur wenn sie mich begehrt, wenn ich das Objekt ihrer Begierde bin, fühle ich mich lebendig und wertgeschätzt.» «Du kannst mir sagen, dass du mich liebst, dass du dich mir nahe fühlst, dass du mich verstehst – aber was ich mir wünsche, was ich brauche, ist, von dir begehrt zu werden.»*

Unsere Angst vor Demütigung stammt also aus diesem tiefen Bedürfnis, begehrt zu werden von dem Menschen, den wir lieben, gepaart mit frühen Erfahrungen, wo unsere Tauglichkeit und Attraktivität bezweifelt wurden und wir uns deshalb schämten. Wenn deine Angst vor Demütigung dich daran hindert zu lieben, musst du daran arbeiten, diese Angst zu reduzieren, indem du in ihr die Spuren deiner Kindheitsängste wieder entdeckst. Selbst unter günstigen Umständen ist die Kindheit eine Zeit von Demütigung und Scham. Wir alle erinnern uns an unzählige, schreckliche Momente, wo wir die Kontrolle über unsere Körperfunktionen verloren, Sachen fallen ließen, Dinge verschütteten, das Falsche sagten, mit heruntergelassenen Hosen erwischt und lächerlich gemacht wurden; wo wir zu klein und inkompetent waren, um uns angemessen zu verhalten und uns in einer großen, komplizierten Welt okay zu fühlen.

Was kannst du tun, um dich nicht weiter von Demütigung und der Furcht davor tyrannisieren zu lassen?

- Du musst dir darüber klar sein, dass Gefühle aus der Vergangenheit deine jetzigen Gefühle verzerren und dass sie deine Deutung der Reaktionen der Menschen auf dich negativ beeinflussen.
- Du musst begreifen, dass das Kind, das du einmal warst, täglich mit seiner Unfähigkeit im Umgang mit der Welt konfrontiert wurde und dass deine Unbeholfenheit oft belacht wurde, statt Ermutigung und Unterstützung zu finden.
- Du musst dieses Kind mit liebevoller Einfühlung betrachten und gleichzeitig wissen, dass du dieses Kind nicht mehr bist.
- Du musst begreifen, dass es weder unvermeidlich noch logisch ist, dass du dich gedemütigt fühlst, nur, weil deine Nase jemandem nicht passt.
- Du musst außerdem einsehen, dass du dir die Menschen selbst ausgesucht hast, die dich jetzt vielleicht auf verletzende Art zurückweisen. Diese Zurückweisungen sagen nichts über deine Tauglichkeit oder Attraktivität, sondern sie spiegeln dein selbstzerstörerisches Bedürfnis wider, dich in dieser Rolle zu sehen. Du musst dich mit diesem Bedürfnis auseinandersetzen und dann beschließen, dass du nichts mehr mit Menschen zu tun haben willst, die dich klein machen und herabsetzen.

Wenn du dich auf diese Weise darum bemühst, deine Tendenz abzubauen, dich gedemütigt zu fühlen, so ist das besser, als wenn du Beziehungen vermeidest oder einschränkst oder wenn du dir nur Menschen aussuchst, die du weder magst noch interessant findest, nur weil sie dich wahrscheinlich nicht kränken werden.

Das Risiko, einen Fehler zu machen

Wenn man einen Partner wählt, ist es wie bei vielen anderen Entscheidungen im Leben: Wenn du A wählst, kannst du nicht B, C oder D haben usw. Die Angst davor, eine falsche Wahl zu treffen, kann deine Anstrengungen, eine Beziehung aufzubauen, behindern oder sogar lähmen.

Menschen sind sehr verschieden in ihrer Fähigkeit, Fehler zu riskieren. Manche treffen Entscheidungen, die ihr Leben verändern, impulsiv und manchmal blind, während andere sich durch die Angst lähmen lassen, sie könnten irgendwann, wenn es zu spät ist, herausfinden, dass sie eine schlechte Wahl getroffen haben.

Die Angst vor Fehlern kann andere Ängste zudecken – zum Beispiel die Angst vor Nähe, vor Bindung, vor Abhängigkeit oder Ablehnung. Doch oft weist sie auch auf den Glauben hin, es gäbe die eine, perfekte Lösung, den einen, vollkommenen Partner in der Liebe. Ich erinnere mich, wie Warren einmal sagte: «Manchmal war ich nahe daran, eine Bindung einzugehen; ich war ganz begeistert dabei, aber dann überkam mich dieses schreckliche Gefühl, ich könne am nächsten Tag die eine, wundervolle Frau treffen, und dann wäre ich nicht mehr frei.»

Manche Menschen haben solche Befürchtungen in fast allen Dingen, als gäbe es einen perfekten Job, eine perfekte Wohnung, einen perfekten Nachtisch – und sie zögern und brüten über den verschiedenen Möglichkeiten, die sich ihnen bieten. Andere sind bezüglich der meisten Dinge in ihrem Leben sehr entschlussfreudig, doch wenn es um die Liebe geht, werden sie zu Zauderern und schrecken davor zurück, sich zu binden. Beides kann selbstzerstörerisch sein.

Es kann schwer für dich sein, deine Unentschlossenheit in einer bestimmten Situation zu überwinden. Du magst dein Zögern leicht rechtfertigen damit, dass es vernünftig ist, vorsichtig zu sein, vor allem, wenn du in der Vergangenheit ein paarmal die falsche Entscheidung getroffen hast.

Doch wenn du weißt, dass du dazu neigst, ungebührlich lange zu schwanken, musst du dich fragen, ob du das zwanghaft tust. Dann musst du dir folgende Fragen stellen: Schiebe ich meine Angst, Fehler zu machen, nur vor, um andere Ängste vor einer Beziehung zuzudecken? Wenn ja, wie heißen diese Ängste? Bin ich in dem Glauben befangen, dass es den idealen Menschen gibt, der zu mir passt? Wenn ja, bin ich bereit, diese Annahme zu überprüfen? Könnte es mir genügen, wenn eine Person mich stark erregt und interessiert? Dass wir einander lieben? Dass es sich um einen Menschen handelt, der mir gefällt, bei dem ich mich wohlfühle? Kann ich mich mit diesen Tatsachen zufrieden geben, statt weiterhin an der Möglichkeit zu hängen, dass es irgendwo die ideale Person für mich geben könnte? Und wenn ich mich voll auf diesen Menschen einlasse und später dennoch herausfinde, dass ich einen Fehler gemacht habe – wäre das das Ende der Welt?

Mit diesen Fragen musst du dich beim Thema Liebe, wo es keine Sicherheiten, keine Garantien, keine Perfektion gibt, auseinandersetzen. Du musst dir auch klar werden darüber, dass du, wenn du eine schlechte Wahl treffen solltest, nicht für immer darin gefangen bist. Du kannst dich jederzeit daraus befreien, wenn du meinst, dies sei das Beste. Zuzugeben, dass du dich geirrt hast, daraus zu lernen und die notwendigen Schritte zu unternehmen, um deine Situation zu ändern, ist ein Akt von Mut und Weisheit, nicht von Schwäche.

Das Risiko, offen und ehrlich zu sein

Eine der größten Chancen, die eine Beziehung bietet, ist die Möglichkeit, dass wir hier besonders offen und ehrlich mit einem anderen Menschen umgehen können. Dieser Gedanke ist für die meisten Menschen sowohl einladend als auch bedrohlich. Für einige scheint die Bedrohung allzu groß: Sie meinen sich ein solches Maß an Offenheit und Ehrlichkeit nicht erlauben zu können. Doch ohne dies wird eine Beziehung möglicherweise nie Wurzeln schlagen, nie zu der Beständigkeit oder der Befriedigung führen, die möglich wären.

Zu Beginn von Kapitel 8 habe ich davon gesprochen, wie viele Menschen es vermeiden, viel von sich zu zeigen, gewöhnlich, weil sie bei früheren Versuchen, dies zu tun, schlechte Erfahrungen gemacht haben.

Wenn du weißt, dass du dich gern versteckst und dass du dich damit selbst um das Gefühl der Gemeinsamkeit und der Authentizität bringst, dann solltest du daran arbeiten, deine Angst vor Offenheit und Ehrlichkeit zu überwinden. Die drei Bereiche, in denen viele Menschen Offenheit am schwierigsten finden, sind: das Eingestehen eigener Unzulänglichkeiten; das Eingestehen von Verletzlichkeit und Schmerz; das Ansprechen von negativen Gefühlen und von Unzufriedenheit mit einer Beziehung.

Viele von uns haben das Gefühl, dass das Eingeständnis eigener Unzulänglichkeit – in Bezug auf unsere Fähigkeiten, Kenntnisse, Gewohnheiten, Meinungen, Phantasien, in Bezug auf unsere sexuelle Potenz, unsere sexuellen Interessen, unsere persönliche Geschichte oder was auch immer – ziemlich sicher mit Abscheu und Verachtung beantwortet würde. Wenn die Person, von der wir eine solche Reaktion vermuten, jemand ist, von dem wir hoffen, dass sie uns bewundern und lieben wird, dann ist es verständlich, dass wir unseren «Makel» aktiv oder passiv verbergen. Natürlich gibt es keine Garantie, dass jemand, dem du eine Unzulänglichkeit offenbarst, nicht negativ darauf reagieren wird. Und ich behaupte nicht, dass deine Beziehung in jedem Fall von deinen Geständnissen profitieren wird. Im Allgemeinen jedoch wird eine Beziehung umso tiefer und stärker, je mehr Offenheit da ist. Aber es braucht Sensibilität und ein Gefühl für den richtigen Zeitpunkt, um zu wissen, was deine Beziehung in einem bestimmten Augenblick vertragen kann. Du musst lernen, dich zwischen den beiden Extremen zu bewegen, die Beziehung einerseits nicht zu oberflächlich zu halten und sie nur unzureichend mit Offenheit zu versorgen; und andererseits sie mit schwerwiegenden und unverdaulichen Geständnissen zu überlasten, die der Partner noch nicht aufnehmen kann. Oft jedoch irren sich die Leute in diesem Punkt, weil der Gedanke sie quält, man erwarte von ihnen, dass sie ein Muster an Perfektion seien – stark, nie sich beklagend, von unerschöpflicher Energie und stets von höchster Attraktivität – und verheimlichen deshalb mehr als der Beziehung guttut. Und sie können oft nichts gegen diese Überzeugung tun, selbst wenn ihr Kopf ihnen sagt, dass keiner perfekt ist und dass ihr Partner möglicherweise gar keine Perfektion von ihnen verlangt, und, wenn er das täte, dies eine unangemessene und unreife Einstellung wäre.

Es ist wichtig, dass du deine eigenen Anforderungen an deine Vollkommenheit ebenso wie ihre unrealistische Basis begreifst. Du musst dich fragen, was deiner Meinung nach passieren würde, wenn du deine Unzulänglichkeiten zugibst. Wer aus deiner Vergangenheit wäre dadurch verstört und enttäuscht? Wer wäre das heute? Ist deine Einschätzung realistisch? Welchen Preis zahlst du für dieses Versteckspiel?

Ähnliche Ängste haben viele von uns auch, wenn es darum geht, die eigene Verletzbarkeit einzugestehen. Wir haben folgende Befürchtung: Wenn wir jemandem unsere Empfindlichkeiten bezüglich unserer Bedürfnisse, unseres Temperaments oder schmerzhafte Episoden aus unserer Vergangenheit preisgeben, könnten wir ihm «Munition» liefern, uns zu verletzen oder sonstwie zu schaden. So ist es verständlich, wenn wir vorsichtig sind bezüglich der Frage, was wir wem mitteilen. Wenn allerdings – und das solltest du bedenken, jemand dein Vertrauen absichtlich auf diese Weise missbraucht, so spricht das eher gegen diese Person als gegen dich und deine Empfindlichkeit. Ich stimme David Viscott zu, der sagt: «An unserem Mut, Verletzungen zuzugeben, wird unser Vertrauen in eine Beziehung deutlich. Darin zeigt sich, was zwei Menschen füreinander empfinden; die Offenheit wird zum Prüfstein für die Beziehung.»

Manche Menschen tun sich besonders schwer damit zuzugeben, dass sie sich durch etwas, was ihr Partner tut oder sagt, verletzt fühlen. Manchmal kannst du deine Wunde selbst kurieren, zum Beispiel wenn du einsiehst, dass sie durch eine Überreaktion oder ein Missverständnis deinerseits entstanden ist. Doch wenn das nicht der Fall ist und du dich nicht zu deiner Verletzung bekennst, wird sie sich möglicherweise in Zorn verwandeln. Wenn du jemand bist, der schon allzu oft Kränkungen heruntergeschluckt und seine Wunden verborgen hat, dann kann es hilfreich sein, wenn du mehr Offenheit riskierst. Noch einmal: Damit will ich nicht sagen, dass du jede Vorsicht bezüglich deiner intimsten Geheimnisse über Bord werfen sollst. Du musst dabei sorgfältig die Person, der du dich öffnen willst, die Information und den Zeitpunkt prüfen. Doch wenn du lockerer werden kannst bei der Mitteilung von Gedanken und Gefühlen, so wirst du dich seltener beschämt und allein fühlen, und es wird dich deinen Mitmenschen näherbringen.

Die Angst, negative Gefühle bezüglich des Partners und der Beziehung auszudrücken, ist verständlich. Solche Art Unzufriedenheit mag in jeder Beziehung schwer zu artikulieren sein, besonders aber in einer Liebesbeziehung. Die Verbindung erscheint dir vielleicht fragil – vielleicht fragiler als sie ist – und die Angst, deinen Partner gegen dich aufzubringen oder die Romantik zu zerstören, kann dir das Gefühl geben, mit hochexplosivem Sprengstoff zu hantieren. Wie kannst du dich unter solchen Umständen offen und ehrlich dem anderen mitteilen?

Gefühle von Zorn auszudrücken kann besonders riskant sein. Zorn ist fast immer eine Reaktion auf Verletzung, Enttäuschung, Ausbeutung, Beleidigung, Frustration, Betrug und Missbrauch. In jeder Beziehung gibt es Vorkommnisse, die solche Gefühle auslösen können. Wenn du deinen Zorn darüber und die Gefühle, die das Ereignis bewirkt hat, ausdrücken willst, braucht es Vertrauen. Du musst Vertrauen in dich haben, dass du nicht übertreibst, und du musst dem anderen vertrauen, dass er weder überreagiert, noch zusammenbricht, noch dir seine Liebe entzieht. Wenn du durch die Angst vor diesen Reaktionen unfähig bist, deinen Zorn angemessen auszudrücken, kannst du unter Umständen die Beziehung aufs Spiel setzen. Dennoch kann dir Zorn, der nicht ausgedrückt wird, gefährlich werden, weil er sich in körperliche Symptome verwandeln kann oder in Depression oder, wenn die Dämme brechen, in unkontrollierte Wut; für die Beziehung ist er gefährlich, weil er als verkapselter, bösartiger Groll in dir schwelen und deine Liebe zerstören kann.

Es gibt kein Rezept, wie man seinem Zorn am besten Ausdruck gibt. Wie überall, brauchst du dich nicht nach strengen Regeln zu richten, noch solltest du ohne Rücksicht auf die Folgen alle deine Gedanken und Gefühle preisgeben. Du musst verantwortlich handeln und deine Unzufriedenheit mit so viel Takt, Rücksicht und Reife mitteilen, wie dir möglich ist. Wenn du unter dem Deckmantel der Ehrlichkeit nur darauf aus bist, Schuld- und Schamgefühle zu erzeugen oder die Gefühle deines Partners sonstwie zu verletzen, wird das Ergebnis nicht vertiefte Zuneigung sein, sondern die Kluft zwischen euch wird sich erweitern. Aber sogar wenn dein Zorn vom heftigen Wunsch begleitet wird, den anderen zu treffen und zu verletzen, muss das nicht das Ende der Liebe oder der Beziehung bedeuten. Statt dessen könnt ihr beide versuchen, den Zorn zu verstehen, ihr könnt die Rollen untersuchen, die jeder von euch dabei spielt, die Risse kitten und diese Aufarbeitung nutzen, um die Beziehung zu festigen. Auch wenn ihr das Thema nur oberflächlich angeht, ist das besser, als wenn eure Unzufriedenheit gar nicht ausgesprochen wird. Wenn es dir also zu riskant erscheint, deinen Zorn zu zeigen, versuche zu verstehen, weshalb das so ist; hör darauf, was dein Zorn dir sagt; mach dir klar, ob es sich um eine Überreaktion deinerseits handelt, und achte darauf, dich so auszudrücken, dass es der Beziehung hilft zu wachsen. Aus der Art, wie ihr Zorn aussprecht und auf den Zorn des anderen reagiert, könnt ihr eine Menge über einander lernen. Außerdem fördert es den Erfolg eurer Beziehung, wenn ihr fähig seid, gemeinsam mit Zorn umzugehen.

Wenn ich über diese verschiedenen Risiken spreche, muss ich auch erwähnen, dass es notwendig ist, hier eine besondere Art von Mut zu entwickeln – keine körperliche Tapferkeit, sondern einen emotionalen Mut, der nötig ist, um durch die noch nicht kartografierten, unerforschten Gewässer einer neuen Beziehung zu segeln. Es ist wichtig, die Realität von Risiken anzuerkennen und die Angst, die sie einflößen können; und auch, dass sowohl die Risiken als auch die Angst mit dazugehören. Vor vielen Jahren, als ich meine Antrittsrede als Präsident der American Academy of Psychotherapists hielt, wählte ich das Thema Mut in der Psychotherapie. Ich zitierte dabei aus einem Gedicht von James Stephens mit dem Titel «In Waste Places». In diesem Gedicht wird ein Mann in der Wüste unbarmherzig von einem Löwen verfolgt – bis er schließlich erkennt, wer der Löwe ist:

> Ich bin der Löwe, seine Lagerstatt,
> Ich bin die Angst, die zittern macht das Herz,
> Ich bin die Wüste, wo Verzweiflung naht,
> Ich bin die Nacht voll Gram und Schmerz.
>
> Bei Nacht und Tag, in Frost und Glut,
> Muss wandern ich durch wüstes Land,
> Bis meiner Furcht ich trotz und fasse Mut.
> Komm Löwe, lecke meine Hand.

Mutig sein bedeutet nicht, keine Angst zu haben; es heißt, der Angst die Stirn zu bieten, statt ihr zu gestatten, dass sie uns verfolgt. Wenn du davor zurückschreckst, von deiner Verletzlichkeit zu sprechen, wird es Mut verlangen, sie zu zeigen; wenn du jedoch zu der Kategorie von Menschen gehörst, die sich in einer Beziehung als armes Opfer fühlen, dann brauchst du Mut, dich nicht länger als hilflos und unterdrückt darzustellen. Wenn du bisher nicht wagtest, dich zu wehren, wenn etwas dich ärgerte, dann brauchst du Mut, um dein Unbehagen zu Gehör zu bringen; wenn du jedoch oft allzu kritisch und streitbereit bist, dann kann es tapfer sein, tolerant zu schweigen. Wenn du deinen Zorn ängstlich niederhältst und unterdrückst, brauchst du Mut, ihn auszusprechen; wenn du jedoch leicht explodierst und das Kind in dir zu Wutanfällen neigt, dann kann es Mut bedeuten, deine Wut zurückzuhalten und statt dessen zu schauen, wie sie ausgelöst wurde. Du wirst herausfinden müssen, welche Art Mut du entwickeln musst, wenn du offen und ehrlich sein willst. Deine Beziehung wird an Echtheit und Tiefe gewinnen, wenn du dieses Risiko eingehst.

8. Wir müssen ständig uns selbst und unsere Welt erweitern

Zu Beginn des Kapitels erwähnte ich, dass es acht entscheidende Faktoren gibt für unsere Fähigkeit, eine Beziehung aufzubauen. Sieben davon habe ich erörtert und Veränderungen aufgezeigt, um die du dich jeweils bemühen kannst. Der achte Faktor – die Notwendigkeit, dass wir ständig unser Selbst und unsere Welt erweitern – ist so entscheidend und komplex, dass er ein eigenes – das elfte – Kapitel verdient.

11

Die Erweiterung deines Ich und deiner Welt

«Kleine Leute beschäftigen sich mit kleinen Fragen, große Leute mit großen.» Diese Worte hörte ich vor vielen Jahren von Dr. Sidney Jourard, einem der Vordenker der Humanistischen Psychologie. Eine Liebesbeziehung hat ein enormes Potenzial, uns zu erweitern und uns aus uns selbst herauszuholen. Sie regt unsere Liebesfähigkeit an und bringt uns dazu, fürsorglicher und einfühlsamer zu werden. Paradoxerweise gibt es jedoch in der Liebe bzw. im Streben nach ihr auch etwas, was uns dazu bringen kann, den Kontakt zur eigenen Größe zu verlieren. Wir können so beschäftigt sein mit den Höhen und Tiefen einer Beziehung, dass unsere Welt schrumpft – andere Beziehungen, Anliegen von hoher Bedeutung, Handlungen, die der Alltag von uns fordert; sogar großer Schmerz oder große Schönheit, die uns umgeben, können dann unserer Aufmerksamkeit entgehen. Sogar in einer höchst befriedigenden, erfüllenden Liebe können, in Zeiten von Streit, Zweifel oder Unsicherheit die Fragen «Liebt er (sie) mich?»; «Liebe ich ihn (sie)?» als die einzig wichtigen Fragen auf der Welt erscheinen. In einer schlechten oder abhängigen Beziehung können sogar kleinere Fragen zum Mittelpunkt des Lebens werden: «Wird er (sie) anrufen?» «Warum kann er (sie) niemals pünktlich sein, wenn er (sie) doch weiß, wie viel mir das bedeutet?» «Findet er (sie) mich begehrenswert?» «Mag er (sie) meine Frisur?»

Das dramatischste Beispiel dafür, wie die große Frage von kleinen verdrängt werden kann, gab mir eine anerkannte Krebsforscherin, die sich bei mir psychotherapeutische Hilfe holte. Sie war im Begriff, auf einer medizinischen Konferenz eine bahnbrechende Arbeit vorzustellen. Diese stellte den Höhepunkt jahrelanger Forschungsarbeit dar und war ein großer Schritt auf dem Weg zur Heilung einer Krebsart, die vor allem Kinder befiel. Doch alles, woran diese Frau denken konnte, war, dass Stanley, der Mann, mit dem sie seit zwei Jahren liiert war, an jenem Morgen nicht angerufen hatte, um ihr zum Geburtstag zu gratulieren. Den ganzen Tag gingen ihr besorgte und ärgerliche Fragen durch den Kopf: «Warum hat er nicht angerufen? Liebt er mich noch? Ist er so mit sich selbst beschäftigt, dass er nicht ahnt, wie viel sein Anruf mir bedeuten würde? Wie kann er mir das antun, wo er doch weiß, wie wichtig der Vortrag, den ich zu halten habe, für mich ist? Hat er eine andere Frau gefunden?» Sie hielt ihren Vortrag durch den dicken Nebel dieser dunklen, quälenden Gedanken. Ihre Arbeit wurde enthusiastisch aufgenommen und hoch gelobt. Aber ihre Zufriedenheit war gedämpft. Als sie nach Hause zurückkam, fand sie bunte Luftballons vor ihrer Tür und Stanley in der Wohnung, wo er mit einer Flasche Champagner auf sie wartete. Ausgelassen feierten sie den doppelten Anlass: ihren Geburtstag und ihren Triumph. Später konnte sie sagen: «Erst als ich von meiner Sorge und meinem Ärger über Stanley befreit war, konnte ich zurückschauen und sehen, dass ich ziemlich verrückt gewesen war. Meine Arbeit bedeutet mir so viel, und ich hatte ein kleines, aber wichtiges Puzzlestück gefunden, das dazu beitragen konnte, unzähligen Kindern zu helfen, aber eine Zeit lang war das völlig ausgeblendet durch meine Aufregung darüber, dass Stanley meinen Geburtstag vergessen haben könnte. Welcher Perspektivverlust!»

Es ist weniger ein Perspektivverlust, als eine gründliche Verschiebung der Perspektive. Stephen J. Gould schreibt in seinem Buch «The Panda's Thumb», dass die Erde «unfassbare 4,5 Milliarden Jahre alt» ist; «die Standard-Metapher für die Erdgeschichte ist eine Uhr mit 24 Stunden, auf deren Zifferblatt die menschliche Zivilisation die letzten paar Sekunden umfasst, und unsere persönliche Geschichte eine kosmische Millimikrosekunde dieser Zeit.» Unter diesem Blickwinkel scheint nichts, was wir denken, fühlen oder tun, irgendeine Bedeutung zu haben. Doch, wie wir ebenfalls wissen, macht gerade diese Vergänglichkeit und Winzigkeit unseres Eintagsfliegendaseins es notwendig, dass wir dem, was wir denken, fühlen und tun, Bedeutung geben. Was wir als unsere wichtigen Fragen und Verpflichtungen ansehen, prägt uns, wenn auch nur für den Augenblick. Und gelegentlich können die kleinsten Fragen zu den größten werden. Genau so wie ein rasender Zahnschmerz uns den Tumor des Nachbarn vergessen lassen kann, so kann sich unsere Perspektive bedeutsam verändern durch die Gefühle, die wir in eine Beziehung investieren. Wenn wir einen Menschen lieben, ist die Beziehung zu ihm für uns das Wichtigste auf der Welt. Gleichzeitig können wir vom Verstand her einsehen, dass unser Leben und was in der Welt vor sich geht, wichtiger sind als diese Beziehung. Paradoxerweise sind diese diametral entgegengesetzten Perspektiven, wie wir sehen werden, beide wahr. Doch wenn du deine Neigung kennst, dass dein Horizont in einer Liebesbeziehung zu eng und einseitig wird, dann musst du daran arbeiten, dich zu erweitern und zu vertiefen, damit dein Ich sich in einer größeren Welt erfahren kann. Wenn du das geschafft hast, wird dir, auch wenn du Glück und Leid der Liebe erlebst, dein erweiterter Horizont nicht verloren gehen.

Es gibt verschiedene Wege, wie wir unser Selbst und unsere Welt erweitern können:

1. der Weg der psychologischen Einsicht
2. der spirituelle Weg: sich mit der Ewigkeit verbinden
3. der Weg der Selbstliebe
4. der Weg der aktiven Verpflichtung

Im Folgenden wollen wir jeden dieser Wege untersuchen.

Der Weg der psychologischen Einsicht

Ein wesentliches Anliegen dieses Buches ist es, unsere Selbsterkenntnis zu vertiefen, besonders jener Aspekte in uns, die wir bisher unterdrückt oder geleugnet haben. Dabei geht es vor allem darum zu verstehen, auf welche Weise selbstzerstörerische Muster in unseren Beziehungen auf frühen Erfahrungen und Gefühlen basieren. Der unerkannte Einfluss unserer Vergangenheit auf unsere gegenwärtigen Gefühle engt auf fatale Weise unsere Wahrnehmung und unsere Interessen ein; er bestimmt, zu welcher Art Menschen wir uns hingezogen fühlen, und damit die Beziehungen, die wir eingehen. Es kann extrem hilfreich sein, mit so viel Klarsicht, wie dir möglich ist, zu untersuchen, auf welche Weise dich die Nöte deiner Kindheit, deine Ängste, inneren Konflikte und die Beziehungen in deiner Familie geprägt haben.

In Anita Brookners Roman «Latecomers» drückt ein Mann mittleren Alters namens Fibich folgende Erkenntnis über sich und die Menschen in seinem Leben aus:

> *Ach, dachte er – und diese Wahrheit brach plötzlich über ihn herein – niemand wird erwachsen. Jeder trägt alle die Ichs, die er einmal war, unversehrt mit sich, sie warten darauf, irgendwann wieder zum Leben zu kommen in Augenblicken von Schmerz, Angst, Gefahr. Alles lässt sich wieder aufspüren, jeder Schock, jede Verletzung. Aber vielleicht ist es unsere Pflicht, die Zeit, die wir so mit uns schleppen, abzustreifen, sie loszulassen um der Gegenwart willen, sodass wir uns endlich der Welt zuwenden können, in der wir uns eingerichtet haben.*

Dies zeigt eine Chance zur Verwandlung auf, vorausgesetzt, wir begreifen, wie unsere vergangenen Leben in uns weiter bestehen. Wenn wir die Bilder und Gefühle loslassen oder uns wenigstens über sie hinwegsetzen, dann können wir uns der Welt draußen zuwenden. Nun erleben wir ein anderes Paradox: Je mehr wir durch die Vergangenheit über unser Innenleben lernen und uns mit ihm versöhnen, umso freier werden wir, uns auf das äußere Leben unserer Gegenwart authentisch, handlungsfähig und liebevoll einzulassen.

Was den Einfluss der Vergangenheit auf unsere Gegenwart angeht, so ist es besonders wichtig, dass wir uns bewusst machen, wie sie uns in der Wahl unserer Liebesbeziehungen prägt. Harville Hendrix, ein bekannter Paartherapeut, sagt zu diesem Thema: «In vielen Jahren theoretischer Forschung und klinischer Beobachtung habe ich entdeckt, dass wir alle eine Person als Partner/in suchen, die die vorherrschenden Charakterzüge der Menschen trägt, die uns aufgezogen haben.» Das ist eine Erweiterung von Freuds Bemerkung von 1905, dass das Kind an der Mutterbrust «der Prototyp jeder Liebesbeziehung» ist. Freud fuhr fort: «Das Finden eines (Liebes)objekts ist, im Grunde, ein Wiederfinden.»

Zweifellos bist du glücklicher dran, wenn die Attribute, die du «wiederzufinden» suchst, positiv sind, statt negativ. Doch wenn deine Kindheitserfahrungen mit der Liebe dich empfänglich machen für Beziehungen mit Menschen, die als Liebespartner ernste oder sogar zerstörerische Schattenseiten haben, dann werden die Einsichten, die du in diesen Verbindungen gewinnst, dir taugliche Werkzeuge in die Hand geben, um deiner ursprünglichen Programmierung entgegenzuarbeiten und sie zu ändern. Du kannst ein Gespür entwickeln für das, was du jetzt von einer Beziehung wünschst und brauchst und kannst entscheiden, dass du es nun bei geeigneteren Personen suchst. Selbst wenn deine Kindheitserfahrungen stark negativ waren, können Vater oder Mutter positive Aspekte gehabt haben, die du in neuen Beziehungen wiederfinden kannst.

Auch wenn du darauf programmiert bist, Vertrautes wiederzufinden, kann dir das Wissen um diesen Einfluss helfen, der Sache deine eigene Wendung zu geben. Bei Ethel Person heißt es: «Die Liebe ist in gewisser Weise ein Wiederfinden. Doch sie ist auch – und dies ist ihr höchster Triumph – das Schaffen einer neuen Erfahrung… Die Liebe mag regressiv sein, doch sie ist auch progressiv, indem sie dem Selbst Richtung und Inhalt für seine Reifung gibt.» Die Chance, dass du die Liebe findest, die solchen Wandel ermöglicht, wächst durch die Einsicht in deine eigene Entwicklungsgeschichte.

Das Verständnis für deine frühen Prägungen und dafür, wie diese noch immer in dir wirksam sind, führt vielleicht nicht zu unmittelbarer Veränderung. Tatsächlich könnte ich von den Menschen, mit denen ich in vier Jahrzehnten als Psychotherapeut gearbeitet habe, diejenigen an den Fingern einer Hand aufzählen, die die Fähigkeit zu sofortigem Wandel durch Einsicht hatten. Eine davon war Rachel, eine dreißigjährige Frau, die in einer unglücklichen und unterwürfigen Beziehung zu einem Mann namens Sid lebte. Nach nur wenigen Sitzungen sagte sie aufgrund unserer Gespräche: «Ich kann nun sehen, wie ich bei meinen hoffnungslosen Anstrengungen, Sids Liebe zu gewinnen, die gleichen verzweifelten Gefühle habe wie als Kind meiner Mutter gegenüber. Doch er ist nicht meine Mutter, und ich bin nicht länger ein bedürftiges, kleines Mädchen. Ich muss das ändern.» In der nächsten Sitzung, nur eine Woche später, hatte sie klar und entschieden ihre Beziehung neu definiert, entsprechend ihren neuen Erkenntnissen. (Obwohl dies erhebliche anfängliche Konflikte bewirkte, baute sich ein gegenseitiger Respekt auf, und die Beziehung entwickelte sich positiv weiter, wie ich später hörte.)

Ich war verblüfft über Rachels Veränderung – das bin ich immer, wenn ich Menschen begegne, die die seltene Fähigkeit haben, eine Einsicht so schnell und dramatisch umzusetzen. Für die meisten von uns entwickelt sich dieser Prozess langsam, manchmal sehr langsam. Doch ob nun dein Tempo schnell oder langsam ist, es gehören auf jeden Fall die gleichen Elemente dazu:

1. Du erkennst und spürst die Verbindung zu deiner Vergangenheit, zu deinen frühesten und den jüngeren Erfahrungen.
2. Du siehst, wie deine Handlungen und Entscheidungen durch deine Vergangenheit begrenzt und geformt werden.
3. Du öffnest deine Augen für neue Möglichkeiten zu denken, zu fühlen und dein Leben zu gestalten.
4. Du beschließt, dich nicht länger entsprechend deinen selbstzerstörerischen, einschränkenden Prägungen zu verhalten und statt dessen neue, befriedigendere Strategien auszuprobieren.

Es gibt viele Wege, um zu größerer psychologischer Einsicht zu gelangen. Dazu gehört, dass du Bücher wie dieses liest, dich einer Therapie oder Psychoanalyse unterziehst, dich einer Selbsthilfegruppe anschließt, mit vertrauenswürdigen und verständnisvollen Freunden ein offenes Gespräch führst oder dass du Tagebuch über deine Gedanken, Gefühle und Träume schreibst. Wichtig dabei ist, dass du bereit bist, zu verstehen, wie dein Temperament und deine Grundbedürfnisse durch deine Familie, die Gesellschaft und die entscheidenden Ereignisse in deinem Leben geprägt wurden, sodass du zu dem Menschen wurdest, der du bist. Eine Einsicht ist dabei eminent wichtig: dass du nicht dein Pech oder eine bestimmte andere Person als Ursache deiner Probleme siehst, sondern die Verantwortung für deine Lebensgeschichte übernimmst. Damit meine ich nicht, dass du zu Selbstanklagen übergehen solltest; das wäre unproduktiv und würde deine Energie, die du brauchst, um deiner Lebensgeschichte neue Kapitel hinzuzufügen, in die falsche Richtung lenken. Wenn du deine Selbsterkenntnis vertiefst, solltest du dich – nicht mit dem Eifer eines Staatsanwalts, sondern mit der Neugier eines Forschers und der Fürsorge eines Freundes – fragen: Wie bin ich hier gelandet und wie kann ich weiterkommen? Diese Selbsterforschung wird es dir ermöglichen, die Verantwortung für die Gestaltung deines Lebens zu übernehmen, statt blind deiner Vergangenheit zu gestatten, deine Gegenwart und deine Zukunft zu prägen.

Der spirituelle Weg: sich mit dem Zeitlosen verbinden

Ein anderer Weg zur Erweiterung deines Selbst und deiner Welt ist der spirituelle. Spiritualität bedeutet für verschiedene Menschen verschiedenes, für manche jedoch bedeutet sie gar nichts. Im Zusammenhang mit unserem Thema würde ich sagen, dass wir auf dem spirituellen Weg sind, wenn wir uns um Verbindung mit dem Unendlichen bemühen.

Die Liebe kann unseren Horizont erweitern, selbst wenn sie sich auf eine einzige Person konzentriert, indem sie uns eine Verbindung spüren lässt zu dem, was mehr Dauer hat – vielleicht sogar zum Zeit- und Grenzenlosen. Dies geschieht einmal, indem wir grenzenlose Liebe empfinden. Zum anderen werden wir durch den geliebten Menschen dazu geführt, sinnvoller zu leben und uns für das Wunder des Lebens zu öffnen. Ob eine Beziehung dich zu einer solchen Erweiterung anregt, oder ob deine Perspektive sich auf die kleinsten Einzelheiten dieser einen Beziehung verengt, hängt weitgehend von der Art dieser Beziehung ab. Doch darüber hinaus hängt es auch davon ab, wie stark du dich als Individuum mit der Unendlichkeit und Zeitlosigkeit des Universums verbunden fühlst.

Es gibt viele Möglichkeiten, sich mit dem Zeitlosen verbunden zu fühlen. Einige empfinden das, wenn sie eine atemberaubend schöne Landschaft betrachten oder sich in das Wunder der zahllosen Sonnen und Weiten des Weltalls versenken. Andere fühlen es, wenn sie die erhebende ästhetische Erfahrung machen, die beim Anschauen oder Malen eines

Bildes, beim Hören oder Schreiben einer Symphonie oder eines Gedichts entsteht. Bei anderen rührt dies aus dem Gefühl für ihre Verbindung mit anderen Lebewesen oder für ihre Zugehörigkeit zum Menschengeschlecht. Für manche ist es die Bindung an die Überlieferungen der Vergangenheit oder ihrer Familie. Für viele ist es die Verbindung zu einem höchsten Wesen, vermittelt durch religiöse Lehren, Rituale und Gebete oder durch ihre persönliche Vision von einer höheren Macht. Was diese Erfahrungen zu spirituellen macht, ist das direkte Erleben von etwas, das mehr ist als du selbst, mehr als dieser Augenblick, mehr als deine derzeitigen Bindungen und alltäglichen Beschäftigungen.

Wenn du dich dem Zeitlosen näherst, hat das oft auch zur Folge, dass du mit deinem innersten Kern in Kontakt kommst, der weder zeit- noch ortsgebunden ist und der unabhängig von deiner Psychodynamik, deiner Geschichte, unabhängig von aktuellen Ereignissen und Bindungen besteht.

Yogi Amrit Desai (Gurudev), der inspirierende Lehrer des Kripalu Ashrams in Massachussetts, betont die Bedeutung der Verbindung zu unserem inneren Kern, wenn wir unsere Liebesfähigkeit erweitern wollen:

> *Wir suchen ständig nach der machtvollen Erfahrung von Einheit und Integration. Was wir nicht wissen, ist, dass wir das angeborene Potenzial in uns tragen, diese Einheit zu verkörpern. Wir glauben, wir könnten sie nur außerhalb von uns finden. Doch wann immer wir draußen nach den vielen Formen der Liebe suchen – nach romantischer Liebe, nach Dankbarkeit, Wertschätzung und nach Belohnungen – schaffen wir Abhängigkeit. Abhängigkeit jedoch erzeugt sofort Angst; die Angst vor Verlust oder davor, dass wir nicht bekommen, wonach wir uns sehnen. Statt uns vollkommener zu machen, verstärkt diese Liebe unser Gefühl für unsere Unvollkommenheit und entzweit uns innerlich. Wahre Liebe ist selbstgenügsam und nährt sich selbst; sie kommt aus einer inneren Quelle.*

Dies ist eine Betrachtungsweise des Ostens, und ich würde Amrit Desai nicht folgen, wenn er sagt, alle Bindung sei schlecht. Für mich ist klar, dass eine Liebesbeziehung viel Positives vermitteln kann: Intimität, Wachstum und ein Lebensziel. Doch wir sollten die Mahnung in seinen

Worten ernst nehmen: Wenn eine Beziehung uns dazu verleitet, die Liebe zu vergessen, die «aus der inneren Quelle» kommt, schaffen wir eine Abhängigkeit, die uns kleiner macht, statt uns wachsen zu lassen.

So ist es wertvoll für uns, uns nach innen zu wenden, nicht nur, um psychologische Selbsterkenntnis zu gewinnen, sondern auch, um in Kontakt zu sein mit dem, was das Fundament unseres psychologischen Selbst bildet und es gleichzeitig transzendiert. In ihrem Bemühen darum haben viele Menschen – ob sie praktizierende Gläubige sind oder nicht – die Meditation als sehr nützliches Instrument entdeckt. Die Formen der Meditation sind sehr unterschiedlich und zu zahlreich, um sie hier aufzuzählen. Lawrence LeShans einführendes Werk «How to Meditate» enthält die nötigen Anweisungen und auch Hinweise für die weitere Beschäftigung mit dem Thema. LeShan beschreibt, wie er eine Gruppe von Naturwissenschaftlern, die täglich meditierten, zu sagen bat, weshalb sie das taten. Keine der Antworten befriedigte jeden von ihnen, bis einer sagte: «Es ist wie wenn man nach Hause kommt.» Ein Schweigen folgte, doch dann stimmte einer nach dem anderen mit einem Kopfnicken zu.

Der Psychoanalytiker Dr. Marlin Brenner, der sich ebenfalls mit östlicher Meditation und den durch sie möglichen Einsichten beschäftigt, äußerte sich so:

> *Meditation erlaubt einem Menschen, eine weitere Perspektive für sein Leben zu gewinnen. Während er sich von Mächten gefangen sieht, die er nicht kontrollieren kann und von Bedürfnissen gequält, die unerfüllt bleiben, gestattet ihm Meditation, seine Situation zu überblicken. Das kann ihn zu der Einsicht führen, dass er nicht gefangen, sondern frei ist, und dass er, was er für dringend notwendig hielt, gar nicht braucht. Auf diese Weise kann Meditation zu einem wunderbaren und wohltätigen Perspektivwechsel führen, was unseren Standort auf dieser Welt betrifft.*

Ich fragte Dr. Brenner, in welchem Maße dies seiner Ansicht nach auf Liebesbeziehungen zutrifft. Seine Antwort: «Wir können befangen sein in dem Glauben, wir brauchten den anderen, um Schmerz zu vermeiden. Ein Perspektivwechsel durch Meditation kann uns zeigen, dass es möglich ist, unsere Bedürftigkeit durch Wertschätzung, Gegenseitigkeit, Erfüllung, Großherzigkeit und Kreativität zu ersetzen.» Und was ist mit dem sexuellen Begehren? «Auch dieses wandelt sich, wie die Liebe selbst, wenn wir die Perspektive wechseln. Sie wird zu einem Ausdruck der Gegenseitigkeit, des Austauschs, des Respekts voreinander, zum tiefen Eindringen in das Verständnis meiner selbst und des Partners. Das Objekt der Begierde dient nicht länger bloß unserer Nahrung, das Fehlen von Sex wird nicht länger als Verhungern erlebt.»

Der spirituelle Weg kann dich zu dir selbst führen, indem du deiner selbst bewusst wirst und dich dadurch veränderst. Er kann gleichzeitig deine Verbindung zu dem, was außerhalb deiner Person liegt, vertiefen und erweitern. Das wird die einengende Wirkung deiner Bindungssucht auf deine Beziehung verringern und deine Fähigkeit zu lieben erweitern, einschließlich der Fähigkeit, dich selbst zu lieben.

Der Weg der Selbstliebe

Der Begriff «Selbstliebe» wird oft als Egoismus oder Narzissmus missverstanden. So definiert, stellt er das genaue Gegenteil der Liebe zum anderen dar. Eine gesunde Selbstliebe ist jedoch Teil unserer allgemeinen Liebesfähigkeit; sie kann unsere Liebe zu anderen befreien und nähren. In «Die Kunst des Liebens» bemerkt Erich Fromm:

> *Wenn es eine Tugend ist, meinen Nächsten als menschliches Wesen zu lieben, muss es auch eine Tugend – und nicht ein Laster – sein, mich selbst zu lieben, da ich ja auch ein menschliches Wesen bin... Die in der Bibel ausgedrückte Vorstellung – «Liebe deinen Nächsten wie dich selbst» – besagt, dass die Achtung vor der eigenen Integrität und Einmaligkeit, die Liebe zu sich selbst und das Verständnis für sich selbst nicht von der Achtung, der Liebe und dem Verständnis getrennt werden können, die ich für andere empfinde. Die Liebe zu mir selbst ist mit der Liebe zu einem anderen Wesen untrennbar verbunden.*

Diese Art der «Liebe zu mir selbst», nenne ich die «wesentliche Selbstliebe». Das Wort «wesentlich» hat hier eine doppelte Bedeutung. Zum einen meint es eine Selbstliebe, die mein Wohlbefinden entscheidend beeinflusst, genau wie Vitamine und Mineralien es tun, die mein Körper braucht. Diese Bedeutung weist auf die grundlegende Sorge um unser Überleben und Wohlergehen hin. Doch das Wort «wesentlich» zielt auch darauf, dass wir unseren innersten Wesenskern sowohl als einmaliges Individuum als auch als ein Mitglied der menschlichen Gemeinschaft begreifen. Unsere Selbstliebe weist somit über das enge Interesse für uns selbst hinaus. Ohne diese wesentliche Selbstliebe wird unsere Fähigkeit, andere zu lieben, immer beschränkt bleiben; dann bleiben uns nur unsere narzisstischen Überlebensinteressen, die uns in anderen Menschen lediglich die potenziellen Befriediger unserer Bedürfnisse sehen lassen. Aus dieser Position heraus werden wir die Bedürfnisse anderer wahrscheinlich als störend oder sogar als unangemessen empfinden, die wir unseren Partnern verübeln oder ignorieren, oder die wir zu unseren Zwecken zu manipulieren versuchen. Ohne wesentliche Selbstliebe können wir leicht koabhängig werden: Wir beauftragen andere damit, unsere eigene Leere zu füllen, um dadurch mit unserem Selbsthass und dem Gefühl unserer Wertlosigkeit fertig zu werden. In ihrem Roman «The Company She Keeps» macht Mary McCarthys liebessüchtige Heldin eine erschreckende Entdeckung: «Nun sah sie zum ersten Mal ihre eigene Not, sah, dass es ein Mangel an Selbstliebe war, der sie zwang, blind nach der Liebe anderer zu greifen, in der Hoffnung, sich selbst durch sie lieben zu können, die Gefühle anderer zu borgen, wie der Mond sich das Licht von der Sonne holt. Sie selbst war ein toter Planet.»

Wenn du dich gerade zwischen zwei Beziehungen befindest, ist das eine gute Gelegenheit, dir deine Defizite in Sachen Selbstliebe anzuschauen. Beginne die Arbeit mit der Einsicht, dass es entschieden falsch ist, wenn du keine Selbstliebe für dich aufbringst. Manche Menschen, die ihr Leben lang eingehüllt waren in geringe Selbstachtung, akzeptieren ihre Wertlosigkeit und Unzulänglichkeit als unwiderrufliche Gegebenheiten und sind sich nicht über die bösartige Natur dessen im Klaren, was sie sich selbst zumuten. Doch der Mangel an Selbstliebe ist zerstörerisch; er belastet deine Beziehungen mit Negativität und mit stummen oder lauten Appellen um Hilfe und Bestätigung.

Eine zweite wesentliche Erkenntnis ist, dass dieser Mangel fast mit Sicherheit seine Wurzeln in einer gestörten Prägung aus der Vergangenheit hat. Er hat sich in deine Neuronen eingeprägt durch viele Enttäuschungen, viele Vorfälle, bei denen du Scham, Schuld und das Gefühl deiner Minderwertigkeit erlebtest; durch die vielen Situationen, wo du nicht die ersehnte Ermutigung, Anerkennung und Unterstützung erfuhrst. Dein Mangel an Selbstliebe wurde außerdem dadurch geprägt, dass dein kindliches Ich deine Schwäche, dein Versagen und die jeweilige peinliche Situation überzeichnet hat, wie jedes Kind das tut. Wenn du einmal verstanden hast, dass es das entmutigte Kind ist, das dir deine Wertlosigkeit einredet, dann bist du in der Lage, auf dein inneres Kind mit dem Mitgefühl, der Bestätigung und Liebe einzugehen, die ein Kind braucht. Als Harry die Verbindung zwischen der Art, wie er sich selbst herabsetzte und der erniedrigenden Behandlung durch seine Mutter bewusst wurde; als er ihre ablehnende Haltung als den Spiegel ihrer eigenen Verfassung sehen konnte und nicht mehr als Maß für seinen eigenen Wert, konnte er anfangen, sein altes Selbstbild in Frage zu stellen. Das ließ allmählich sein Gefühl dafür wachsen, dass er in seinen Liebesbeziehungen eine bessere Behandlung brauchte und auch verdiente.

Frühe Prägungen müssen nicht die einzigen Ursachen sein für deinen Mangel an Selbstliebe. Sie kann auch dadurch beeinträchtigt werden, dass du Verhaltensmuster wiederholst, die du ernsthaft missbilligst und ablehnst. Dann liegt die Lösung in dem Versuch, diese Muster zu verändern. Es ist ein Zeichen deiner Reife, dass deine Selbstachtung auch darauf basiert, wie du dich in Situationen verhältst, die dir wirklich wichtig sind. Während du dich diesen Problemen widmest und an ihnen arbeitest, solltest du die bedingungslose Liebe für das Wesen, das du in deinem Kern bist, nicht vernachlässigen.

Es gab Zeiten, da wand Kim sich vor Pein, wenn sie an ihr selbsterniedrigendes Verhalten Kevin gegenüber dachte; an die Art, wie seine grausame Kritik sie dazu brachte, sich nur noch heftiger zu bemühen, ihm zu gefallen; oder an die Male, wo sie aus Selbstrespekt mit ihm brach, nur um kurz ihn darauf anzuflehen, zu ihr zurückzukehren, koste es, was es wolle. «Es gibt Augenblicke», gab sie zu, »da erinnere ich mich an Dinge, die mich heute vor Scham in die Erde versinken lassen, wie zum Beispiel die Nacht, in der er noch sehr spät bei mir auftauchte und ich mit ihm schlief, obwohl ich das Parfum einer anderen Frau an seinem Körper riechen konnte. Bei dieser Erinnerung frage ich mich, was für eine miese Person ich bin.»

Ein anderes Mal erinnerte sich Kim an die schmerzvolle und zornige Zeit nach ihrem endgültigen Bruch mit Kevin, als sie angefangen hatte, andere Männer ebenso schlecht zu behandeln, wie Kevin das mit ihr tat. «Es war so gemein von mir, diesem netten Kerl die Tür vor der Nase zuzuschlagen, nur weil er mir Blumen schenken wollte; oder Männer sexuell herauszufordern und sie nach dem Akt dann lächerlich zu machen. Wenn ich an diese Dinge zurückdenke, könnte ich mich hassen.»

Kim gelang es allmählich, mit diesen Gefühlen von Schuld und Scham über Vergangenes fertig zu werden. «Ich verachte dieses Verhalten zutiefst, bei mir und anderen. Alles, was ich tun kann, ist, mich zu verpflichten, niemals wieder einen anderen Menschen oder mich selbst so grausam zu behandeln.» Kim gab offen zu, dass ihre damaligen Handlungen mit ihren eigenen Vorstellungen über annehmbares Verhalten nicht vereinbar waren. Sie nahm sich vor, in Zukunft nicht mehr gegen ihre Grundsätze zu handeln. Gleichzeitig konnte sie sagen: «Es gibt keine Entschuldigung für das, was ich damals getan habe, aber ich kann es mir aus meiner Geschichte und aus dem, was ich damals durchmachte, erklären. Das erlaubt mir, mir selbst zu verzeihen. Im Grunde bin ich nämlich ein guter Mensch.» Auf diese Weise verband sich Kims bedingungslose Selbstliebe mit ihrer bedingten Selbstakzeptierung, was ihr ein komplexes, ausgewogenes, mitfühlendes und größtenteils positives Gefühl für sich selbst vermittelte.

Es könnte auch für dich hilfreich sein, zu erkennen, dass du eine bedingte Selbstakzeptierung brauchst, um dich zu motivieren, die Person zu sein, die du sein willst, und deine bedingungslose Selbstliebe, um dir selbst Wertschätzung entgegenzubringen, selbst wenn du mit einigen Seiten an dir nicht zufrieden bist oder wenn du von anderen abgelehnt oder sogar verachtet wirst. Die Entwicklung deiner Selbstliebe und deiner bedingten Selbstakzeptierung wird dir guttun; sie wird deine Liebesfähigkeit erhöhen und die Spannweite deiner liebevollen Aufmerksamkeit für die Welt, in der du lebst, erweitern.

Der Weg der aktiven Verpflichtung

Warren befreite sich zusehends von seiner Besessenheit durch lieblose Frauen wie Diane; gleichzeitig erweiterte er seinen beruflichen Rahmen von der Mode- zur Kunstfotografie, für die er sich schon früher interessiert hatte. Eines Tages fotografierte Warren einige obdachlose Familien, und bald war er stark engagiert, das Los der Obdachlosen bekannt zu machen. Neben den Aufnahmen, in denen er ihr Leben mitfühlend darstellte, wurde er ihr Fürsprecher bei den Medien und vor dem Gesetzgeber. «Als Kind und auch noch als Teenager glaubte ich an verschiedene Dinge. Worte wie ‹Recht und Gesetz›, ‹gleiches Recht für alle› und ‹Brüderlichkeit› waren mir heilig. Ernsthaft für Fotografie zu interessieren begann ich mich erst, als ich die Fotoausstellung ‹Die menschliche Familie› sah. Später ging diese Einstellung verloren wegen meines inneren Zwangs, Frauen wie Diane für mich zu gewinnen. Im Grunde verlor ich das Gespür dafür, wer ich war; ich war besessen von dem Wunsch, dass diese Frauen mich lieben sollten. Nun habe ich das Gefühl, ich habe meinen Glauben an meine Werte wiedergefunden. Ich habe mich selbst wiedergefunden. Ich fühle eine so viel größere Fähigkeit zu lieben, dass ich mich frage, ob das, was ich für Diane fühlte, überhaupt Liebe war.»

Wenn du dich von abhängiger Liebe befreist, kann das die Spannbreite deiner Interessen und deines Engagements erweitern. Dies wiederum kann dir helfen, dich gegen andere Abhängigkeiten zu immunisieren. Und du wirst dadurch auch offener werden für eine befriedigende, nicht abhängige Beziehung. Als die Zeitschrift, für die Kim arbeitete, eine Serie von Artikeln über Missstände im System der Kindespflegschaften veröffentlichte, engagierte sie sich sehr, um Problemfamilien dabei zu unterstützen, zusammenzubleiben. Weder sie noch ich denken, dass es Zufall war, dass während dieser Phase ihre befriedigende Beziehung mit David begann.

Ihr Horizont war weiter geworden, ihr Herz offener als je zuvor.

Indem wir für andere sorgen, üben wir unsere Liebesfähigkeit und erweitern sie. Dieses Tun verbindet uns spirituell mit dem Ewigen und dem «ganz Anderen». Schließlich sind ethische Werte auch etwas «anderes»; die Verpflichtung für diese Werte erweitert unser Ich. Ich erinnere mich an Virginia Satir, die begnadete Familientherapeutin, die sagte:

«Menschen sorgen für sich durch den Kontakt mit anderen, durch liebevolle Wertschätzung. Jeder steht für sich und kann doch dem anderen die Hand reichen.»

Dass wir für uns selbst einstehen können, ist wichtig, wenn wir die Automomie entwickeln wollen, die wir brauchen, um Abhängigkeit in Beziehungen zu vermeiden, die unsere Liebe verkrüppeln lässt. Doch wir werden die Liebe nie kennenlernen, wenn es uns nicht gelingt, über uns hinauszugehen und die Welt draußen zu umarmen. Und das kannst du auch dann tun, wenn es in deinem Leben zur Zeit keine Liebesbeziehung gibt.

12
Paradoxe der Liebe

Der Weg zu einer Beziehung ist mit Widersprüchen gepflastert, die sämtlich wie Wahrheiten erscheinen können. Und was noch verwirrender ist: jeder von ihnen ist wahr! Es sind paradoxe Behauptungen, die in sich wahr sind und dennoch anderen Wahrheiten widersprechen. Wir wollen uns einige davon anschauen, mit denen wir uns im Laufe einer Beziehung auseinandersetzen müssen.

Auf der einen Seite…	*Auf der anderen Seite…*
1. Ich möchte in meiner Liebe zu meinem Partner und zu anderen großherzig sein.	Ich möchte mich selbst großherzig lieben.
2. Ich möchte unabhängig und autonom sein.	Ich möchte mit meinem Partner/meiner Partnerin liebend verbunden sein.
3. Ich möchte meine Fähigkeit steigern, bedingungslos und ohne Fesseln zu lieben.	Ich wünsche mir, dass mein Partner auf meine Bedürfnisse eingeht und sie befriedigt.

4.	Mehr als alles andere möchte ich von dem Menschen, den ich liebe, geliebt und begehrt werden.	Ich möchte mich um viele Themen kümmern; die Frage, ob ich begehrt und geliebt werde, soll mich nicht ausschließlich beschäftigen.
5.	Ich möchte in mir ruhen und dabei glücklich sein.	Ich wünsche mir eine Beziehung, weil mich das glücklich machen würde.
6.	Ich möchte auf das Kind in mir eingehen und mich gut darum kümmern.	Ich möchte, dass mein Partner auf das Kind in mir eingeht und sich darum kümmert.
7.	Ich möchte meine eigenen Wunden und meine Störungen immer besser selbst heilen können.	Ich möchte die heilende und wachstumsfördernde Kraft einer guten Beziehung genießen.
8.	Ich möchte durch Einsicht und Selbsterkenntnis liebesfähiger werden.	Ich möchte durch aktiven Einsatz für andere liebesfähiger werden.
9.	Ich möchte lernen, mit meinem Partner ganz im Hier und Jetzt zu leben.	Ich möchte lernen, mit meinem Partner eine befriedigende Zukunft zu planen und zu realisieren.
10.	Ich möchte mitfühlende Liebe zu vielen Menschen entwickeln.	Ich möchte dem Menschen, den ich liebe, ganz ergeben sein.
11.	Ich glaube, dass es harter Arbeit bedarf, damit eine Beziehung erfolgreich ist.	Ich denke, dass etwas mit der Beziehung nicht stimmen kann, wenn man hart daran arbeiten muss, damit sie funktioniert.
12.	Für mich sind Leidenschaft und sexuelle Anziehung das Wichtigste in einer Beziehung.	Für mich sind Freundschaft, gemeinsame Interessen und Verlässlichkeit das Wichtigste in einer Beziehung.

Das Leben und die Liebe wären einfacher, wenn nur eine Seite dieser einander widersprechenden Aussagen wahr wäre. Dann könnte deine Sehnsucht nach einer Antwort leicht erfüllt werden. Wir wüssten, was zu tun wäre, oder wenigstens, welches Ziel wir anstreben sollten. Stattdessen müssen wir die gleichzeitige Gültigkeit einander widersprechender Wahrheiten anerkennen. Dies frustriert und ist alles andere als befriedigend. Dennoch lernen wir so, in einer Beziehung unser Schiff zwischen den beiden Ufern dieser Widersprüche zu steuern. Wenn du einer Seite zu nahe kommst, kannst du auf Felsen auflaufen. Du bedarfst daher der Einsicht und der Liebe als Lotsen.

1. Paradox:
Ich möchte in meiner Liebe großherzig sein
a: meinem Partner und anderen gegenüber
b: mir selbst gegenüber.

Wie wir gesehen haben, sind die Liebe zu anderen und die Selbstliebe (anders als der Narzissmus) keine Gegensätze, sondern sie nähren sich gegenseitig. In seinem Buch «What Love asks of us» schreibt Nathaniel Branden: «Wenn ich mich tüchtig und als Mensch wertvoll fühle, dann habe ich eine solide Grundlage, um andere lieben zu können. Ich bin nicht gefangen in den Gefühlen meiner Mangelhaftigkeit. Ein starkes Lebensgefühl und emotionaler Reichtum können in mein Lieben einfließen.»

Doch auch das Gegenteil stimmt. Man kann Brandens Aussage umdrehen und mit gleicher Berechtigung sagen, dass, wenn ich einen anderen Menschen schätze und liebe, ich mich selbst als gut und liebevoll erfahre, was mich wiederum ermutigt, mich selbst zu schätzen und zu lieben. Dies entdeckte Warren in seiner Beziehung zu Pamela. Er sagte: «Ich sehe jetzt, dass meine Liebe zu Diane durch meine Unsicherheit und meine unaufhörlichen Versuche, ihre Zuneigung zu erzwingen, so beeinträchtigt war, dass ich mir selbst gegenüber schlechte Gefühle hatte. Meine Liebe zu Pamela macht mich so großherzig und fürsorglich, sodass ich nicht umhin kann, mich auch mit mir selbst gut zu fühlen. Ich weiß, dass ich erst lernen musste, mich selbst zu lieben, bevor ich jemanden wie Pamela lieben konnte. Doch den Menschen, der ich durch Pamela geworden bin, mag ich noch mehr.»

2. Paradox:

a: Ich möchte unabhängig und autonom sein.

b: Ich möchte mit meinem Partner/meiner Partnerin liebend verbunden sein.

Wenn du völlige Unabhängigkeit und Autonomie anstrebst, dann schließt du jede Möglichkeit einer Liebesbeziehung aus. Wenn du in einer abhängigen Beziehung lebst, lässt du dir keinen Raum für Unabhängigkeit und Autonomie. Doch nur in diesen beiden Extremformen schließen sich die Gegensätze aus. Sie lassen sich gut vereinbaren, wenn du erkennst, dass es wichtig ist, zwischen den beiden Seiten dieser menschlichen Bedürfnisse ein Gleichgewicht herzustellen.

Dr. Althea Horner wies mich einmal darauf hin, dass ihr Buch über Unabhängigkeit und Intimität den Titel «Sein und Lieben» und nicht «Sein oder Lieben» trägt. Sie schrieb: «Zu lieben bedeutet die emotionale Bindung an ein anderes menschliches Wesen, das nicht nur von den eigenen Bedürfnissen ausgeht, sondern auch von der Liebe zum Partner als dem, der er wirklich ist. Zu sein bedeutet ein klares und durchgängiges ‹Ich bin. Ich existiere. Mein Leben schreitet voran.› Zu sein ist die Fähigkeit, sich selbst als ein individuelles, reales und ganzes menschliches Wesen zu erfahren.» Diese beiden Zustände – Sein und Lieben – können einander fördern, denn nur ein «individuelles, reales und ganzes menschliches Wesen» kann die Sicherheit und den Mut spüren, sich mit einem anderen Individuum zu verbinden. Ich habe schon viele Menschen sagen hören, dass, als sich ihr Gefühl für die eigene Unabhängigkeit und Selbstgenügsamkeit herausbildete, sie leichter eine Liebesbeziehung entwickeln konnten; kam es wiederum zu einer glücklichen und bestätigenden Beziehung, fühlten sie sich dadurch gestärkt und unabhängiger.

Laura hatte sich ihr ganzes Leben darum bemüht, niemanden zu brauchen. Als sie ihre unterdrückte Sehnsucht nach einer Beziehung erkannte, in der sie sich auf einen Menschen verlassen könnte, musste sie sich mit ihrer Befürchtung auseinandersetzen, dass sie sich ohnmächtig und bedürftig fühlen würde, wenn sie dieser Sehnsucht nachgab. Laura musste mit der Frage kämpfen, ob es möglich war, sich einem Mann anzuvertrauen und gleichzeitig ihre Unabhängigkeit zu bewahren. Dieser Kampf wurde hart, als sie sich in Bob verliebte. Sie sagte zu mir: «Ich kann kaum glauben, dass ich Bob gestatte, sich in vielen kleinen Dingen um mich zu kümmern, und dass ich darauf vertraue, dass er nicht verschwindet. Und obwohl ich auf diese Weise von ihm abhängig bin, habe ich doch weiterhin die Kontrolle über meine Entscheidungen und über mein Leben.»

Die Beschreibung dessen, was eine gute Beziehung zwischen einem Elternteil und einem erwachsenen Kind ausmacht, trifft ebenso auf eine Liebesbeziehung zu: «Wir sind durch die Liebe miteinander verbunden, nicht durch Fesseln. Wir haben genug Abstand, sodass jeder den anderen klar sehen kann, und sind uns doch nah genug, um uns mit den Fingerspitzen oder den Augen zu erreichen, nah genug, um eine helfende Hand auszustrecken, wenn sie gebraucht wird, nah genug, um mit einem Schritt beieinander zu sein und uns zu umfangen, wenn wir das Bedürfnis dazu spüren. Ein liebendes Getrenntsein. Auch das kann eine Beziehung sein.»

3. Paradox:

a: Ich möchte meine Fähigkeit steigern, bedingungslos und ohne Fesseln zu lieben.
b: Ich wünsche mir, dass mein Partner/meine Partnerin auf meine Bedürfnisse eingeht und sie befriedigt.

Wie kannst du deine Fähigkeit zu bedingungsloser Liebe steigern? Dr. Judy Kuransky gibt die folgende Antwort:

> *Bedingungslose Liebe ist ein erstrebenswerter Zustand; das ist jedem, der sie erlebt, ganz klar... Es ist ein Zustand, wo du Liebe gibst und empfängst, ohne den Gedanken an Gewinn oder Verlust. Es ist das höchste Stadium der Liebe, wo die Liebe Heilkräfte hat und nährt. Sie ermöglicht dir, dich über die Kämpfe zu erheben, von denen du jetzt vielleicht noch denken magst, dass sie zwischen den Geschlechtern unvermeidbar sind. Es ist der Zustand, wo du deinen Liebespartner annimmst und dich von ihm angenommen fühlst; wo du liebst, ohne dass es dich kümmert, ob oder wie er/sie reagiert.*

Bedingungslose Liebe ist eine mächtige, tiefgründige und spirituelle Form der Liebe. Wie wir schon früher gesehen haben, heißt bedingungslose Liebe nicht, dass wir jede Art von Behandlung von unserem Partner hinnehmen müssen. Du kannst einen Menschen voll und innig lieben, ohne dass du alles, was er tut, sagt oder denkt, lieben müsstest; noch musst du deine eigenen Bedürfnisse ignorieren, nur um den seinen gerecht zu werden. Du beginnst eine Beziehung nicht nur, weil du jemanden liebst, sondern auch, weil du viele fundamentale Bedürfnisse hast, auf deren Erfüllung du hoffst – emotionale Intimität, sexuelles Vergnügen, emotionale und praktische Unterstützung, Zärtlichkeit, Freundschaft usw. Sogar wenn deine Liebe tief und bedingungslos ist, wirst du nicht zufrieden sein, wenn die Liebesbeziehung diese grundlegenden und legitimen Bedürfnisse nicht im Wesentlichen erfüllt.

Kim sah sich in ihrer Beziehung zu Mel diesem Dilemma gegenüber, einem ihrer Partner aus der Zeit zwischen Kevin und David. Anders als Kevin respektierte er sie, mochte sie ganz eindeutig und war gern mit ihr zusammen. Dann hatte er noch eine andere Eigenschaft, die Kim sehr anzog – er verstand etwas von Autos, von Elektronik und häuslichen Reparaturen. Neben der Geschicklichkeit, die sich darin zeigte, war diese Eigenschaft besonders attraktiv für Kim, weil es der Zug war, den sie am meisten an ihrem Vater bewundert hatte. Sie sagte oft: «Mein Vater macht mir das Leben zwar schwer, aber reparieren kann er alles.» Später sagte sie: «Es ist schön mit Mel, und ich fange an, ihn zu lieben.» Sie war entzückt, dass sie einem Mann gegenüber Liebesgefühle entwickeln konnte, obgleich er gut zu ihr war. Doch mit einer Sache war sie sehr unzufrieden – mit seinem nur mäßigen Interesse für Sex. «Wenn ich nicht die Initiative ergreife, können Wochen verstreichen, ohne dass wir miteinander schlafen. Und wenn wir es dann tun, vermisse ich etwas irdische Leidenschaft.» Weil sie ihn jedoch liebte, war sie darum bemüht, ihm als Partner nicht zu viele Bedingungen zu stellen, und blieb weiterhin mit ihm zusammen. Sie sprach mit ihm darüber, dass sie sexuell mehr von ihm wollte, und er versuchte, auf sie einzugehen, doch das änderte nicht viel. Schließlich beendete Kim die Beziehung. «Ich fühle mich einsam», sagte sie danach, «nicht nur weil ich einen tollen Mann verliere, sondern auch, weil ich nicht das Format hatte, um ihn zu lieben, obwohl er mir sexuell nicht geben konnte, was ich brauche.» Ich antwortete ihr: «Sie haben ihn geliebt, doch die Sexualität ist für Sie so wichtig, dass Sie eine Beziehung nicht aufrechterhalten können, in der sie keine größere Rolle spielt.» Kim sagte: «Vielleicht sind andere Frauen sexuell mit Mel völlig zufrieden.» «Mag sein», antwortete ich ihr; «doch diese Frauen entdecken vielleicht einen anderen Mangel an ihm, den sie nicht akzeptieren können und an dem Sie sich wiederum nicht stören würden.»

Bald nachdem Kim mit Mel Schluss gemacht hatte, begegnete sie David. Sie fand ihn leidenschaftlich, und sexuell befriedigte er sie vollkommen, doch war er kein geschickter Handwerker wie ihr Vater. «Ich bat ihn, einen Haken an der Schlafzimmertür anzubringen. Das endete mit einem großen Loch in der Tür, und er hatte einen verletzten Daumen. Ich entschied, dass man nicht alles haben kann. In den wesentlichen Dingen ist David aber großartig.»

Wenn du jemanden magst, sollte dieses Gefühl grundlegend und tief sein und genügend Positives enthalten, sodass du mit den ungestillten Bedürfnissen, die in jeder Beziehung übrig bleiben, leben kannst. Wenn deine unerfüllten Bedürfnisse nicht zu den wesentlichen, großen gehören, solltest du daran denken, dass das Akzeptieren von Frustrationen und Enttäuschungen wesentlich zur Liebe gehört.

Du solltest auch bedenken, dass bedingungslose Liebe und die Erfüllung deiner fundamentalen Bedürfnisse in der Beziehung oft zusammentreffen, denn bedingungslose Liebe, wenn sie nicht an eine unerreichbare Adresse gerichtet ist, erhält meist ein liebevolles Echo.

4. Paradox:

a: Mehr als alles andere möchte ich von dem, den ich liebe, geliebt und begehrt werden.

b: Ich möchte mich um viele Themen kümmern; die Frage, ob ich begehrt und geliebt werde, soll mich nicht ausschließlich beschäftigen.

Ich glaube nicht, dass es möglich ist, in einer Beziehung zu leben, ohne dass du dir die Frage stellst, ob der, den du liebst, auch dich liebt und begehrt. Wenn du dazu neigst, außergewöhnlich eifersüchtig, unsicher oder besitzergreifend zu sein, wird diese Frage möglicherweise zu viel Zeit und Raum einnehmen und wenig Platz lassen für praktische Fragen wie z. B.: «Komme ich beruflich weiter? Werden die medizinischen Untersuchungsergebnisse bei meinem Freund negativ sein? Wird das Ozonloch uns verbrennen? Bin ich ein guter Mensch? Gibt es eine höhere Macht?» Wenn du panische Zweifel daran hast, ob du geliebt wirst, kann deine Antwort auf die obigen Fragen heißen: «Wen interessiert das schon?» Doch wenn die Zuneigung deines Partners klar und beständig ist, solltest du von der Sorge um deine Beziehung zurückkommen können zur Welt draußen – zu deiner Arbeit, zu anderen Menschen, die du liebst, zu Themen, die dich betreffen, zu kreativer Arbeit oder zu persönlichem und spirituellem Wachstum.

Es gibt extreme Situationen, in denen Menschen das Gefühl haben, sie können sich nur um ihre Beziehung kümmern oder nur um größere Probleme. Wenn du durch ein Nachlassen der Zuwendung und Fürsorge deines Partners Grund hast zu der Annahme, dass deine Beziehung gefährdet ist, dann wird keine Frage dir wichtiger sein als die, ob er dich noch liebt und begehrt. In diesem Fall musst du sofort herausfinden, ob deine Sorge eine Unsicherheit und Eifersucht deinerseits spiegelt oder ob die Gefahrensignale, die du empfängst, auf der Realität basieren. Es wäre ein Fehler, wenn dein Engagement in anderen Bereichen deines Lebens, ganz gleich wie wichtig und verpflichtend, dich davon abhalten würde, dich um deine Beziehung zu kümmern. Doch wenn es eine bedrohliche Krise in der Welt draußen gibt, mag dir deine Beziehung zweitrangig erscheinen. Dann magst du das schmerzliche Gefühl haben, das dem von Rick gleicht, wenn er in der Flugplatz-Szene aus «Casablanca» seine Geliebte dazu ermutigt, ihrem Ehemann, dem Freiheitskämpfer, zu folgen, weil er einsieht, dass ihrer beider Liebesgeschichte nichts bedeutet angesichts der Tyrannei und den Schlachten, die den Erdball überschwemmen.

Die meiste Zeit jedoch müssen wir gar nicht abwägen zwischen unserer Beziehung und unserem Engagement draußen. Beide unterstützen und beleben einander normalerweise sogar. Du kannst in der gegenseitigen Zuneigung und Sehnsucht die Inspiration finden, die dich motivieren wird, dich anderswo zu engagieren; in dem Liebesbund eine Ahnung bekommen von etwas, das größer ist als du selbst und der Augenblick. Dann wiederum kann deine Sorge um die Welt die Liebe zu deinem Partner vertiefen; sie kann dich sogar liebens- und begehrenswerter machen.

5. Paradox:

a: Ich möchte in mir ruhen und glücklich sein.

b: Ich wünsche mir eine Beziehung, weil mich das glücklich machen würde.

6. Paradox:

a: Ich möchte auf das Kind in mir eingehen und mich gut darum kümmern.

b: Ich möchte, dass mein Partner auf das Kind in mir eingeht und sich darum kümmert.

7. Paradox:

a: Ich möchte meine eigenen Wunden und meine Störungen immer besser selbst heilen können.

b: Ich möchte die heilende und wachstumsfördernde Kraft einer guten Beziehung genießen.

Ich habe diese drei Paradoxe zusammengefasst, weil sie sich alle auf die Frage beziehen, ob eine Liebesbeziehung wichtig und sogar notwendig ist für unser Glück, unser Wachstum, unsere Heilung, oder ob unsere Suche nach Glück, Wachstum und Heilung unabhängig ist von einer Beziehung. Der Autor, der die Notwendigkeit von Beziehungen am stärksten betont, ist der Paartherapeut Harville Hendrix, der in seinem Buch «Keeping the Love you find» behauptet, dass das Finden und Bewahren einer Liebe für unser gesundes Überleben notwendig sei. Nur so könnten wir unsere wahre Natur ergründen. Er schreibt:

> *Beziehungen ebnen uns den Weg, um unsere Ganzheit wiederzuerlangen, welche beeinträchtigt wurde durch häusliche Erziehung und gesellschaftliche Sozialisation, die uns unserem wahren Selbst entfremdet haben. Indem wir unsere Partner bedingungslos lieben, ihnen ermöglichen, sich der Liebe zu öffnen; indem wir der Liebe Zeit geben, tief in uns einzudringen, um Vertrauen wachsen zu lassen, erlauben wir der Fülle des Selbst, wieder zum Leben zu erwachen. Meine radikale Einstellung heißt: Liebe ist die Antwort. Die Liebe, die wir geben, heilt unseren Partner, die Liebe, die wir empfangen, heilt uns.*

Und nur indem wir lieben, verändern wir auch die starren Teile in uns selbst... Eine solche Verbindung mit einem Partner/einer Partnerin kann uns – weit erfolgreicher als Religion und Psychotherapie – unserer ursprünglichen Verbundenheit mit dem Ganzen wieder zuführen... Das ist der Heilungsprozess, den die Natur selbst vorsieht.

Welch überzeugende und schöne Beschreibung der bedeutenden Rolle, die eine Liebesbeziehung in unserem Wachstums- und Heilungsprozess spielen kann! Der ihr innewohnenden Wahrheit kann ich aus ganzem Herzen zustimmen. Doch auch die andere Seite der Paradoxe 5-7 enthält viel Wahres. Zum einen können wir, wie ich ausführlich in diesem Buch dargelegt habe, Wachstum und Heilung auch eigenständig erlangen. Zweitens habe ich Menschen kennengelernt, die außerhalb einer Beziehung blühen und gedeihen und die zu kümmern anfangen und eingeengt werden, sobald sie eine Beziehung eingehen. Auch wenn wir dann sagen können, dass sie noch nicht bereit waren für eine Beziehung, dass sie vielleicht die falsche Wahl getroffen oder unablässig zerstörerische Muster der Vergangenheit wiederholen, muss ich dennoch den Schluss ziehen, dass für diese Menschen, bis sie zu einer ganz anderen Art von Beziehung fähig sein werden, die größere Aussicht auf Zufriedenheit und Entwicklung sehr wohl außerhalb einer bindenden Beziehung liegen mag. Hendrix würde mir wahrscheinlich widersprechen. Er bemerkt dass «Menschen, die in der Liebe enttäuscht wurden, nicht hören wollen, dass sie eine Beziehung nötig haben, um zu gesunden. Sie brauchen das Gefühl, autonom zu sein und ihre spirituelle Ganzheit auch selbst erlangen zu können... Doch das ist eine Täuschung. Während es einiges gibt, was man alleine schaffen kann, ... ist es doch unmöglich, ohne einen Partner volle Heilung zu erlangen.»

Wie mit diesen Widersprüchen umgehen? Wie gewohnt: indem wir die Wahrheiten erkennen, die in beiden Positionen stecken und dann versuchen, den für uns besten Weg zu wählen. Hendrix' Aussage unterstützt den Teil in dir, der eine Beziehung sucht, weil du spürst, dass sie eine Quelle von Glück, Wachstum und Erneuerung sein kann. Du kannst diese Aussage auch als wichtige Warnung nehmen, dass du dir einen schlechten Dienst erweist, wenn du vergangenen Verletzungen oder Enttäuschungen erlaubst, dich abzuhalten, danach zu suchen, was eine gute Beziehung zu bieten hat. Wenn du jedoch entscheidest, ohne eine verbindliche Beziehung zu leben und zu wachsen, dann kann deine Wahrheit heißen, dass dies das Beste für dich ist.

Für die meisten Menschen schließen sich die beiden Pole dieses Widerspruchs gegenseitig nicht aus. Beide sind notwendige Komponenten eines vollen und befriedigenden Lebens. Die meisten Menschen würden sagen, dass sie das Glück sowohl in sich selbst als auch in einer Beziehung finden wollen. Sie möchten in der Lage sein, sich um die Bedürfnisse ihres inneren Kindes zu kümmern, *und* sie wünschen sich, dass ihr Partner offen ist für diese Bedürfnisse. Sie möchten kompetenter werden im Heilen der eigenen Wunden *und* wünschen sich die Heilkraft einer guten Beziehung. Es ist alles eine Frage der Balance, die du für dich finden musst.

8. Paradox:

Ich möchte

a: durch Einsicht und Selbsterkenntnis liebesfähiger werden.

b: durch aktiven Einsatz für andere liebesfähiger werden.

Man kann sich in psychologische oder spirituelle Fragen so stark vertiefen, dass man zu absorbiert ist, um sich auf die Liebe zur Menschheit im Allgemeinen oder zu einer Person einzulassen. Umgekehrt kann man sich auch in seiner Arbeit, in anderen Aktivitäten oder in intensiven erotischen oder sexuellen Begegnungen so stark engagieren, dass das vom Bemühen um Selbsterkenntnis und um die eigene Entwicklung ablenkt. Es ist daher wichtig zu prüfen, ob du deine Reise nach innen nicht benutzt, um dich von der Beschäftigung mit der Welt abzuhalten, die dir Angst macht und dich frustriert; oder ob du dein äußeres Engagement nicht benutzt, um dir den mühsamen und schmerzhaften der Weg der Selbsterkenntnis zu ersparen.

Wenn du nicht das eine Extrem als Bollwerk gegen das andere benutzt, dann kannst du das Wissen und die Energie, die von beiden ausgehen, aufnehmen und integrieren. Diese Integration wird deine Fähigkeit steigern, mit dir und anderen auf zunehmend wirksame, nutzbringende und liebevolle Weise umzugehen. Susan Jeffers schreibt: «Je mehr es uns gelingt, Liebe und Harmonie in unsere äußere Welt einzubringen, desto mehr werden Liebe und Harmonie in unserer inneren Welt gedeihen. Es muss uns in unserem Leben darum gehen, unsere Welt mit Liebe zu füllen, von der alles und jedermann angerührt wird, der uns nahe kommt.»

Das Streben nach psychologischer Selbsterkenntnis kann dir helfen, zu erkennen, auf welche Weise deine Vergangenheit deine Gegenwart stört, und sie wird dir helfen, dies zu ändern; sie kann deine Ängste verringern und deine Verteidigungsmechanismen auflösen, die sich als Barrieren für eine reale Liebesbeziehung erweisen. Das Streben nach spiritueller Selbsterkenntnis kann dein Gefühl des Getrenntseins von der äußeren Welt schwächer werden lassen, indem sie dir Einsicht in die zugrunde liegende Einheit vermittelt. Sie kann deine Ängste und Sorgen in einen größeren Zusammenhang stellen und deinen Wunsch nach Abhängigkeit in Beziehungen reduzieren, sodass die Liebe leichteren und freieren Zugang bekommt. Tatkräftiger und erfolgreicher Einsatz in der Welt draußen kann diese Liebe sichtbar werden lassen. Wenn du die Wirkung deines liebevollen Einsatzes spürst, kann dich das zu tieferen Schichten von psychologischer und spiritueller Einsicht führen.

9. Paradox:

Ich möchte lernen,

a: mit meinem Partner ganz im Hier und Jetzt zu leben.

b: mit meinem Partner eine befriedigende Zukunft zu planen und zu realisieren.

Laura erinnerte sich: «In der Zeit, als ich mich mit jenen emotional distanzierten, kaum erreichbaren und meist verheirateten Männern abgab, pflegten mich viele meiner Freunde für verrückt zu erklären, weil das keine Zukunft hätte. Ich antwortete ihnen scheinbar selbstsicher, dass das Jetzt alles sei, dessen wir sicher sein können, und dass ich jetzt eine gute Zeit hätte. Doch nun, wo ich jemanden liebe, der für mich zu haben ist, der mich ebenfalls liebt und der es ebenso genießt, mit mir zusammen zu sein, wie ich es genieße, kann die Zukunft ein wunderbarer Teil der Gegenwart werden.»

Ich fragte Laura, wie sie das meine. «Nehmen Sie das Beispiel von heute Abend», sagte sie mit glänzenden Augen, «Bob und ich haben beschlossen, gemeinsam Ferien zu machen, und obwohl es noch Monate bis dahin ist, treffen wir uns, um Reiseprospekte durchzusehen und Entscheidungen zu treffen. Wir planen gemeinsam. Ich wusste nie, dass für morgen planen heute so viel Spaß machen kann.»

Lauras Worte unterstreichen, wie kostbar und vergnüglich es sein kann, sich auf etwas zu freuen, was wir mit einem Menschen, den wir mögen, gemeinsam unternehmen wollen. Gleichzeitig ist es wichtig, dass du dir Folgendes klarmachst: Wenn deine Beziehung zu stark zukunftsorientiert ist – wenn es dir vor allem um Fragen geht wie «Worauf läuft das hinaus? Wie gelangen wir dahin?» – wirst du dich möglicherweise um eine Menge Freude im Hier und Jetzt bringen. Auf diese Weise kannst du leicht die Spontaneität des Ungeplanten, die oft angenehme Überraschung durch eine impulsive Entscheidung, die Intensität des völligen Aufgehens im Augenblick verlieren.

Um diese Gegensätze zu versöhnen, musst du dir eingestehen, dass du zwar die Liebe und Begegnungen mit ihr intensiv erleben kannst, indem du ganz im Hier und Jetzt lebst, dass es jedoch nicht möglich ist, eine gute Beziehung zu haben, ohne dass beide einen gewissen Grad an gemeinsamer Zukunft wünschen. Diese Erkenntnis wird die Zukunft – zumindest das Nachdenken und Planen für sie – in die Gegenwart holen, sodass du sie anschauen und prüfen kannst, ob sie das ist, was du dir wünschst und zu genießen hoffst.

Für Frauen, die sich Kinder wünschen, kann es wegen der zeitlichen Grenzen ihrer Fruchtbarkeit besonders dringlich sein, die richtige Balance zu finden zwischen der Gegenwart und zukünftiger Erfüllung. Es gibt drei Kategorien von Frauen, für die diese Frage von besonderer Bedeutung ist: Frauen, die einen Mann lieben, der keine Kinder will oder mit dem sie selbst keine Kinder haben wollen; Frauen, die eine Beziehung zu einem Mann haben, den sie nicht lieben, der sie jedoch heiraten und Kinder mit ihnen haben will; und schließlich Frauen, die zur Zeit keine Beziehung haben. Sie alle wissen, dass ihre Uhr tickt. Sie alle sehen sich schwierigen Entscheidungen gegenüber:

Eine Frau, die einen Mann liebt, der keine Kinder will, ringt mit Fragen wie diesen:

- Sollte ich mich mit der guten Beziehung zufrieden geben und dafür auf meinen Kinderwunsch verzichten?

- Wird mein möglicher Groll über meine Kinderlosigkeit meine Liebesgefühle vergiften?
- Sollte ich ihn dazu überreden, ein Kind zu haben?
- Wenn er darauf eingeht, weil er mich nicht verlieren will, wird das seine Liebe vergiften?
- Sollte ich ihm sagen, dass ich unsere Beziehung beenden muss, wenn sie in Zukunft ohne Kinder sein wird?
- Kann ich das Risiko eingehen, dass ich rechtzeitig eine andere Beziehung finde, um noch Kinder zu bekommen?
- Wenn ich keinen Partner finde, hätte ich dann den Mut, mein Kind allein zu erziehen? Wäre das befriedigender als diese gute, doch kinderlose Beziehung, die ich jetzt habe?

Eine Frau, die eine Beziehung zu einem Mann hat, den sie nicht liebt, der jedoch ein Kind mit ihr haben möchte, sieht sich anderen Fragen gegenüber:

- Sollte ich jemanden heiraten, den ich nicht liebe, nur um schwanger zu werden?
- Werden sich meine Gefühle für diesen Mann vertiefen, wenn ich ein Kind von ihm habe?
- Ist es so wichtig für mein Glück und meine Erfüllung, ein Kind zu haben, dass ich diese Chance ergreifen sollte, solange ich sie habe? Oder werde ich einem Mann begegnen, den ich liebe und dann vielleicht auch ohne ein Kind Erfüllung finden?
- Wie viel Zeit kann ich mir nehmen für meine Suche nach Liebe und Mutterschaft?
- Wenn ich keine Liebesbeziehung finde, in der ich ein Kind haben kann, wäre ich bereit, mein Kind allein aufzuziehen? Wäre ich dazu in der Lage? Wie fühlt sich das an?

Frauen, die sich ein Kind wünschen, jedoch zur Zeit keine Beziehung haben, stellen sich ähnliche Fragen: wie lange sie noch warten sollen und ob sie sich vorstellen können, ein Kind allein zu erziehen. Und für alle diese Frauen wäre es nützlich zu verstehen, warum sie bis zu diesem Zeitpunkt weder eine Ehe eingegangen sind noch die Kinder haben, die sie sich wünschen. Wenn du dich in dieser Lage befindest, könntest du dich fragen: Habe ich erst kürzlich beschlossen, dass eine Beziehung und Kinder zu haben das ist, was ich will? War ich vorher noch nicht dazu bereit? Und jetzt? Hatte ich Schwierigkeiten, mich zu verlieben oder eine Beziehung aufrechtzuerhalten? Wenn ja, was kann ich tun, damit ich eine Beziehung habe, die mir ein Kind ermöglicht?

Ich habe mit Frauen gearbeitet, die sich mit diesen Fragen auseinandersetzten und die dabei zu sehr unterschiedlichen Entscheidungen kamen. Wenn auch jede Frau ihre eigene Wahl treffen muss, so gibt es doch einige nützliche Anhaltspunkte:

Zuerst solltest du, so gut du kannst, das emotionale Gewicht abschätzen, das du deinen verschiedenen Bedürfnissen und Zielen gibst. Erlaube dem Zeitdruck nicht, deine Gefühle zu verfälschen. (So habe ich z.B. Frauen erlebt, die sich über die Liebe zu einem Mann selbst etwas vormachten, nur weil sie fürchteten, dass er ihnen die letzte Chance bot, Mutter zu werden.) Manchmal setzen sich Frauen selbst dann unter Zeitdruck, wenn noch viele fruchtbare Jahre vor ihnen liegen. Andere Frauen gehen mit ihrem Konflikt ganz anders um – sie wollen nicht wahrhaben, dass ihre Zeit abläuft. Du solltest dieses Thema deshalb mit klarem Verstand angehen.

Zweitens – ganz gleich, wie du entscheidest – stehen deine Chancen am besten, wenn du akzeptierst, dass du möglicherweise eines deiner Ziele einem anderen opfern musst. Manche Frauen sind froh, Zeit und Energie ganz auf ihre Beziehung, ihre Arbeit und andere Interessen konzentrieren zu können. Wenn ihr Mann Kinder aus einer früheren Ehe hat, übernehmen sie oft gern die Rolle der Stiefmutter und können so die Freuden und Schwierigkeiten der Elternschaft erleben. Andere werden überflutet von Gefühlen ständigen Bedauerns, von Entbehrung und Zorn. Sie können sich nicht von dem Gedanken losmachen «Wenn er mich wirklich liebte, würde er mit mir ein Kind haben wollen.» Und sie empfinden dies so, selbst wenn es ausreichende Beweise für die Liebe des Ehemannes gibt. Solche andauernden Gefühle von Frustration können eine Beziehung in Gefahr bringen und sie scheitern lassen.

Drittens ist es fast immer ein Nährboden für Konflikt und Unglück, wenn jemand in der Hoffnung heiratet, dass sich seine Einstellung zu etwas so Wichtigem und Fundamentalem dadurch ändern wird.

Auch Männer müssen sich eventuell mit verschiedenen Optionen auseinandersetzen, wenn sie Kinder wollen. Zum Beispiel kann ein Mann vor die Entscheidung gestellt sein, ob er ein Kind zeugen soll, das er nicht will, nur um die Frau, die er liebt, und die er glücklich machen will, an sich zu binden. Wie bei den Frauen kann die gleiche Entscheidung glückliche und unglückliche Konsequenzen haben. Ein glücklicher Ausgang ist da wahrscheinlich, wo der Mann die Frau aufrichtig liebt, ihren Wunsch nach Mutterschaft ernst nimmt und sich verpflichtet fühlt, ein fürsorglicher Vater zu werden, sodass er die Reife aufbringt, zu akzeptieren, dass seine Bedürfnisse bei ihr nicht mehr die gleiche Priorität haben werden wie in der Zeit, als sie noch ohne Kinder waren.

Die Notwendigkeit, zwischen gegenwärtiger und zukünftiger Erfüllung und zwischen verschiedenen Möglichkeiten zukünftiger Erfüllung zu wählen, hat viel mit Liebe zu tun – zum Beispiel die Entscheidung für eine verbindliche Beziehung, für oder gegen eine Karriere, für Elternschaft oder für eine kinderlose, tiefe Liebesbeziehung. Wie kann die rechte Balance gefunden werden?

Entscheidend ist, dass du deine eigenen Gefühle und Prioritäten genau zu erkennen versuchst. Stell dich in deiner Phantasie an eine Kreuzung, wo du den einen oder den anderen Weg wählen kannst. Schlage erst den einen Weg ein und versuche, so klar wie möglich die wahrscheinlichen Konsequenzen dieser Wahl zu sehen. Frage dich, wo dieser Weg hinführt; wie du dich nach der Entscheidung, am nächsten Tag, nach einem Monat, einem Jahr, in fünf Jahren fühlen wirst. Dann schau dir den anderen Weg an. Du kannst die Konsequenzen nicht wirklich voraussehen. Aber bei dieser Prüfung wird dir klar werden, dass du Erfüllung sowohl für die Gegenwart als für die Zukunft suchen musst. Dazu gehören oft auch Kompromisse und die Enttäuschung oder auch die Befriedigung darüber.

10. Paradox:

Ich möchte
a: mitfühlende Liebe zu vielen Menschen entwickeln.
b: dem Menschen, den ich liebe, ganz ergeben sein.

Wenn du deine Liebesfähigkeit entwickelst, vertiefst und erweiterst du sie. Es wird dir möglich sein, Fürsorge und tiefe Zuneigung für andere

Menschen zu spüren, ohne dass das deine intime Liebesbeziehung beeinträchtigen muss. Doch manchmal verwirren sich die Gefühle, und es stellt sich die Frage: «Kann ich zwei Menschen auf einmal lieben?»

Die Antwort ist ja. Anderes zu behaupten, hieße die Erfahrungen vieler Menschen verleugnen, die solches erlebt haben. Sie suchen jedoch oft meinen Rat, weil sie in eine innere Krise gerieten, ausgelöst durch widerstreitende Gefühle und Loyalitäten, praktische Probleme in Bezug auf die Aufteilung ihrer Zeit und ihres Engagements, Verletzung und Wut von Menschen, die wissentlich oder unwissentlich ihre Liebe teilen mussten. Die wichtige Frage ist deshalb nicht, ob du mehr als eine Person gleichzeitig lieben kannst, sondern ob du gleichzeitig mit mehr als einer Person eine volle Liebesbeziehung leben kannst. Die Antwort hierauf ist nein.

Eine Beziehung verlangt Verbindlichkeit, Verfügbarkeit und Hingabe. Sie verlangt den Mut und das beständige Bemühen, um die unvermeidlichen Auseinandersetzungen zu lösen, ohne die Rückzugsmöglichkeit, die eine parallel laufende Beziehung bieten würde. In zwei Beziehungen gleichzeitig leben, kann doppelte Freude bringen, die Anregung der Abwechslung bringen, auch den Kick von Intrige, Abenteuer und Gefahr. Es kann das berauschende Gefühl auslösen, von mehr als einem begehrenswerten Partner gleichzeitig verehrt zu werden. Es kann auch die Freiheit bieten, dich nirgends angebunden zu fühlen und eine Alternative zu haben, wenn du von einem Partner abgewiesen wirst oder deine Verliebtheit zu einem der beiden nachlässt. Ich habe Beispiele erlebt, wo Menschen sich gleichzeitig mehrfach verliebten und wo das, wenigstens für eine gewisse Zeit, ihrem Wachstum und ihrer Selbstachtung förderlich war. Doch die meisten Menschen in einer solchen Situation haben dies früher oder später aufgegeben, weil sie den Zustand unbefriedigend fanden. Wieso? Sie begreifen den Wert der einen Beziehung, die es ihnen erlaubt, einen anderen Menschen kennenzulernen und von ihm gekannt zu werden. Dies befriedigt viele Bedürfnisse ihres inneren Kindes und bringt gleichzeitig ihr reifes und zur Hingabe bereites Ich zum Vorschein.

Ted, ein fünfundvierzigjähriger Börsenmakler, hatte die meiste Zeit seines Lebens als Erwachsener gleichzeitig mit zwei oder mehr Frauen eine Beziehung. Dies fand er aufregend, doch darüber hinaus mochte er diese Frauen und brachte es nicht übers Herz, sich von einer von ihnen zu trennen. Mit der Zeit jedoch wurde Kathy, eine dieser Frauen, für ihn zu etwas Besonderem. Ted entschloss sich, mit ihr eine volle Beziehung zu beginnen. Dennoch wollte er auch sein Bedürfnis nach einem breiteren Fächer von Kontakten nicht aufgeben. So setzte er die Freundschaften zu den anderen Frauen fort, allerdings auf einer nicht-sexuellen Basis. Er vertiefte auch seine Verbindung zu einigen männlichen Freunden. «Diese Freundschaften sind vielleicht nicht so aufregend wie die Affären es waren», sagte er, «aber ich lerne eine Menge über die Freuden und Kämpfe, die eine verbindliche Beziehung mit sich bringt. Ich bin offener in meinen Freundschaften, und diese Freundschaften bewahren mich davor, in der Bindung an Kathy keine Luft mehr zu bekommen. Mein Leben ist gleichzeitig enger und weiter geworden.»

Wie lösen sich also die Widersprüche bei diesem Paradox? Wenn du dich auf einen seiner Pole zu bewegst, sollte das nicht auf Kosten des anderen gehen. Die Absicht, mit einer Person eine tiefe Bindung einzugehen, und der Wunsch, eine größere Zahl von Menschen zu lieben, sollten sich gegenseitig unterstützen und deine allgemeine Liebesfähigkeit steigern. In diesem Kontext sollte es auch möglich sein, die Besonderheit und Einmaligkeit der Liebesbeziehung aufrechtzuerhalten.

11. Paradox:

a: Ich glaube, dass es harter Arbeit bedarf, damit eine Beziehung erfolgreich ist.
b: Ich denke, dass etwas mit der Beziehung nicht stimmen kann, wenn man hart daran arbeiten muss, damit sie funktioniert.

Zuerst dachte Kim, dass etwas mit ihrer Beziehung zu David nicht in Ordnung sein könnte, weil alles so problemlos schien; es gab wenig von den Konflikten und dem Stress, die ihre Beziehungen zu Kevin und anderen gekennzeichnet hatten. «Es geht alles zu leicht», fand sie, und sie meinte damit, dass der Mangel an Spannung ein Mangel an Intensität und Leidenschaft sein könnte. Doch sie konnte nicht leugnen, dass es ihr oft mit David sehr gut ging und dass sie sich jedes Mal auf das Wiedersehen freute. Als ich sie fragte: «Warum meinen Sie denn, dass es immer schwer sein muss?», antwortete sie: «Aber muss man sich denn nicht immer für Beziehungen anstrengen? Das steht doch in allen Büchern und Zeitschriftenartikeln.»

Niemand kann leugnen, dass eine Liebesbeziehung, vor allem nach dem ersten Stadium der Idealisierung, Arbeit erfordert, um zu überleben und zu gedeihen. Es ist unrealistisch zu meinen, dass alles reibungslos ablaufen wird und man ständig im Glück leben könnte. Sogar Kim und David werden viel an ihrer Beziehung zu arbeiten haben. Aber es gibt produktive und lohnende Arbeit und solche, die unproduktiv und demoralisierend ist. Wie kann man die beiden Arten unterscheiden? Du kannst ziemlich sicher sein, dass es sich um die zweite Art handelt, wenn

- du die meiste Arbeit allein tun musst.
- dem anderen nicht an Verbesserung und Dauer der Beziehung gelegen ist.
- du dich mühst, den anderen dazu zu bringen, dich zu lieben.
- du mehr an emotionaler und praktischer Unterstützung, Zuneigung und Einsatz gibst als du empfängst.
- du kämpfst, damit dein Partner aufhört, dich schlecht zu behandeln.
- du dich um eine Beziehung bemühst mit jemandem, der abhängig ist von einer Droge oder einem zerstörerischen Verhalten.
- du darum ringst, dass ein narzisstischer Mensch auf deine Bedürfnisse eingeht.
- du darum kämpfst, dass dein Partner/deine Partnerin eine andere Beziehung aufgibt, um ganz mit dir zu leben.

Wenn du in irgendeiner Weise derart unproduktiv verstrickt bist, würde ich sagen, dass das zeigt, dass mit deiner Beziehung etwas grundlegend nicht stimmt.

Andererseits, auch wenn ihr euch liebt, wenn Geben und Nehmen gleich verteilt sind und wenn ihr beide füreinander da sein könnt, bedeutet eine Beziehung Arbeit. Schließlich hat jeder von euch andere Verletzungen erlebt, hat andere Bedürfnisse, andere Ängste. Meinungsverschiedenheiten können sich daraus ergeben, wofür Ihr Zeit und Geld investieren wollt, wie und wann ihr miteinander schlaft. Und auch in einer guten Beziehung kann es immer wieder Missverständnisse geben.

Kompromisse aushandeln, Schwierigkeiten lösen, herausfinden, was jeder bereit ist zu ändern, sagen lernen, was man will und dem anderen zuhören, was er will und braucht – all das bedeutet Arbeit. Aber es muss keine unerfreuliche Arbeit sein. Sie kann dir tiefe Befriedigung bringen.

Dr. Don Lathrop vom Zentrum für Beziehungsprobleme in Boise, Idaho nennt folgende Grundsätze für seine Paararbeit:

1. Jeder der Partner ist voll verantwortlich für das eigene Unbewusste, die eigenen Schattenseiten, das eigene Verhalten und zur Hälfte verantwortlich für die Beziehung.

2. Positive Kommunikation ist ein Muss. Bitte um das, was du brauchst. Akzeptiere auch ein Nein als Antwort. Sei ganz ehrlich in Bezug auf das, was du willst und das, was du bereit bist zu geben.

3. Konflikte lösen heißt, kämpfen zu lernen, ohne den anderen umzubringen; aus dem zu lernen, was der andere sagt, das heißt auch, Empathie für seine Gefühle zu entwickeln. Sich entschuldigen genügt nicht; Bewusstsein und Verhalten müssen sich ändern.

Wie können wir den Widerspruch zwischen der Notwendigkeit harter Arbeit und der Ansicht, dass eine gute Beziehung keiner Arbeit bedarf, auflösen? Indem wir erkennen, dass er falsch ist. Jede Beziehung bedeutet Arbeit, wenn sie wachsen soll, doch wenn die Anstrengung produktiv, beidseitig und von Liebe getragen ist, sehen wir sie nicht als Arbeit an. Wie Kim entdeckte, kann dann manchmal alles ganz leicht erscheinen.

12. Paradox:

Für mich sind

a: Leidenschaft und sexuelle Anziehung das Wichtigste in einer Beziehung.

b: Freundschaft, gemeinsame Interessen und Verlässlichkeit das Wichtigste in einer Beziehung

Für die meisten Menschen sind starke sexuelle Anziehung und Leidenschaft unverzichtbare Bestandteile einer Liebesbeziehung. Die Leidenschaft muss nicht immer spürbar sein, und die sexuelle Anziehung braucht im Laufe der Zeit nicht immer gleich stark zu sein, doch die Tatsache, dass sie da war und auch wiederkommen kann, stellt eine starke und besondere Bindung dar.

So wichtig sexuelle Anziehungskraft auch für leidenschaftliche Liebe sein mag, so können die beiden doch nicht gleichgesetzt werden. Lustvoller Sex kann ohne Weiteres in einer Beziehung stattfinden, die nicht die starke emotionale Bindung und die Sehnsucht nach Verschmelzung hat, wie das bei leidenschaftlicher Liebe der Fall ist. Wir wissen, dass lustvoller Sex auch mit Fremden möglich ist. Kim war von Kevin besessen, lustvoll und leidenschaftlich. Wenn sie nicht zusammen waren, träumte sie oft von seinem Körper und der magischen Anziehung, die seine Haut auf sie ausübte. Doch ihre sexuellen Gefühle waren nur ein Teil ihrer größeren Leidenschaft, die sich danach sehnte, ihrer beider Leben für immer zu verschmelzen. So, wie er der Mittelpunkt ihrer Existenz war, wollte sie sein Mittelpunkt werden. Kims Leidenschaft wurde durch ihre Bindungssucht verstärkt, die noch dadurch angeregt wurde, dass Kevin sie schlecht behandelte und dass er emotional nicht erreichbar war.

Kims folgende Beziehungen mit Männern, die sie sich aussuchte, weil sie das genaue Gegenteil von Kevin waren, waren bestenfalls freundlich und kameradschaftlich, nicht jedoch leidenschaftlich. Dann freundete sich Kim mit David an, der emotional erreichbar und zärtlich war, und dessen Gefühle sie erwiderte. Sie entdeckte – vor allem, weil sie hart daran gearbeitet hatte, dafür bereit zu werden – dass sie tief und leidenschaftlich auf ihn reagierte.

In einer Therapiesitzung bat ich sie, den Unterschied in ihren Gefühlen zu David und Kevin in Worte zu fassen. «Was ich für David fühle, ist ganz verschieden von meiner Leidenschaft für Kevin. Wenn ich z. B. den Besuch von Kevin erwartete, war ich so aufgeregt, dass ich kaum stillsitzen konnte. Meine Erregung war voller Nervosität, voll unerträglicher Spannung. Zum einen hatte ich immer Zweifel, ob er überhaupt kommen würde. Manchmal wechselte ich mein Kleid und mein Make-up ein Dutzend Mal, um ihm zu gefallen und seiner Kritik zuvorzukommen. Wenn wir zusammen schliefen, war das intensiv und leidenschaftlich, doch es hatte auch etwas Krankhaftes, so als ginge es nicht nur um Sex und Lust, sondern um Zweifel, Unsicherheit, Macht und frustrierte Erwartungen.»

«Und wie ist das mit David?», fragte ich sie.

«Wenn ich auf ihn warte, sind meine leidenschaftlichen Gefühle weniger kompliziert. Da ist Leichtigkeit und Freude in ihnen. Ich weiß, dass es schön sein wird, ihn zu sehen, und dass er sich darauf freut, mich zu sehen. Ich glaube, wenn man die Intensität der Leidenschaft messen und von der Qualität absehen würde, müsste man sagen, dass das, was ich mit Kevin erlebt habe, intensiver war. Doch meine leidenschaftlichen Gefühle für David sind viel besser! Sie erstrecken sich auf alle Bereiche unserer Beziehung.»

Dies ist eine lebendige Darstellung der Intensität wechselseitiger Leidenschaft, die beide Liebende und die Beziehung bindet und verwandelt. Wenn die Leidenschaft nur einseitig ist, wie das für Kim bei Kevin der Fall war, können die Gefühle heiß sein, doch gleichzeitig eher die Grundlage für Leiden bilden als für eine befriedigende Liebesbeziehung. Wenn die Beziehung kameradschaftlich und freundschaftlich, doch ohne Leidenschaft ist, kann sie beiden nützen und sie in vielfältiger Weise befriedigen, doch sie wird wahrscheinlich weniger Potenzial enthalten, um Wachstum und Intimität zu fördern.

Noch einmal sei gesagt: Beide Aussagen enthalten ein Stück Wahrheit, und doch enthält keine der beiden ohne die andere die ganze Wahrheit. Ohne Frage ist Leidenschaft in einer Beziehung wichtig, um ihr Lebenskraft zu verleihen. Doch Leidenschaft ohne Freundschaft, gegenseitige Anteilnahme und Verantwortungsgefühl kann verheerend sein. Wenn deine Leidenschaft bisher an jemanden gebunden war, der dich schlecht behandelt hat, kann ich nicht garantieren, dass du die gleiche brennende Erregung mit jemanden erleben wirst, der gut zu dir ist. Aber ich könnte auch jemandem, der das Kokain aufgibt, nicht garantieren, dass er denselben ekstatischen Kick erlebt, wenn er joggt oder meditiert. Ich könnte ihm jedoch versichern, dass er eine wundervolle, weit befriedigendere Erfahrung machen würde als mit einer gesundheitsschädlichen, bewusstseinsverändernden Chemikalie. Ebenso kann ich dir zusichern, dass du leidenschaftliche Gefühle entdecken kannst in der Fürsorge, der Anteilnahme und der Verlässlichkeit einer Beziehung. Während darin vielleicht nicht die gleiche verrückte Intensität liegt wie in der alten zerstörerischen Abhängigkeit, so kann hier doch die tiefste Befriedigung erlebt werden. Und dies kann sich sogar, wie viele Menschen entdeckt haben, als noch viel aufregender erweisen.

13

Fragen und Antworten

Sieben Jahre lang erschien in verschiedenen Zeitungen meine Kolumne «Es geht um dich». Viele Leser wandten sich an mich mit sehr persönlichen und besorgten Fragen, die ihre Beziehungen betrafen. Ich habe hier eine Reihe ihrer Fragen und meiner Antworten ausgewählt. Sie umfassen alle Aspekte des Themas – wie man eine Beziehung finden, sie beurteilen, sie aufrechterhalten und nähren kann, wie man sie beenden und mit ihr und ohne sie leben kann. Während die Fragen die jeweils individuellen Probleme spiegeln, habe ich die Antworten oft genutzt, um die zugrunde liegenden, größeren Themen darzustellen. So können diese Fragen und Antworten für alle Menschen von Interesse sein, die sich mit dem Thema Liebe beschäftigen und die richtige Antwort für sich suchen.

*

Frage: Ich weiß, dass Offenheit eine wichtige Voraussetzung für Intimität ist, doch frage ich mich bei einer Begegnung oft, wie offen ich meine Unsicherheit zeigen darf. Ich bin hin- und hergerissen zwischen dem Bedürfnis, mich zu meiner Unsicherheit und meinen Zweifeln zu bekennen und der Angst, die andere Person damit zu erschrecken. Wie offen kann ich sein?

Antwort: Verwundbarkeit und Selbstzweifel einem anderen Menschen mitzuteilen, ist eine ebenso wichtige Voraussetzung für Intimität, wie

Hoffnungen und Träume zu teilen. Mitgefühl und Anteilnahme entwickeln sich dadurch leichter und verbinden zwei Menschen eher, als das eine falsche Fassade tut.

Außerdem ist es wunderbar herauszufinden, dass andere uns mögen, auch wenn wir ihnen unsere Selbstzweifel, Fehler und unsere Verwundbarkeit zeigen. Es hilft uns, wenn andere uns mit unseren Unsicherheiten akzeptieren und uns nicht als schwach ablehnen.

Doch bei allem Positiven, das aus der Offenlegung des eigenen Ich resultieren kann, kann es dennoch negativ sein, wenn wir schon sehr früh in einer Beziehung von mangelndem Selbstvertrauen oder der Ablehnung unserer eigenen Person sprechen. Und es gibt keinen Grund, Probleme, die wir zu einem früheren Zeitpunkt mit unserer Arbeit, mit dem anderen Geschlecht oder mit uns selbst hatten, neu zu beleuchten und uns bei ihnen aufzuhalten. Eine Beziehung braucht Zeit, um eine Grundlage von gemeinsamer Freude, gegenseitiger Anteilnahme, Fürsorge und Vertrauen zu entwickeln. Wenn wir uns dann öffnen, kann das Zuwendung und Vertrauen wachsen lassen, statt die Beziehung zu überfordern.

Während Offenheit zur richtigen Zeit die Intimität verstärkt, indem sie dem anderen Menschen unser wahres Ich zeigt, kann es den Anschein haben, als wollten wir Intimität erzwingen, wenn wir schon beim ersten oder zweiten Zusammensein eine Beichte ablegen. Unser Gegenüber könnte den Eindruck haben, wir wollten es damit testen, indem wir sagen: «All das kannst du unter Umständen bei mir entdecken – wirst du damit umgehen können? Wirst du mich ablehnen?» Darin zeigt sich mehr Unsicherheit als Offenheit. Es lädt dem anderen eine unzumutbare Verantwortung auf und ist eher geeignet, ihn abzuschrecken. Wenn wir eine Beziehung aufbauen, wenn wir uns öffnen und den anderen einladen, uns nahe zu kommen, bedeutet das gleichzeitig, dass wir selbst in gewisser Weise in den anderen dringen; das verlangt ein feines Gespür für das Maß an Offenheit, mit dem er/sie umgehen kann.

*

Frage: Ich bin seit einigen Jahren mit einem Mann zusammen, den ich sehr liebe. Während dieser Zeit hat er versucht, die Scheidung von seiner Frau durchzusetzen, und es sah manchmal so aus, als würde es nie dazu kommen. Doch schließlich hat er es geschafft. Als er es mir erzählte, habe ich mich sehr gefreut, doch gleich darauf bekam ich eine heftige Migräne und bin seitdem krank. Krank und verunsichert. Ich weiß nicht, warum. Verstehen Sie das?

Antwort: Es passiert ziemlich oft, dass ein Mensch sich etwas wünscht, was er meint, nicht erreichen zu können, und dass er dann ganz verstört reagiert, wenn er es plötzlich bekommt. Dafür gibt es eine Fülle von möglichen Gründen, sodass Sie Ihre Gedanken und Gefühle sehr genau prüfen müssen, um herauszufinden, weshalb Sie so heftig reagieren. Hier sind einige der Möglichkeiten, die Sie prüfen sollten:

1. Vielleicht waren Sie weniger von diesem Mann angezogen als von der Möglichkeit, ihn zu erobern. Solange er einer anderen Frau angehörte, hatte er eine Aura, die er nun verloren hat.

Doch auch wenn das stimmen sollte, heißt das nicht, dass er nicht für Sie bestimmt ist. Sie können ihn immer noch lieben, auch wenn die frühere Herausforderung nun fehlt.

2. Dass er nun für Sie erreichbar ist, heißt, dass einige Träume nun wahr werden können – zusammenleben, vielleicht sogar heiraten. Damit können viele Ängste auftauchen, Ängste vor dem Unbekannten, das vor Ihnen liegt, vor Bindung, vor dem Erwachsenwerden, vor dem Mann, der nun zu Ihnen gehört – wird er Sie weiterhin lieben?

Ihr Körper gibt Ihnen die Botschaft, dass da noch andere Gefühle sind als die reine Freude darüber, dass er nun frei ist. Mit der Zeit werden Sie sie verstehen lernen.

*

Frage: Seit vier Jahren bin ich eng mit einem Mann verbunden, den ich liebe. Wir haben uns mehrfach getrennt und uns dann immer wieder versöhnt. Das Problem ist, dass er sagt, er liebe mich, wolle aber keine Bindung. Ich schon. Wie kann ich wissen, ob er in ein oder zwei Jahren nicht seine Meinung ändern wird?

Antwort: Das können Sie nicht wissen. Sie wissen nur, dass er im Augenblick keine Bindung wünscht; und er gibt Ihnen offensichtlich keinen Grund anzunehmen, dass er seine Meinung ändern wird. Stellen Sie sich folgende Frage: Wenn ich das Gefühl hätte, dass die Chancen für eine feste Beziehung sehr gering wären, würde ich dann trotzdem bei ihm bleiben wegen allem, was ich von ihm bekomme? Was wäre, wenn ich wüsste, dass die Chancen gleich null sind? Wie wichtig ist eine feste Verbindung für mich? Wenn ich ihm weiterhin verbunden bleibe, wie sehr beeinträchtigt das meine Möglichkeiten, anderen Männern zu begegnen? Wie viel Zeit will ich noch in diese Geschichte investieren?

Bei diesen Antworten gibt es kein Richtig oder Falsch. Doch ist es wichtig, sich nicht selbst mit falschen Annahmen zu betrügen: (1) Er ist der einzige Mann auf der Welt, den ich lieben, mit dem ich glücklich sein und Sex genießen könnte usw. (2) Niemals wird ein anderer Mann mich lieben. (3) Er wird seine Meinung ändern müssen, einfach, weil wir uns so gut verstehen.

Eine liebevolle, erfreuliche Beziehung ist etwas Kostbares, und so etwas scheint Sie mit diesem Mann zu verbinden. Wenn Ihnen aber eine feste Bindung wichtig ist, so sollten Sie nüchtern die Fakten betrachten, um herauszufinden, wie groß Sie die Chancen einschätzen, dass sich daraus eine feste Beziehung entwickeln könnte. Dann müssen Sie entscheiden, wie viel Zeit Sie der Sache noch geben wollen, und Sie müssen sich zumindest im Stillen eine Grenze setzen, damit die Beziehung nicht endlos so weitergeht, wie sie derzeit ist.

*

Frage: Ich bin vierundvierzig Jahre alt und als Geschäftsmann einigermaßen erfolgreich. Mit vierundzwanzig habe ich geheiratet, mit sechsundzwanzig war ich geschieden und lebe seitdem allein. Ich finde, ich bin einfach nicht der Typ für längere Beziehungen. Ich habe einige engere Beziehungen hinter mir, wo ich zeitweise auch mit der Frau zusammenwohnte, doch keine dieser Beziehungen hielt länger als zwei Jahre. Nach etwa einem Jahr lässt mein Interesse nach, und ich möchte woanders hin. Das stört mich nicht besonders, es scheint eigentlich für mich das Richtige zu sein. Dennoch frage ich mich, ob irgendetwas mit mir nicht in Ordnung ist, weil ich keine Beziehungen von Dauer haben kann.

Antwort: Ob etwas mit Ihnen «nicht in Ordnung» ist, hängt davon ab, ob dieses Muster Ihnen wirklich entspricht oder ob es auf unbewussten Ängsten und Bedürfnissen basiert.

Ich habe Männer (und Frauen) kennengelernt, die aus einer neuen Verführung und Eroberung jedes Mal höchste Befriedigung ziehen. Sie fühlen sich dann lebendig, anziehend und wertvoll; wenn jemand «verrückt nach ihnen» ist, geht es ihnen gut. Aber sobald sie sich der Liebe der anderen Person sicher sind, flacht diese Hochstimmung ab, und sie müssen wieder jemand anderen finden. Sie sind süchtig nach Eroberungen.

Dann habe ich andere Menschen kennengelernt, die so viel Angst davor haben, in eine Falle zu geraten und ihre Unabhängigkeit und ihr eigenes Ich zu verlieren, dass sie, sobald sie eine Beziehung anfangen, auch schon nach einem Fluchtweg Ausschau halten. Oft haben diese Menschen unterschwellig starke Bedürfnisse nach Abhängigkeit und befürchten, dass dies anderen Menschen zu viel Macht über sie geben könnte.

Andere wiederum fürchten so sehr, vom anderen zurückgewiesen oder verlassen zu werden, dass sie gehen müssen, bevor sie möglicherweise im Stich gelassen werden.

Andere sind einfach unfähig zu tieferen Beziehungen oder zu echter Zuneigung und interessieren sich hauptsächlich dafür, dass ihre eigenen Bedürfnisse befriedigt werden. Wenn dann die Beziehung weitergeht und die Bedürfnisse der anderen Seite ihre Aufmerksamkeit fordern, fühlen sie sich belästigt und möchten sich verdrücken.

Sie müssen Ihre eigenen Motive so ehrlich wie möglich prüfen, um herauszufinden, ob da verborgene Ängste und Bedürfnisse sind, von denen Sie gesteuert werden, oder ob das Muster, nach dem Sie leben, einfach das ist, was Sie bevorzugen, weil es am besten ihrem Lebensstil, ihrem Rhythmus und ihren Zielen entspricht.

Warum sollen Sie sich die Mühe machen, das herauszufinden? Weil Sie auf viel verzichten, wenn Sie keine intime Beziehung aufrechterhalten können (genau so, wie man viel aufgibt, wenn man eine Beziehung eingeht.) Sie verzichten auf die Chance, durch einen anderen Menschen, den Sie kennen und lieben lernen, zu wachsen; auf die Chance, von einem anderen Menschen gekannt und geliebt zu werden; Bürden und Freuden mit ihm zu teilen, eine gemeinsame Geschichte zu haben, und, eventuell eine Familie zu gründen. Schauen Sie sich also Ihr Muster sehr genau an.

*

Frage: Ich bin dreiundfünfzig, und in den zehn Jahren seit dem Tod meines Mannes hatte ich mehrere aufregende und heftige Affären. Seit drei Jahren bin ich nun mit einem wunderbaren Mann zusammen. Wir haben eine enge, warme, monogame Beziehung, doch diese ist nicht so aufregend für mich wie meine vorigen Affären. Manchmal fehlt mir das, doch meist bin ich völlig einverstanden und zufrieden. Lasse ich mich da auf etwas ein, was möglicherweise nicht zu mir passt?

Antwort: Viele Menschen finden zu verschiedenen Zeiten ihres Lebens oft verschiedene Arten von Beziehungen attraktiv, einfach weil ihre Bedürfnisse sich wandeln. Als Sie jünger waren, mag Ihr Wunsch nach Leidenschaft und dramatischer Spannung größer gewesen sein als der nach emotionaler Übereinstimmung oder nach Umsorgtwerden und Zuverlässigkeit. Keines dieser Bedürfnisse ist richtig oder falsch. Was zählt, ist, dass Sie sich Ihrer Vorlieben bewusst werden und dass Sie sich frei fühlen, das zu wählen, was Ihren Bedürfnissen zum jetzigen Zeitpunkt am besten entspricht.

Leidenschaft und ein gewisses Maß an Spannung sind für Liebesbeziehungen in jedem Alter kostbar. Für viele Menschen sind sie unverzichtbar. Nur Sie können entscheiden, ob die Beziehung genügend Spannung enthält, um Sie emotional zu fesseln und diesem Mann verbunden zu bleiben. Wenn dem nicht so ist, werden Sie die Beziehung vielleicht aufgeben müssen. Doch lohnt es unter Umständen die Mühe, vorher herauszufinden, was das fehlende Element für Sie bedeutet; ob es Ihnen fehlt, weil Sie immer noch nach Erregungsimpulsen suchen, die zum jetzigen Zeitpunkt weder passend für Sie sind, noch zur Verfügung stehen. Früher haben Sie es vielleicht als aufregend empfunden, die Schranken zwischen Ihnen und dem Mann, der Sie anzog, zu überwinden; Sie fühlten sich möglicherweise angezogen, gerade weil der Betreffende unerreichbar, unzuverlässig, egozentrisch oder verschlossen war. Die Herausforderung, ihn zu gewinnen, und das Gefühl, sich seiner nie sicher sein zu können, haben vielleicht eine Mischung von Aufregung und Leidenschaft in Ihnen erzeugt, wodurch Sie sich sehr lebendig fühlten. Gewisse besondere körperliche Merkmale mögen große Bedeutung gehabt haben. Vielleicht gelingt es Ihnen jetzt, sich zu begeistern, indem Sie Ihr Augenmerk auf die positiven Seiten Ihres jetzigen Partners richten, z. B. auf seine Fähigkeit zu Nähe, Wärme und Treue. Kann dies die Sinnlichkeit und Intimität in Ihrer Beziehung zu ihm steigern? Können Sie vielleicht doch einiges von dem bei ihm entdecken, was Sie früher bei Männern angezogen hat?

Wenn Sie sich auch nicht dazu zwingen können, Leidenschaft zu empfinden, so können Sie doch mit der Zeit herausfinden, ob sich hier möglicherweise auf einer anderen Grundlage als in Ihren früheren Beziehungen mehr Spannung und Intensität entwickeln kann.

*

Frage: Ich bin mit einer hübschen, intelligenten jungen Frau zusammen, die mir ihre Liebe offen zeigt. Auch ich empfinde Liebe für sie, doch meine Gefühle sind wie hinter einer dicken Mauer eingesperrt. Vor Jahren war ich mit einer Frau verheiratet, die ich während des Studiums kennengelernt hatte. Wir waren sehr verliebt, und es war die glücklichste Zeit meines Lebens. Nach dem Examen bekam sie ihren ersten Job, und kurz darauf verließ sie mich wegen ihres Chefs. Ich war am Boden zerstört. – Nach einigen Jahren traf ich eine andere Frau, und meine Gefühle tauten wieder auf. Dann hatte sie einen schrecklichen Unfall und starb. Die Frau, mit der ich jetzt zusammen bin, weiß das alles und versucht, mir Sicherheit zu geben. Aber ich kann mich nicht öffnen. Was soll ich tun?

Antwort: Vielen Menschen geht es wie Ihnen: Sie sehnen sich nach Liebe und fürchten doch, erneut verletzt zu werden. Wie können Sie den Mut zu lieben wiederfinden? Hier einige Hinweise:

1. Gestehen Sie sich ein, dass Sie eine Beziehung brauchen. Sie wissen, dass sie Ihnen viel bieten kann und zögern nur, weil Sie sich fürchten.

2. Lassen Sie sich Zeit.

3. Sie haben nicht nur Ihr Vertrauen in andere Menschen verloren, sondern auch Ihr Vertrauen in sich selbst und in Ihr Urteil, ob ein anderer Mensch gut für Sie ist. Wenn Sie geduldig sind, wird sich dieses Vertrauen langsam wieder einstellen.

4. Wenn Sie bemerken, dass Sie zögern, sich auf eine Beziehung einzulassen, erklären Sie Ihrer Partnerin Ihre Ängste und bitten Sie sie um die Geduld, das Verständnis und die Zeit, die Sie brauchen.

5. Bekämpfen Sie Ihren Hang, an ein böses Schicksal zu glauben, das Ihnen kein Glück gönnt. Dieser Irrglaube ist schädlich für Ihr Wohlbefinden und hindert Sie daran, einen neuen Versuch zu wagen.

6. Unternehmen Sie viele Dinge, lernen Sie neue Menschen kennen. Lernen Sie außerdem, allein zu sein und damit zurechtzukommen. Das ist noch kein Ersatz für eine liebende Umarmung, kann Ihnen aber die Angst nehmen, wenn Sie eine solche wagen wollen.

7. Wenn das nicht hilft, suchen Sie therapeutischen Rat, um Ihre Ängste zu bearbeiten und langsam abzubauen. Erlauben Sie der Vergangenheit nicht, Ihre Zukunft zu beeinträchtigen.

*

Frage: Ich fühle mich immer wieder von Frauen angezogen, die eine andere Hautfarbe und Religion haben als ich. Ich mache mir deswegen Sorgen, weil ich Mitte dreißig bin und gern heiraten möchte. Doch, was diese Frauen angeht, so scheinen mir die Unterschiede zwischen uns zu groß zu sein. Was kann ich tun?

Antwort: Versuchen Sie, Ihre Motive zu ergründen. Da Sie sich zu Frauen hingezogen fühlen, die Sie im Hinblick auf eine Ehe für ungeeignet halten, und da Frauen, die Ihnen passend erscheinen, Sie nicht anziehen, sollten Sie sich fragen, ob Sie nicht einfach auf diese Weise eine Heirat vermeiden. Doch wenn Ihnen Ihr Ehewunsch ernst ist, sollten Sie überlegen, ob Sie die Frauen, die Sie anziehen, wirklich als Partnerinnen ausschließen wollen. Gegenseitige Anziehung macht noch keine gute Beziehung, doch sollte sie in einer Ehe nicht fehlen.

*

Frage: Es geht mir momentan ziemlich schlecht. Nach zwei Jahren hat meine Freundin Marilyn jetzt mit mir Schluss gemacht. Ganz plötzlich, aus heiterem Himmel. Noch nie zuvor habe ich jemanden so geliebt. Sie hatte mir immer gesagt, dass sie meine Temperamentsausbrüche hasste und dass sie sie ängstigten, doch nach solchen Anfällen habe ich mich immer entschuldigt, habe ihr Geschenke oder Blumen gekauft und wir haben uns versöhnt, sodass ich dachte, alles sei in Ordnung. Kann es sein, dass mein Temperament sie endgültig abgeschreckt hat?

Antwort: Leider haben Sie die vielen Warnungen nicht ernst genug genommen, die Ihnen zeigten, dass Ihre Ausbrüche Marilyn nicht nur ängstigten, sondern auch den Respekt und die Liebe vertrieben haben, die sie für Sie empfand. Sie sind nicht der Einzige, der auf diese Weise eine herbe Ernüchterung erfährt, weil er die Beschwerden des Partners nicht ernst nimmt.

So war Joan, eine dreiunddreißigjährige Innenarchitektin, am Boden zerstört und außer sich vor Zorn, als Paul ihr sagte, er wolle die Beziehung zu ihr beenden. Er hatte sich während der zwei Jahre, die sie zusammen waren, immer wieder beklagt, dass sie so viele Einladungen für sie beide annähme, und den Wunsch geäußert, öfter einen ruhigen Abend mit ihr allein zu verbringen. Als er dann Schluss machte, rief sie ihn an und versprach, ihr Verhalten zu ändern, unter der Bedingung, dass er zurückkäme. Doch da hatte er schon eine andere Frau kennengelernt, die ruhige Abende zu Hause sehr schätzte. Später sagte Joan: «Ich habe seine Worte nie ernst genommen, weil er sich immer gut zu amüsieren schien, wenn wir mit anderen Leuten ausgingen. Doch ich muss zugeben, dass er immer wieder gesagt hatte, er möge das eigentlich nicht.»

Ted, ein neunundzwanzigjähriger Kranführer, sagte zu mir: «Meine Freundin sagte mir oft, dass sie sich mehr Zärtlichkeit von mir wünsche und dass ich mehr darauf achten solle, was sie sexuell von mir brauche. Doch ich habe ihr einfach gesagt: ‹Wenn du nicht zufrieden bist, geh doch einfach.› Nun ist sie gegangen, und ich würde alles darum geben, wenn ich diese Worte zurücknehmen könnte.» Später fügte er hinzu: «Sie hat mir auch oft zugeredet, wir sollten zusammen zu einem Therapeuten gehen, um an unserer Beziehung zu arbeiten, und ich habe geantwortet, wenn sie mit der Situation nicht zufrieden wäre, warum sollte ich dann in Therapie gehen? Nun habe ich mich bereit erklärt, mitzukommen und an mir zu arbeiten. Doch sie meint, jetzt sei es zu spät.»

Margaret, eine fünfundfünfzigjährige Witwe und pensionierte Lehrerin erzählte: «Ich lernte Mack ungefähr zwei Jahre nach dem Tod meines Mannes kennen. Ich war froh, wieder einen Mann in meinem Leben zu haben, und ich liebte ihn, doch ich war wütend, als er mir sagte, ich tränke zu viel. Ich schrie ihn an und nannte ihn verrückt. Eines Abends kam er, um mich abzuholen; wir waren bei seiner Tochter zum Abendessen eingeladen. Ich hatte vorher schon etwas getrunken. So wollte er mich nicht mitnehmen. Er sagte, ich sei nicht in der Verfassung, um mitzukommen, und er würde sich nie wieder von mir in Verlegenheit bringen lassen. Er ging, und es war vorbei. Ich habe tagelang geweint, aber dann bin ich in eine Gruppe gegangen und habe den Alkohol aufgegeben. Ich überlege, ob ich ihn nun anrufen soll, weiß aber nicht, ob er mir je wieder trauen könnte.»

Die Botschaft in all diesen Geschichten ist klar. Wenn Ihr Partner sich ständig über einen Teil Ihres Verhaltens beklagt, dann sollten Sie das nicht überhören, auch wenn es Ihnen selbst unwichtig erscheint. Fast jeder hat irgendwo eine Grenze – einen Punkt, an dem Unzufriedenheit Gefühle von Liebe und Zuneigung auslöschen kann. Wenn diese positiven Gefühle einmal verschwunden sind, lassen sie sich u. U. nicht wieder wachrufen.

Das heißt natürlich nicht, dass Sie Ihr gesamtes Verhalten entsprechend den Beschwerden Ihres Partners ändern sollten, nur, um ihn nicht zu verlieren. Wichtig ist, dass Sie sich seine/ihre Klagen anhören und sich klarmachen, dass er/sie wirklich so fühlt. Dann können Sie entscheiden, was Sie tun möchten. Vielleicht wollen Sie Ihr Verhalten in diesem Punkt nicht ändern, selbst wenn Sie damit die Beziehung aufs Spiel setzen. Vielleicht können Sie einen Kompromiss aushandeln. Doch Sie sollten vermeiden, dass Sie hinterher bereuen, nicht zugehört zu haben.

*

Frage: Ich bin seit über einem Jahr mit Ruth zusammen, und wir verbringen die meisten Wochenenden und gewöhnlich eine Nacht in der Woche gemeinsam. Vier von fünf Malen sind wir dann bei ihr zu Hause, obwohl ich sie oft bitte, doch auch öfter zu mir zu kommen. Wir wohnen ziemlich nah beieinander und haben beide recht komfortable Wohnungen. Doch sie hat immer einen Grund, weshalb es angeblich besser ist, bei ihr zu bleiben. Ich denke, es ist nur bequemer für sie, und ich bin es leid, immer von zu Hause weg sein zu müssen. Was kann ich tun?

Antwort: Falls es keinen zwingenden Grund für Ruth gibt, in ihrer Wohnung zu bleiben, ist es vielleicht tatsächlich einfach nur bequemer für sie. Manche Menschen bevorzugen es aus dem einen oder anderen Grund, in der Wohnung des Partners zu sein; andere wiederum ziehen die Bequemlichkeit des eigenen Heims vor; dort haben sie alle ihre Sachen, und sie müssen nicht mit ihrem ganzen Kram umziehen. So setzt Ruth vielleicht ihre Bequemlichkeit über die Fairness Ihnen gegenüber. Doch auch Sie sollten sich fragen, ob Ihre Bequemlichkeit Sie so empfindlich reagieren lässt.

Wenn Ihre Bitten nichts bewirkt haben, kann es an der Zeit sein, dass Sie eine Klärung herbeiführen. Bitten Sie Ruth, sich mit Ihnen zusammenzusetzen und die Sache fairer aufzuteilen. Wenn Ruth darauf nicht eingehen will und das nächste Mal wieder darauf besteht, dass Sie zu ihr kommen, sollten Sie diese Nacht einfach jeder in seiner Wohnung verbringen.

Außerdem sollten Sie herausfinden, ob die eventuelle Ichbezogenheit Ihrer Freundin sich auf dieses eine Gebiet beschränkt oder ob sie die Beziehung zu Ihnen generell bestimmt. Befragen Sie sich über das Ausmaß dieses Ungleichgewichts. Gibt es das auch in anderen Bereichen Ihrer Beziehung? Haben Sie Angst vor Ruth? Fürchten Sie ihren Zorn oder ihre Zurückweisung, wenn Sie für Ihre Wünsche und Bedürfnisse eintreten?

Wenn Sie hierauf mit ja antworten, dann haben Sie nicht genug Selbstachtung und müssen sich um mehr Ausgewogenheit in der Beziehung bemühen. Wenn die Antwort nein heißt, dann ist es ein eher begrenztes Thema, das dennoch angesprochen werden sollte.

*

Frage: Mein Freund und ich sind seit zwei Jahren zusammen. Vor zwei Monaten hatten wir eines Abends einmal beide zu viel getrunken und gerieten in einen heftigen Streit. Er sagte, er wolle mit mir Schluss machen. Eine Woche später rief er an, und wir verbrachten den Tag miteinander. Jetzt sehe ich ihn wieder täglich. Wir verbringen viel Zeit zusammen, und unsere Beziehung ist in verschiedener Hinsicht enger geworden. Manchmal macht er deutlich, dass er mein Partner ist, aber dann wieder behauptet er, es nicht zu sein. Das verwirrt mich. Ich fühle mich als seine Partnerin. Und auch sein Verhalten bestätigt mich darin. Er sagt mir, dass er mich liebt und dass er nichts mit anderen Mädchen hat. Ich weiß nicht, was ich davon halten soll. Hat er wegen unseres Streits Angst, sich zu binden? Oder ist es etwas anderes?

Antwort: Ich kann natürlich nicht wissen, was in Ihrem Freund vorgeht, doch hier sind einige mögliche Antworten:

1. Etwas von dem, was Sie in diesem Streit gesagt haben, mag ihn verstört haben, sodass er nun auf der Hut ist. Fragen Sie ihn danach.

2. Der Streit hat möglicherweise unterschwellige, negative Gefühle an die Oberfläche gebracht, die er bezüglich der Beziehung zu Ihnen hat; er hat dies vielleicht noch nicht überwunden und ist sich noch nicht sicher, ob seine positiven Gefühle die negativen überwiegen.

3. Es kann sein, dass er sich vor einer Bindung fürchtet und zwischen seiner Sympathie für Sie und seiner Angst vor Ihnen schwankt. Vielleicht wurde sein Zorn in jener Auseinandersetzung durch seine Angst vor einer Bindung erzeugt, und er hatte endlich einen Vorwand, die Beziehung zu beenden.

4. Manche Menschen haben fast so etwas wie eine gespaltene Persönlichkeit: Ein Teil von ihnen ist liebevoll, großzügig und zur Nähe fähig, während der andere Teil sich feindselig und distanziert verhält und mit Gefühlen geizt. Manchmal löst der Alkohol den Wechsel von einer Seite der Persönlichkeit zur anderen aus. Vielleicht war das in jener Nacht so.

Dies sind einige mögliche Antworten. Sie haben mich gefragt – warum fragen Sie nicht ihn? Sagen Sie ihm, dass Sie verwirrt sind. Fragen Sie ihn, ob er merkt, dass er Ihnen doppelte Botschaften sendet. Fragen Sie ihn, ob er weiß, warum er das tut. Fragen Sie ihn, ob er sich im Konflikt befindet bezüglich Ihrer Person und seiner Bindung an Sie. Stellen Sie diese Fragen so, dass sie keinen neuen Streit auslösen, sondern Ihnen beiden ermöglichen, die Dinge ruhig zu betrachten und offen damit umzugehen. Ihr derzeitiger Mangel an Verständigung kann jeder Beziehung gefährlich werden. Nutzen Sie diese Situation als Gelegenheit, um die notwendige Verständigung zwischen sich herzustellen.

*

Frage: Meine Freundin und ich fahren häufig übers Wochenende weg, und sie schläft auf dem Heimweg im Auto oft ein. Sie sagt, ich solle das als Vertrauensbeweis nehmen. Ich fühle mich aber im Stich gelassen und finde ihr Verhalten rücksichtslos. Wenn ich ihr das sage, lacht sie und meint, ich sei egoistisch. Wer hat Recht?

Antwort: Ihr Verhalten ist möglicherweise eine Überreaktion. Vielleicht fühlt sich ihre Freundin nach einem Liebeswochenende einfach wohligentspannt und zufrieden. Wenn Sie sich nicht im Stich gelassen fühlen würden, könnte Ihnen ihr genüssliches Nickerchen vielleicht Freude machen.

Aber vielleicht ist die Sache nicht so einfach. Vielleicht kommen Sie hier an etwas heran, das Sie beachten sollten. Spiegelt das Schlafen Ihrer Freundin vielleicht unausgesprochene deprimierte und negative Gefühle bezüglich des Wochenendes oder der Beziehung überhaupt? Weist es auf ein Bedürfnis hin, sich von Ihnen zurückzuziehen? Erinnern Sie sich daran, wie das Wochenende und Ihre Beziehung aussahen. Schien sie Ihnen glücklich, hat sie das Zusammensein mit Ihnen genossen? Wenn ja, bedeutet ihr Schlaf keine Flucht. Wenn Sie daran Zweifel haben, besprechen Sie Ihre Beobachtungen und Bedenken mit ihr.

Es kann Sie auch einfach kränken, dass Ihre Freundin, obwohl Sie ihr gesagt haben, dass Sie sich im Stich gelassen fühlen, wenn sie einschläft, nichts tut, um das zu verhindern. Sie sollten über Folgendes nachdenken: Ist es typisch für Ihre Freundin, dass sie nicht auf Ihre Bitten eingeht? Es kann sein, dass Sie so heftig reagieren, weil Sie das Gefühl haben, das sei nur ein weiteres Beispiel für ihre fehlende Rücksichtnahme. Wenn es jedoch nichts Typisches ist, so sollten Sie sich fragen, weshalb Sie selbst mit solch starken Verlassenheitsgefühlen reagieren. Ist das ein altvertrautes, oft wiederkehrendes Gefühl bei Ihnen? Stammt es aus früheren Beziehungen? Fühlen Sie sich sehr unwohl, wenn Sie zeitweise «allein» sind? Erwarten Sie von Ihrer Freundin ununterbrochene Aufmerksamkeit? Sind Sie ganz auf die eigenen Bedürfnisse konzentriert und können es deshalb nicht respektieren, dass die Bedürfnisse Ihrer Partnerin zeitweise andere sein können?

Wenn Sie nach diesen Überlegungen besser mit dem Schlaf Ihrer Freundin umgehen können, ist das gut so. Wenn nicht, können Sie mit ihr vielleicht einen Kompromiss aushandeln, sodass sie zu ihrem Nickerchen kommt und Sie mehr von ihrer Gesellschaft haben.

*

Frage: Ich weiß, dass ich auf den ersten Blick für Männer nicht interessant bin. Bitte sagen Sie mir nicht, dass ich mir das nur einbilde; die Male, wo ich bei Single-Treffen und in Bars war und niemand mich anschaute, sind zahlreicher, als mir lieb ist. Die wenigen guten Beziehungen, die ich zu Männern hatte, haben sich aus Kontakten bei der Arbeit entwickelt, wo meine Persönlichkeit über einen längeren Zeitraum hinweg erkennbar wurde. Bei meiner derzeitigen Arbeit sind die Chancen, jemanden zu treffen, gering; ich will aber nicht deswegen den Job wechseln. Was kann ich tun?

Antwort: Nein, ich würde Ihnen nicht sagen, dass Sie sich all das nur einbilden. Zweifellos gibt es Menschen, die das andere Geschlecht auf Anhieb stärker anziehen als andere. Das ist ungerecht, aber es ist so. Es gibt jedoch Dinge, die Sie tun können, um Ihre Chancen für eine Beziehung zu erhöhen: Sie müssen erstens die Situationen herausfinden, in denen Ihre anziehende Seite am besten zur Geltung kommt, und zweitens müssen Sie lernen, die Gelegenheiten, bei denen Sie einen Mann treffen könnten, der für Sie in Frage käme, optimal zu nutzen. Was den ersten Punkt betrifft, so wissen Sie schon, wann Sie am attraktivsten sind – nämlich in Situationen, wo sie und ein Mann in einem gemeinsamen Interesse oder Projekt engagiert sind. Je nach Ihren Neigungen könnte das ein Kurs, ein politische Veranstaltung, ein Sport oder eine andere Aktivität sein. Ich kenne eine Frau, die sich in Bars sehr unwohl fühlte aber in ihrem Wanderclub viele Bekanntschaften machte und schließlich einen dieser Männer heiratete. Was die Gelegenheiten betrifft, Männer zu treffen und diese optimal zu nutzen, spielen dabei mehre Faktoren eine Rolle: (1) Sie sollten sich Rat holen, was Ihre äußere Erscheinung betrifft (Kleidung, Make-up, Diät usw.). (2) Sie sollten lernen, einladenden Augenkontakt aufzunehmen zu einem Mann, den Sie gern kennenlernen möchten. (3) Dann sollten Sie in der Lage sein, sich ihm zu nähern und ein Gespräch zu beginnen, in dem Ihre Persönlichkeit zur Geltung kommt. Es ist wichtig, dass Sie sich durch frühere Zurückweisungen nicht abschrecken lassen, neue Versuche zu starten.

*

Frage: Meine engste Freundin zieht Männer stark an; wann immer wir zu einer Veranstaltung für Singles gehen, schwirren die Männer um sie herum wie Motten um das Licht und ignorieren mich völlig. Ich bin gern mit ihr zusammen, aber das kommt meinem Selbstbewusstsein nicht zugute. Muss ich aufhören, mich mit ihr zu zeigen, damit ich endlich einem Mann finden kann? Ich hasse es, allein auszugehen.

Antwort: Die Attraktivität Ihrer Freundin hat offensichtlich etwas Magnetisches, sodass Sie auf den ersten Blick im Vergleich schlecht abschneiden. Warum setzen Sie sich dieser Situation also immer wieder aus? Das mag gelegentlich okay sein, aber nicht ständig. Einerseits schadet das Ihrem Selbstbewusstsein, andererseits hindert es Sie daran, eine Beziehung zu einem der Männer aufzunehmen, die vom Aussehen Ihrer Freundin geblendet werden.

Es gibt viele Möglichkeiten, wie Sie und Ihre Freundin Ihre Freundschaft aufrechterhalten und viele Orte, die Sie gemeinsam aufsuchen können, ohne dass dabei ein Wettbewerb in Bezug auf Männer stattfinden muss. Sie könnten gemeinsam ins Restaurant gehen, ins Kino, ins Theater, ins Museum oder sich einfach gegenseitig besuchen.

Was Ihre Abneigung betrifft, Veranstaltungen für Singles allein zu besuchen, so klingt es fast, als sei Ihre Freundin die Einzige, mit der Sie dorthin gehen können. Wenn das stimmt, sollten Sie sich zum Ziel setzen, andere Freundinnen zu finden, mit denen Sie sich auf solchen Veranstaltungen zusammentun können.

Es ist auch wichtig, dass Sie erkennen, inwieweit Ihre Befürchtungen und Ängste, die Sie daran hindern allein auszugehen, auf alte Gefühle von Untauglichkeit und auf Selbstzweifel zurückgehen, die fast jeder in einem gewissen Maße kennt. Diese Ängste basieren nicht auf einer realistischen Einschätzung Ihres Wertes, Ihrer Attraktivität oder Ihrer sozialen Kompetenz. Wenn Sie das einmal verstanden haben, werden Sie sich auch allein zu Veranstaltungen für Singles trauen.

*

Frage: In einem Ihrer Artikel schreiben Sie, dass Zeitungsannoncen eine sinnvolle Möglichkeit sein können, Menschen zu treffen. Ich bin fünfunddreißig Jahre alt und habe nur selten Gelegenheit, Männer, die für mich in Frage kommen, auf andere Weise zu treffen. Deshalb habe ich beschlossen, auf Anzeigen zu antworten und selbst welche aufzugeben. Bis jetzt habe ich mich mit zwei Männern getroffen, andere Begegnungen stehen noch aus. Das klappt gut. Doch ich finde es unnatürlich und peinlich, einem Mann auf diese Weise zu begegnen. Die Situation ist zu eindeutig die der gegenseitigen Besichtigung. Und wenn ich mich nicht wohlfühle, kann ich mich nicht von meiner besten Seite zeigen. Ist das ungewöhnlich? Was kann ich tun, um lockerer zu werden?

Antwort: Nein, Ihre Gefühle dabei sind durchaus nicht ungewöhnlich. Es ist eine künstliche Situation, anders, als wenn man jemanden bei der Arbeit oder auf einem Kurs kennenlernt. Zwei Wissenschaftler der Illinois State University bemerkten zu diesem Thema: «Unsere Untersuchungen haben ergeben, dass die Flirtphase bei einer solchen Begegnung häufig wegfällt. Die Leute, die sich aufgrund einer Anzeige treffen, gehen von der Begrüßung sofort zu einer Art Selbstenthüllung über. Sie überspringen die übliche Phase des oberflächlichen Austauschs und sind gleich sehr offen, nach dem Motto: ‹Nun wissen Sie, wer ich bin – entscheiden Sie sich.› So fängt die ganze Sache schon ziemlich aussichtslos an.»

Sie sollten aber diese Art der Kontaktaufnahme nicht wegen dieses Nachteils ablehnen, denn es kann schwierig sein, auf andere Weise neue Menschen zu treffen. Die Frage ist vielmehr, was Sie tun können, um die Atmosphäre zu entkrampfen. Sagen Sie Ihrem Gegenüber, dass Sie die Situation künstlich finden und deshalb etwas befangen sind, und fragen Sie ihn, ob er das ähnlich empfindet. Oder vielleicht können Sie die Methode eines Bekannten von mir ausprobieren. Wenn er jemanden auf eine Kontaktanzeige hin in einem Restaurant traf, sagte er z. B.: «Das hier ist unnatürlich. Tun wir so, als hätte ich Sie gerade an der Bar dort drüben entdeckt und beschlossen, Sie kennenzulernen.» Sie lachte und sagte: «Sind Sie oft hier?»

Lassen Sie sich nicht entmutigen. Die Wissenschaftler aus Illinois fuhren fort: «Immerhin finden eine große Zahl von Menschen auf diese Weise Partner und Lebensgefährten.» Ich kenne mehrere gute Ehen, die auf diese Weise zustande kamen, ebenso wie gute Partnerschaften, die zwar nicht zur Ehe führten und dennoch wichtig und erfreulich waren.

Sie sollten jedoch Ihren gesunden Menschenverstand benutzen bei der Entscheidung, mit wem Sie ein Treffen vereinbaren, und sich zuerst an einem öffentlichen Ort treffen und der Beziehung Zeit geben, sich zu entwickeln. So können derartige Anzeigen dem Bedürfnis vieler Menschen entgegenkommen.

*

Frage: Fred, mein letzter Freund, war jemand, mit dem ich in der Öffentlichkeit glänzen konnte. Er war ein gut aussehender, erfolgreicher Fernsehredakteur, und er ging gern aus. Bei meinen Freunden und meiner Familie kam er gut an, und das gefiel mir. Sie schienen wegen Fred zu mir aufzusehen. Doch wir hatten wenig Gemeinsames, und ich fühlte mich die meiste Zeit mit ihm recht einsam. Letztes Jahr habe ich die Beziehung abgebrochen, und bald danach lernte ich Larry kennen und freundete mich mit ihm an. Er ist Apotheker mit einem eigenen Geschäft. Larry ist ruhig, introvertiert und sieht nicht so gut aus wie Fred. Wir verstehen uns prima, aber andere Leute reagieren auf ihn nicht so enthusiastisch wie das bei Fred der Fall war. Das frustriert mich, und ich fühle mich unbehaglich dabei. Obwohl ich Larry wirklich gern habe, spüre ich, dass diese Reaktion einen Einfluss auf meine Gefühle hat. Vielleicht brauche ich einfach einen Mann, zu dem die Leute aufsehen können. Ist das möglich?

Antwort: Die meisten Leute genießen es, wenn andere positiv auf ihre Partner reagieren. Es kann uns mit Stolz erfüllen, dass jemand, den andere schätzen, sich für uns entschieden hat. Vielleicht genießen wir auch den Widerschein des Erfolgs, und es reizt uns, von anderen beneidet zu werden. Doch wie Sie bei Fred entdeckt haben, und wie unzählige andere Menschen leider ebenfalls herausfanden, macht die günstige Reaktion anderer noch keine befriedigende Beziehung aus.

Um soliden Bestand zu haben, muss eine Beziehung auf geglückter gegenseitiger Interaktion basieren. Das heißt, dass man sich wohlfühlt miteinander, dass man sich umeinander sorgt, dass man die gleiche Wellenlänge hat. Sie scheinen eine solche solide Beziehung zu Larry haben, und es wäre ein Jammer, wenn Sie darauf verzichten würden, nur weil Sie überbewerten, wie andere auf ihn reagieren.

Eine positive Reaktion der Leute auf Ihren Partner sollte Ihnen angenehm sein, jedoch nicht unverzichtbar. Wenn Sie sagen: «Vielleicht brauche ich einfach einen Mann, zu dem die Leute aufsehen können?» kann das dazu führen, dass Sie eine Wahl treffen, die Sie möglicherweise irgendwann bereuen werden.

Was Sie sich anschauen sollten, ist die offensichtliche Labilität Ihres Selbstbewusstseins. Sie sollten sich fragen, was in Ihrem Leben Sie so abhängig gemacht hat von dem, was andere Leute denken. Wollen Sie andere bestimmen lassen, mit wem Sie zusammen sind? Oder bringen Sie den Mut auf, daran zu glauben, dass Sie – besser als irgendjemand anders – wissen, wer für Sie der Richtige ist?

Ich meine, Sie wären gut beraten, wenn Sie an diesen Themen arbeiten würden, statt Ihre Beziehung zu Larry zu beenden.

*

Frage: Ich bin dreiunddreißig Jahre alt, ledig, Genetikerin und genieße auf meinem Gebiet großen Respekt. Jeder sagt, ich sei erfolgreich und eine reife Persönlichkeit. Was die Leute nicht wissen, ist, dass ich, besonders wenn ich mich einsam und gestresst fühle, mit einem Stofftier schlafe, einem Pandabär, den ich seit Kindertagen besitze. Ich kann ohne ihn schlafen, wenn es sein muss, zum Beispiel wenn ich auf Reisen bin oder mir beweisen will, dass es auch ohne ihn geht. Wenn es einen Mann in meinem Leben gibt, dem ich mich nahe fühle, brauche ich den Bär nicht. Aber es gibt Nächte, wo es mir schwerfällt, ohne ihn zu schlafen. Ich habe das noch nie jemandem erzählt, weil ich mich deswegen schäme. Es ist mir auch peinlich, diesen Brief zu schreiben. Ist meine «Beziehung» zu diesem Pandabären krankhaft?

Antwort: Es ist nichts Krankhaftes oder Beschämendes daran, an einem Stofftier zu hängen. Dinge wie Teddybären, eine Decke oder Ihr Panda helfen manchen Menschen, die Schwelle von einer Entwicklungsstufe zu einer anderen leichter zu überwinden.

Deshalb trägt zum Beispiel Linus, der kleine Junge in dem Comic «Peanuts» immer seine Schmusedecke mit sich. Sie hat für ihn die Geborgenheit und die Wärme seiner Mutter. Die Decke ist ein Ding, das Linus mitnehmen kann, wenn er in die Welt hinausgeht, wo er neuen

Belastungen und Herausforderungen ausgesetzt ist. Mit der Schmusedecke kann er von seiner Mutter unabhängig werden und doch ein Symbol von ihr bei sich tragen, das ihm Sicherheit gibt. Die Decke hilft ihm, von seiner kindlichen Abhängigkeit von der Mutter überzuwechseln zum späteren Zustand der Trennung von ihr.

Auch Erwachsene brauchen manchmal «Übergangshilfen», wenn sie in eine neue Entwicklungsphase eintreten. Es ist durchaus nicht ungewöhnlich für Studenten, wenn sie ins College kommen, etwas mitzubringen, das sie nicht eigentlich brauchen – wie etwa eine Kerze aus ihrer Sammlung, oder ein besonderes Kissen, ein abgegriffenes Poster; diese Dinge geben ihnen das Gefühl, mit ihrem Zuhause verbunden zu sein in einem Augenblick, wo sie sich einen Riesenschritt davon wegbewegen. Wenn Erwachsene einen Schritt in Richtung auf größere Autonomie oder Erfolg tun, bearbeiten auch sie manchmal ihre Ängste, indem sie an etwas aus der Vergangenheit festhalten. Und wenn wir aus Sentimentalität an etwas hängen – an einem alten Adressbuch, einem alten Kleidungsstück, das wir uns nicht mehr zu tragen trauen, einem Geburtstagsgeschenk, das wir vor langen Jahren einmal bekamen – dann haben diese Dinge für uns die Funktion solcher «Übergangshilfen».

Menschen, die allein leben, haben oftmals ein größeres Bedürfnis nach Bindung an ein bestimmtes Objekt, weil sie meist viel Zeit allein verbringen. In einer Ehe kann der Partner die nötige Sicherheit bieten, ebenso wie die gemeinsame Wohnung oder ein Kind. Ein Ehemann oder eine Ehefrau können jeden Tag in die Welt hinausgehen, um «einen Drachen zu besiegen», doch die Verbindung zum Ehepartner gibt ihnen Sicherheit. Eine solche Funktion können auch Familienfotos erfüllen, die im Büro aufgestellt werden, wenn es einmal hart zugeht.

Menschen, die verwitwet oder geschieden sind, fühlen sich weniger einsam und verwundbar, wenn sie Gegenstände aus ihrer alten Beziehung um sich haben. Diese Dinge sind für sie eine Quelle von Trost und Stärkung, während sie neuen Erfahrungen entgegengehen.

Kann die Verwendung solcher Übergangshilfen auch ungesund sein? Ja, und zwar wenn die Bindung an den Gegenstand so stark ist, dass die Trennung von ihm nicht auszuhalten ist (das erleben wir bei Linus, wenn er seine Decke verliert); wenn diese Bindung uns in unserer Entwicklung behindert. Das war der Fall bei einer unverheirateten Collegelehrerin aus meinem Bekanntenkreis, die ihre Wohnung zu einer solchen unverzichtbaren Übergangshilfe gemacht hatte. Die Wohnung war winzig, bot ihr nur das Nötigste und befand sich in einem heruntergekommenen, unsicheren Gebäude. Obwohl die Frau behauptete, sie wolle in etwas Größeres und Besseres umziehen und obwohl sie sich das leisten konnte, war sie unfähig, sich von der alten Wohnung zu lösen. Erst als sie von einem Eindringling fast vergewaltigt worden war, war sie imstande, sich nach etwas anderem umzusehen.

Übergangshilfen können auch ungesund sein, wenn der Gegenstand selbst schädlich ist, wie zum Beispiel Zigaretten. Als etwas, was wir in den Mund nehmen, um daran zu saugen, kann die Zigarette für unsere frühe Mutterbindung stehen. (Viele Betroffene rauchen mehr, wenn sie nervös sind und Trost brauchen.) Hier ist der Gegenstand selbst zerstörerisch.

Ihre Bindung an den Pandabären ist jedoch Ihrer Gesundheit nicht abträglich. In Ihrem Brief deuten Sie an, dass Sie auch ohne ihn auskommen können, und es scheint, dass Sie ein reifes, selbstständiges Leben führen. Vielleicht hilft Ihnen der Panda ja sogar dabei.

*

Frage: Ein Mann, den ich mag und attraktiv finde, kann mich sexuell stark erregen, bis zu dem Moment, wo er zeigt, dass er sich in mich verliebt hat. Dann mache ich plötzlich zu und empfinde nichts mehr. Das ist verrückt und frustrierend. Ich bin dreißig Jahre alt, und ich wünsche mir eine enge Liebesbeziehung. Was ist los mit mir?

Antwort: Die Ursachen dieses Problems sind von Mensch zu Mensch verschieden, doch es gibt ein paar Punkte, die Ihnen helfen können, der Sache auf den Grund zu kommen:

1. Manche Menschen fühlen sich zu jemandem hingezogen, der für sie nicht zu haben ist. Die Herausforderung, einen Menschen für sich zu interessieren, erregt sie. Wenn diese Person dann auf sie reagiert, besteht diese Herausforderung nicht mehr, und damit ist es auch mit der Erregung vorbei. Bei Personen, die dieses Problem haben, war meist früh im Leben ein wichtiger Mensch – meist Vater oder Mutter oder beide – emotional nicht erreichbar. Dadurch sind sie auf ein Schema fixiert, nach dem

sie immer wieder um eine liebevolle Reaktion werben müssen. Diese Menschen müssen versuchen, das Schema so zu verändern, dass die Erregung nicht mehr dadurch erzeugt wird, dass sie Liebe immer neu erobern, sondern indem Sie Liebe geben, Liebe empfangen und am Leben halten. Damit ihnen das gelingt, müssen sie verstehen, auf welche Weise sie negativ programmiert wurden; sie müssen sich bewusst dafür entscheiden, in einer guten Liebesbeziehung zu bleiben und ihre Sexualität darauf zu richten.

2. Manche Menschen haben Angst, von anderen ausgebeutet oder vereinnahmt zu werden. Sie fühlen sich verletzbar, weil ihnen ihre eigene Bedürftigkeit und ihre Wünsche nach Abhängigkeit bewusst sind. Deshalb vermeiden sie das völlige Aufgehen in einer Beziehung, indem sie sich lediglich auf ein sexuelles Miteinander einlassen, bei dem es keine starken Gefühle von Nähe und Liebe gibt; oder sie lassen sich auf Beziehungen ein, die Nähe und Liebe bieten, doch keine sexuelle Leidenschaft.

3. Manche Menschen betrachten Sex und Liebe fast als entgegengesetzte Erfahrungen. Gail, eine zweiunddreißigjährige Balletttänzerin, beschrieb das Problem, das sie mit ihrem Freund hatte, wie folgt: «Wenn ich Evan nah bin und seine Liebe zu mir spüre, möchte ich einfach nur gehalten werden und schmusen. Dann ist alles ruhig und schön. Wenn er dann zu Sex übergeht, werde ich ganz starr, weil Sex für mich etwas Aufwühlendes und Gewalttätiges ist. Das ist wie ein Wirbelsturm, der über einen schönen, heiteren Sommertag hereinbricht; dann fürchte ich mich.» Menschen, für die es eine solch scharfe Trennung zwischen Liebe und Sex gibt, hatten oft frühe traumatische sexuelle Erfahrungen. Vielleicht sind sie als Kinder missbraucht worden. Vielleicht gab es seitens eines Familienmitglieds inzestuöse Andeutungen oder Handlungen ihnen gegenüber. Vielleicht sind sie aber auch hart bestraft worden für sexuelle Spiele. Manche Menschen reagieren wie Gail. Andere können ihre Sexualität genießen, jedoch nur als einen unverbindlichen Akt.

4. Viele Menschen haben, meist unbewusst, das Gefühl, dass es ihnen nicht erlaubt ist, eine gute Liebesbeziehung zu jemandem zu haben, der ihnen ganz gehört. Oft liegen dem frühe Gefühle von Rivalität zugrunde. Ein kleines Mädchen, das das Gefühl hat, ihr Vater fühle sich mehr zu ihm als zu seiner Mutter hingezogen, oder das sich mit einer Schwester

in ständiger Rivalität um die Liebe des Vaters befindet, mag als Erwachsene Hemmungen spüren, die Liebe eines Mannes zu erobern. Ein kleiner Junge, der sich in Konkurrenz zu Vater oder Bruder um die Liebe seiner Mutter erlebt, wird sich möglicherweise später auch fürchten, eine gute Liebes- und Sexbeziehung zu haben. Doch indem diese Menschen Liebe und Sex trennen, sabotieren sie die Beziehung und riskieren, sie früher oder später ganz zu zerstören.

5. Es gibt Menschen, deren Selbstachtung so gering ist, dass sie glauben, sie brauchten einen besonders wertvollen, quasi «perfekten» Partner, um dadurch ihren eigenen Wert zu steigern. Aber da diese Personen sich selbst so wertlos fühlen, kann eigentlich niemand, der sie lieben würde, so viel wert sein, dass sie sich für ihn begeistern könnten.

Menschen, die Liebe und Sex trennen, müssen versuchen, ihre Ängste, Tabus und Hemmungen zu verstehen, die hier eine Rolle spielen. Sie sollten wissen, dass sie einen Anspruch haben auf die kostbare Erfahrung der Verbindung von Liebe und Leidenschaft.

Aphorismen und Affirmationen zum Thema Liebe

Wir sollen uns durch eine Liebesbeziehung besser, nicht schlechter fühlen.

*

Du verdienst es, die Nummer eins im Leben des Menschen zu sein, der für dich die Nummer eins ist.

*

Wenn du eine befriedigende Liebesbeziehung haben willst, musst du die fruchtlose Anstrengung aufgeben, einen unerreichbaren Menschen für dich erreichbar zu machen, einen, der dir nichts zu geben bereit ist, in einen Gebenden, einen, der dich nicht liebt, in einen Liebenden zu verwandeln.

*

Die Liebe in einer schlechten Beziehung ist nicht romantisch, sondern schmerzvoll und deprimierend; die Liebe in einer guten Liebesbeziehung gibt uns Freude, Energie und Romantik.

*

Finde heraus, welche Eigenschaften die Personen, die schlecht für dich sind, so anziehend für dich machen, und meide diese dann wie die Pest.

*

Hüte dich vor dem Gedächtnisverlust durch die Abhängigkeit. Er führt dazu, dass wir uns nur an die guten Seiten einer schlechten Beziehung erinnern und vergessen, was wir durch sie gelitten haben.

*

Der Irrglaube, dass deine letzte Liebe die «einzig wahre» für dich war, kann dir den Weg zu einer neuen Liebe versperren.

*

«Weil ich ihn (oder sie) liebe» mag gut klingen, ist aber kein ausreichender Grund, um an einer schlechten Liebesbeziehung festzuhalten.

*

Gemeinsame Erinnerungen sind kein ausreichender Grund, um an einer schlechten Beziehung festzuhalten; du hast deine eigene Geschichte, die du in Zukunft mit einem anderen Menschen teilen kannst.

*

Werde dir bewusst, was du auf deiner Lebensreise erreichen möchtest und wähle dir einen Partner/eine Partnerin, die dich in deinen Zielen unterstützt, statt dir im Weg zu stehen.

*

Finde heraus, was dich an der Person, die schlecht für dich war, so stark angezogen hat und suche dir dann einen Partner/eine Partnerin, der/die dich anzieht, weil er/sie ähnliche Züge hat, aber in einer «unschädlichen» Form.

*

Wenn du möglicherweise unbewusst eine gute Beziehung vermeidest, und wenn du die Ursachen dafür herausfindest, so kann dir das helfen, dein «Schicksal» zu wenden.

*

Wenn ein Mensch, der gut zu dir passen könnte, dich nicht anzieht, so liegt das möglicherweise nicht daran, dass diese Person tatsächlich so unattraktiv ist; wahrscheinlich hast du vielmehr ein Problem, das dich die falschen Personen wählen lässt.

*

Achte darauf, dass du nicht die negativen Eigenschaften eines Partners, der schlecht für dich ist, übersiehst und die negativen Eigenschaften eines Menschen, der gut zu dir passen würde, übertreibst.

*

Wenn du verstehst, wieweit die Vergangenheit dich in deiner Partnerwahl bestimmt und eingeschränkt hat, wirst du fähig sein, in der Gegenwart eine erfüllendere Liebesbeziehung zu finden.

*

Wenn du liebevoller sein kannst, dann wirst du reizvoller und anziehender besonders für die Menschen, die zu einer guten Liebesbeziehung fähig sind.

*

Wenn du den anderen so sehen und akzeptieren kannst, wie er/sie wirklich ist, dann kannst du entscheiden, ob es zwischen euch eine Basis für eine gute Beziehung gibt, in die es zu investieren lohnt.

*

Deine Fähigkeit zu lieben kann sich nach außen und nach innen richten; du kannst jemanden tief lieben und gleichzeitig gut für dich selbst sorgen.

*

Berücksichtige die Bedürfnisse und Wünsche deines Partners so, wie du es dir von ihm wünschst.

*

Leidenschaft kann eine Liebesbeziehung zu etwas Einzigartigem machen, besonders wenn beiden das Wohlergehen des anderen am Herzen liegt.

*

Geben mag besser sein als Nehmen, aber wenn du die Liebe, die dein Partner dir schenkt, schätzen und annehmen kannst, so ist das eine großherzige Art des Gebens.

*

Du vertiefst deine Liebesfähigkeit, wenn du die andere Person klar siehst und akzeptierst als das, was sie ist, unabhängig von deinen Ansprüchen und Bedürfnissen.

*

Wenn du deinen Anspruch aufgibst, dass andere Menschen deiner Vorstellung entsprechen und nach ihr handeln sollten, so baust du damit Konflikten und Enttäuschungen vor, die eine Beziehung zerstören können.

*

Du magst in mehr als eine Person gleichzeitig verliebt sein, aber du kannst keine vollwertige Liebesbeziehung zu mehr als einer Person zur Zeit haben.

*

Es erfordert Mut, dem anderen Einblick in die eigene Schwächen und Empfindlichkeiten zu geben, doch nur so ist wirkliche Intimität möglich.

*

Das Bewusstsein deiner Verbundenheit mit dem Unendlichen hilft dir, dem einengenden Effekt deines Beziehungshungers gegenzusteuern und dich selbst und andere zu lieben.

*

Die Person, die du liebst, so zu akzeptieren, wie sie ist, bedeutet nicht, dass du ihre Verhaltensweisen uneingeschränkt hinnehmen musst, vor allem, wenn diese dich oder andere schädigen oder bedrohen.

*

Wenn du deine persönliche Unabhängigkeit entwickelst, so bedeutet das nicht, dass du damit den Gedanken an eine Liebesbeziehung aufgibst, sondern es steigert im Gegenteil deine Fähigkeit und Bereitschaft dazu.

*

Zu Beginn einer Liebesbeziehung sehen wir alle Wunder und Schönheiten der Welt in dem/der Geliebten, später kann die Liebe uns fähig machen, die Wunder und Schönheiten des/der Geliebten überall in der Welt zu erkennen.

*

Eine gute Liebesbeziehung kann helfen, viele Wunden aus deiner Kindheit zu heilen, dennoch musst du zunächst viel für deine Selbstheilung tun, um zu einer solchen Beziehung fähig zu sein.

*

Intimität entwickeln bedeutet die Gratwanderung zwischen einer allzu seichten Beziehung, in der die Partner wenig voneinander wissen, und einer verfrühten Selbstenthüllung, die die Beziehung überfrachten würde.

*

Leidenschaftliche Gefühle lassen sich nicht erzwingen, aber du kannst daran arbeiten, dass du die Geduld, die Aufgeschlossenheit von Herz und Geist aufbringst, um Leidenschaft für einen Menschen zu entwickeln, der besser für dich ist als deine bisherigen Partner/innen.

*

Liebenswürdigkeit, nicht schlechte Behandlung sollte dein Aphrodisiakum sein.

*

Was braucht dein Partner/deine Partnerin, um sich geliebt und umsorgt zu fühlen? Erspüre es und, falls es dir nicht völlig gegen den Strich geht, handle danach!

*

Wenn du deine Fähigkeit zu bedingungsloser Liebe entwickelst, so wird dich das bereichern; achte aber darauf, dass diese Liebe niemals zu Masochismus oder Missachtung deiner selbst führt.

*

Es ist genauso leicht, jemanden zu lieben, der gut für dich ist, wie jemanden, der schlecht für dich ist; manche Menschen allerdings müssen sich darum mehr bemühen.

*

Wenn du die Nähe von Menschen suchst, die dir guttun, ohne dass sie deiner üblichen «Checkliste» entsprechen, so macht dich das möglicherweise fähig, eine Liebesbeziehung zu jemandem zu entwickeln, der nicht dein «Typ» ist.

*

Eines ist wesentlich: Ihr beide müsst alles tun, um eure Beziehung so liebevoll und erfüllend wie möglich zu gestalten.

*

Investiere in dich selbst, als wolltest du für immer allein bleiben, aber sei immer offen für Freundschaft und Liebe; denn noch heute könntest du einen wunderbaren Menschen treffen.

*

Nutze das schmerzliche, hart errungene Wissen, das du in gescheiterten Liebesbeziehungen gewonnen hast, um endlich den Weg zu einer guten Beziehung zu finden.

*

Bibliografie

Branden, Nathaniel. What Love Asks of Us. New York: Bantam, 1983. (Deutsch: Verliebt fürs ganze Leben. Reinbek: Rowohlt, 1988.)

Brookner, Anita. Latecomers. New York: Vintage, 1990. (Deutsch: Nachzügler. Wien: Paul Zsolnay, 1991.)

Freud, Sigmund. Drei Abhandlungen zur Sexualtheorie. Frankfurt/Main: S. Fischer, 2002.

Fromm, Erich. The Art of Loving. New York: Harper and Row Perennial, 1974. (Deutsch: Die Kunst des Liebens. München: dtv, 1996[12].)

Gould, Steven J. The Panda's Thumb. New York: W .W. Norton, 1980.

Gurudev, Amrit Desai. «The True Experience of Love» in: The Kripalu Experience. Lenox, Mass.: Kripalu Center, 1991.

Halpern, Howard M. You and Your Grownup Child. New York: Simon & Schuster Fireside, 1992.

Ders. How to Break Your Addiction to a Person. New York: MJF Books, 1982. (Deutsch: Liebe und Abhängigkeit. Wie wir übergroße Abhängigkeit in einer Beziehung beenden können. Salzhausen: iskopress, 2002[7].)

Hendrix, Harville. Getting the Love You Want. New York: Harper Perennial, 1990. (Deutsch: Soviel Liebe, wie du brauchst. München: Econ, 1997.)

Ders. Keeping the Love You Find. New York: Pocket Books, 1992. (Deutsch: Ohne Wenn und Aber. Die Liebe fürs Leben. Reinbek: Rowohlt, 1997.)

Horner, Althea. Being and Loving. Northvale, NJ: Jason Aronson, 1990.

Jeffers, Susan. Opening Our Hearts to Men. New York: Fawcett, 1989.

Kuriansky, Judith. How to Love a Nice Guy. New York: Pocket Books, 1991.

Lathrop, Don. «Date Rape» in: Voices: The Art and Science of Psychotherapy. Vol. 28, No. 1, 1992, p. 51.

LeShan, Lawrence. How to Meditate. New York. Bantam, 1975. (Deutsch: Vom Sinn des Meditierens. Freiburg/Basel/Wien: Herder 1997.)

McCarthy, Mary. The Company She Keeps. New York: Avon, 1981.

Person, Ethel. Dreams of Love and Fateful Encounters. New York: Penguin, 1989.

Satir, Virginia. Tape Cassette # 18. Crested Butte. Colorado: Blue Moon Cassettes, 1986.

Weitere Bücher von Dr. Howard M. Halpern

iskopress

Howard M. Halpern
Liebe und Abhängigkeit
Wie wir übergroße Abhängigkeit in einer Beziehung beenden können
205 Seiten, Paperback
ISBN 978-3-89403-413-9

Howard M. Halpern
Liebe und Abhängigkeit (CD)
Wie wir übergroße Abhängigkeit in einer Beziehung beenden können
Sprecher: Friedhelm Ptok
Spielzeit 70 Min., mit Booklet
ISBN 978-3-89403-016-2

Howard M. Halpern
Abschied von den Eltern
Eine Anleitung für Erwachsene, die Beziehung zu den Eltern zu normalisieren
238 Seiten, Paperback
ISBN 978-3-89403-411-5

Howard M. Halpern
Festhalten oder Loslassen
Wie Eltern zu ihren erwachsenen Kindern eine bessere Beziehung herstellen können
214 Seiten, Paperback
ISBN 978-3-89403-412-2

Bücher für Paare, Eltern und Kinder

iskopress

Betty Carter/Joan K. Peters

Macht und Liebe

Wie das Geld unsere Beziehungen beeinflusst

348 Seiten, Hard Cover

ISBN 978-3-89403-433-7

Ron Taffel/Roberta Israeloff

...Eltern sein dagegen sehr!

Warum Männer und Frauen unterschiedlich erziehen und wie sie voneinander lernen können

260 Seiten, Fadenheftung

ISBN 978-3-89403-209-8

Erika Meyer-Glitza

Ein Funkspruch von Papa

Therapeutische Geschichten zu Trennung und Verlust

95 Seiten, Paperback

ISBN 978-3-89403-179-4

Für nähere Informationen fordern Sie bitte unser Gesamtverzeichnis an:

iskopress

Postfach 1263, 21373 Salzhausen

Tel.: 04172/7653

Fax.: 04172/6355

E-Mail: iskopress@iskopress.de

Internet: www.iskopress.de